人類はこうして戦争をやめることができる

本田幸雄

幻冬舎ルネッサンス新書
244

はじめに

最近、人類の存続にかかわるような問題が立て続けに起こっています。地球温暖化は想定されていたより、はるかに厳しい劇症型地球温暖化に陥る恐れがあり、実質、地球社会は三〇年で脱炭素化を図らなければならないようです。新型コロナも短期間で収束させないと、次々とより強力な変異ウイルスが発生し、最初のワクチンがきかなくなり人類は結局、パンデミック地獄から抜け出せなくなってしまいそうです。米中の未曽有の貿易戦争、中国ウイルスの鞘当てから中国封じ込め政策、米中冷戦へと動き始めています。

今、米中冷戦が始まると、世界は北大西洋条約機構（ＮＡＴＯ）＆クワッド条約機構対ユーラシア条約機構が形成され、まさに世界を二分する米中冷戦に発展し、緊急を要する劇症型地球温暖化対策やパンデミック対策など、全人類が今後三〇年間、全精力で取り組むべきことが消し飛んでしまいます。

そこで「人類はこうして戦争をやめることができる」というわけですが、実は、国連の原案、つまり、アメリカのルーズベルト大統領が作った国連原案（ダンバートン・オークス案。ＤＯ案）を実行していれば、「すでに人類は戦争をやめていた」のです。

国連の発想の原点にさかのぼりますと、スペイン継承戦争（一七〇一〜一七一四年）のユトレヒト和平会議を経験したサン・ピエール（フランス・ルイ一四世の全権秘書）が著した『ヨーロッパにおける永遠平和の草案』（一七一三〜一七一七年）に行き着きます。そこで、サン・ピエールは国家間の秩序が勢力均衡（同盟主義）によって保たれる状態は、いずれは戦争を生じさせ、平和を実現することはできないとして、戦争状態を永久の平和に変えるために、ヨーロッパ諸国全体の連合による国際組織の創設を説きました。

これを読んだルソー（一七一二〜一七七八年）は、『サン・ピエール師の永遠平和論抜粋』（一七五六年）を著し、国際社会が戦争という自然状態から脱するためには、「国家連合」という名の国際的社会契約が結ばれる以外に道はないとの結論にたどり着きました。

サン・ピエール、ルソーの著作を読んだ偉大な哲学者イマヌエル・カント（一七二四〜一八〇四年）は、このような平和主義の構想を『永遠平和のために』（一七九五年刊）で体系化しました。

そして、第二八代アメリカ合衆国大統領トマス・ウッドロウ・ウィルソン（一八五六〜一九二四年）は、著名な政治学者でしたから、人類の戦争の歴史に通じていて、第一次世界大戦後、古来、人類の悪弊となっていた同盟主義・勢力均衡主義を廃して、「国際連盟」という集団安全保障制度を提案し、実現させました（肝心のアメリカ合衆国上院が反対してアメリカ自身は参加しないことになりましたが）。

しかし、この国際連盟の仕組みにもいろいろな不備な点があり、小国同士の問題解決には成果を上げましたが、当時の大国、日独伊（常任理事国）などが絡む問題解決には失敗し、結局、国際連盟は破綻、第二次世界大戦が起きてしまいました。

アメリカのルーズベルト大統領は国際連盟の欠陥を補強した国際連合を提唱しました。この国連憲章の原案である「ダンバートン・オークス提案（DO案）」には、現在の国連憲章第五一条はありませんでした（集団的自衛権の概念そのものが歴史的にはありませんでした）。

したがって、DO案は、「一般の加盟国に、独自に戦争をする権利」を認めていませんでした。つまり、どこか一国が戦争を始めれば、それ以外の国で構成される国連軍が相手となりますから、短期間で国連軍の勝利になる。ということはそのような無謀な戦争にあえて挑戦する国はないだろう、つまり、国連の仕組みそのものが「国連の集団安全保障の仕組み」になっていました。

この国連の集団安全保障体制は完璧でしたが、一九四五年四月一二日にルーズベルト大統領が死去してしまいました。その二週間後から始まったサンフランシスコ会議において国連憲章の原案である「ダンバートン・オークス提案（DO案）」は最終の審議が行われました。その時、アメリカの一部の保守主義者が国連憲章（DO案）に第五一条の集団自衛権を挿入しました。そして、「集団的自衛権は同盟国を守る他衛権である」というように広く解釈し、アメリカなどは、もっぱら、このように解釈して集団的自衛権を運用するようになりました。それを本書ではアメリカ的集団的自衛権と称しました。

現在では、この国連憲章第五一条の集団的自衛権は、「他者防衛の権利」「同盟主義」の根拠になってしまっています。つまり、被害国が宣言を行い、援助の要請を行う限り、どの国であっても、集団的自衛権が行使できるというように広く解されて、他者を防衛する権利、他衛権であるとみなされるようになって、濫用されてきました。つまり、戦争を防止するための国連憲章が新たな戦争を起こす根拠に利用されてしまったのです。このため、第二次世界大戦後、国連ができたのにもかかわらず、いっこうにこの地球上から戦争が絶えないのです。

本書では、このような歴史的事実を踏まえ、どうしたら、全人類が劇症型地球温暖化対策・パンデミック対策に集中できるか、緊急に戦争をやめることができるか、その具体的な方法を提案します。

第二次安倍内閣の二〇一四年は憲法改正問題が大詰めの年でしたが、国会やマスコミで国連憲章第五一条の集団的自衛権が焦点になっていました。国連憲章（DO案）の精神を受け継いだ日本国憲法は、「人類の目指すべき道」に沿っているし、むしろ、形骸化してしまった国連憲章の方を日本国憲法に合わせるように早く改訂しないと、人類は「すべての戦争をやめさせる具体的方法」を失ってしまいます。

今や世界は七八億人、二〇五〇年には一〇〇億人近くになる見込みです。その間、人類はすべての戦争をやめて、化石エネルギーから再生可能エネルギーに大転換することに集中しないと人類の未来は閉じられてしまうでしょう。日本国憲法は日本人のためだけでなく、人類の未来にとっても重要な意味を持っていることを知った上で、日本国憲法改定問題を論じてもらいたいと思います。

人類はこうして戦争をやめることができる

目次

第一章　人類と戦争

《一》人類誕生と争いの始まり

人類の誕生

もう、三〇〇〇万年前頃の哺乳類の中の真猿類の群れは単なる群れではなく、個を認識した群れになっていました。それには真猿類の目の発達が大きくかかわっていて、個の表情が読み取れるようにようになってきたからでした。彼らは群れ社会をうまくおさめるためにプリミティブ（初歩的）な社会システム（社会の仕組み。社会のルール）を生み出していました。以下は動物園の動物ではなく、あくまでアフリカなどの野生の動物の生態調査から推測されていることです。

ニホンザルなどの霊長類の社会では一般的に、①血縁制（母系制。ニホンザル社会は乱交であり、近親相姦を防ぐためオスが群れを離脱します）、②順位制（食物・メスをめぐって争わないようにあらかじめ（腕力で）順序を決めておきます。基本的にオスの世界は腕力が支配します）、③リーダー制（リーダーは劣位者・弱者の味方です）、④縄張り制（エサ場を体を張ってでも守る、つまり、他の群れと争います）が社会システムとして織り込まれています。多分、試行錯誤のうちにこのようなルールが習慣となって、それを守ってきたのでしょう。守らなかったもの（群れ）もいたでしょうが、それは絶滅して残っていないのでしょう。

類人猿のゴリラの社会は、単雄複雌のゴリラ型社会（一夫多妻・ハーレム制）です。したがって、メスにありつけぬ一匹オスやオス・グループがあって、コンテスト（オス同士のメス集団の奪い合い。このため、オスがメスの二倍の大きさに進化しています）によって、勝負を決めるきわめて不安定な社会です。のっとったオスは前夫の子供を殺す子殺しもシステムに組み込まれています。確かに父子の関係ははっきりしていて、仲むつまじいのですが、権力の移行のたびに嵐がおとずれます。

類人猿のチンパンジーの社会は、①父系制（乱交の近親相姦を防ぐためメスが離脱します）、②順位制、③縄張り制、④殺し・食肉（他のサル類と異なって狩猟をします）です。

その他の類人猿のテナガザル、オランウータン、性を中心にしたピグミーチンパンジー（ボノボ）についても、それぞれの社会システムがありますが、それは省略します。

そこで、拙著『自然の叡智　人類の叡智』（本書の最後の三八二ページに記しています。以下同じです）では、チンパンジーと人間の共通の祖先から、一部のものが二足歩行を開始した七〇〇〜五〇〇〇万年前から人類の歴史が始まったとしています。

七〇〇〜五〇〇〇万年前の自然環境の悪化（寒冷乾燥化しました）がひどくなったとき、森林が消えていく中で、チンパンジーとヒトの共通祖先の類人猿の一部が（それが人類の祖先になりましたが）、食料を探すために木から降り、二本の足で歩き始めました。と言っても最初は伝い歩きで、夜になると木の上のねぐらに帰っていたのでしょう。

二足歩行によって、人類は食べ物を求めてより長い距離を移動していきました。そのため人類の体型は背骨がまっすぐになり、足が伸び、二足歩行に適するように（長年月をかけて）進化していきました。いったん進化が始まると、人類は、いっそう、その能力を伸ばしていきました。二本の足で歩き、その結果、自由になった手を使い始めました。手が使えるようになると、食べ物を集めるのも便利になりました。集めてきて、より多くの食物をあてがわれた子供は、生存機会がそれだけ高まったでしょう。

このように二足歩行が他の一般の生物（動物）と人間を分けるきっかけとなり、その二足歩行が人間の身体にも脳にも大きな影響を与え、人間の最大の特徴となる（長年月をかけて）脳の進化をうながし、それがまた、人間の生活を変えていったという相互作用があったのでしょう。チンパンジーは木の上という限られた環境にあり、変化、刺激も少ないでしょう。それに対し地上を歩行していくと猛獣にも出会いますし、他の人間グループとも出会います。そのような変わる環境に日々対処していけば、脳は大きな刺激を受けます。そうして生き残ったのです。絶え間なく変動する環境こそが、人類を進化させたといえます。

人間は遺伝子による肉体的な進化の他に、脳の発達によって新しい社会の仕組み（一般には文化といわれています）を生み出すようになっていったのでしょう。前述しました類人猿もプリミティブ（初歩的）な社会システム（社会の仕組み。社会のルール）を持っているのですから、人類は遺伝子の進化による肉体的進化の他に、より環境変化に合わせて、新社会システムを生み出す能力が進んで、人類の進歩が速くなっていったのでしょう。

たとえば、パソコンはハードウェアは変わらなくてもソフトウェアを新しくしていけば、次々とより高度な作業ができますが、人類もハードウェア的には二〇万年前のホモ・サピエンス（脳の容量も一四五〇立方センチメートルぐらいで大きくなりません。これは出産の困難性が影響しています）とほとんど変わりませんが、脳のソフトウェア（文化、社会システム）が更新されるようになったので現在のように進歩が速くなったのです（『自然の叡智　人類の叡智』はそのような観点から歴史をとらえ直しています）。

さて、そこでここでは人類と戦争が主題です。

争いの発生

野生のチンパンジーも餌場をめぐって、他の群れと争います。枝切れを振り回したり、石を投げたり、一部には殺し・食肉も観察されると言われています。動物にとって食べ物は一番大事なもの、したがって、チンパンジーと分かれた人類の祖先も、餌場で他の群れと出あえば、争ったでしょう。約二五〇万年前のホモ・ハビリスの時代には狩りに石器を使い始めていましたので、それを持って争ったかもしれません。

ホモ・ハビリス以降のホモ（ヒトという意味）が付くもの、つまり、約一八〇万年前からのホモ・エレクトス、約六〇万年前からのホモ・ハイデルベルゲンシス、約二〇万年前からのホモ・サピエンスはすべて私たち人類に直接つながるご先祖です。

ホモ・サピエンスは、絶えず移動しながら狩猟採集をしていました。その社会には、財産も首長も社会的順位もない、平等主義の小規模社会でした。頭《かしら》や裁く者のいないところではいさかいは頻繁になり、集団は血縁関係のある小集団に分裂したことでしょう。狩猟採取の集団では、他の者と意見が対立して不服なら、その場を離れ、自分に賛成する者と家族を連れて野営地を出ていくしかありません。

現在の地球上に残っている少数の狩猟採取の種族の調査によりますと、種族同士の暴力も日常茶飯事で、殺人の割合は一〇万人につき二九・三人であり、アメリカ人の約三倍となっています（アメリカ人は多い方です）。イリノイ大学シカゴ校の人類学者ローレンス・キーリーは、闘争は、未開社会では日常茶飯事で、およそ六五％が、年がら年中交戦状態にあり、八七％は年に一回以上闘っていて、典型的な未開社会では毎年、人口の約〇・五％が戦闘で失われていたと述べています。狩猟採集民であったホモ・サピエンスも、同じような状況であったと想像されています。

このように人類は数百万年も狩猟採集の移動生活をしていましたので、病死、食物の欠乏、争い、災害などの恐怖は人間の本能のように脳に刷り込まれているのでしょう。ですから、人間は個人的には戦争、争いに本能的に恐怖を感じるように進化してきたのかもしれません。逆に人間は（とくに男性は）勇敢に立ち向かうことを高い徳としてきたのでしょう。また、自分の属する集団（現在なら国家）が他集団（国家）と争う（戦争）することを犯罪としないことに何ら疑いを持たないようになったのかもしれません。個人的には殺人は犯罪と認めていてもです。

人類の歴史を動かす二つの法則

『自然の叡智　人類の叡智』においては、宇宙圏はアインシュタインの一般相対性理論で説明され、地球の物質圏の物理的な動きはプレートテクトニクス（とプルームテクトニクス）によって説明され、生物圏はダーウィンの進化論で説明するとわかりやすいのです。人類が農業を開始し、これから人間圏の歴史に入るわけですが、何か、人間圏にも指標になるような法則があるとわかりやすいとして、人類の歴史を動かす法則として二つの仮説を提案して以後の歴史を書きました。一つは狩猟採集時代から現代まで続いている「創造と模倣・伝播の法則」であり、もう一つは一万年前の農牧業の開始以後から現代まで続いている「人を支配しようとする統治の法則（統治欲）」です。

「創造と模倣・伝播の法則」

まず、「創造と模倣・伝播の法則」について述べます。

たとえば、二五〇万年前のホモ・ハビリスが石器を発明しました。それは便利であることがわかり、周囲のものが真似（模倣）をしました。それを見た周囲のものがまた、真似（模倣）をしました。こうして周辺に伝播していって、いつの間にか、誰でも石器を使うのが当たり前（社会の仕組み）になりました。このように長く広く普及するのも人間の進化した脳ではじめてできることでチンパンジーなどもちょっとしたことはしますが長続きしません。もちろん、この間には途中で誰かが改良して、あるいは、別の用途の石器を発明するというように、石器の種類と用途が広がっていったことでしょう。

このように石器は、最初はほとんど変わりませんでしたが、やがて、創造（改良）が加えられ、長い年月の積み重ねののちに、多様化し、用途ごとにいろいろな石器が生み出されていきました。

絶えず、人間の頭にはアイデアは生まれます、それを目に見えるようにする、それが役に立つ、都合の良いものであったなら、人々が模倣して作り、使う。社会に受け入れられて広まります。都合の良いものでなかったら、すたれます。ダーウィンの自然選択（自然淘汰）ではありませんが、社会の自然選択、社会淘汰が働きます。その積み重ねが多くの便利なものを生み出し、多くの有用な社会の仕組みを作っていったのです。

およそ一万年前の農業定住から四〇〇〇年ほどの間に、つまり紀元前三五〇〇年頃には（メソポタミアで最初の国家ができた頃です）、中近東の人々はすでに、近代の産業革命以前の文明的生活の基礎となる、ほぼ全ての（初歩段階のものではありますが）社会システムを生み出していましたが、それは誰が発明したというのではなく、社会の自然選択、社会淘汰によるものでした。

さて、そこで本題の戦争に関してですが、「創造と模倣・伝播の法則」は、武器（兵器）開発でも例外ではありませんでした。古来武器・兵器のような戦争の道具（防御技術も含めて）こそ、より速くより大きな障害をも乗り越えて伝播していったのです。その状況はこれから述べます。

以上のようなことから、筆者は、人類社会の歴史を動かしている一つの原動力は、この「創造と模倣・伝播の法則」であると仮定しています。

歴史を動かす第二の原動力は「人を支配しようとする統治の法則（統治欲）」

二〇世紀のアメリカの心理学者アブラハム・マズロー（一九〇八〜一九七〇年）は、人間の「欲求段階説」（図一参照）において、人間の基本的欲求には底辺の方から、次のように①生理的欲求、②安全の欲求、③所属と愛の欲求、④承認（尊重）の欲求、⑤自己実現の欲求の五段階があると言っています。

①生理的欲求：生命維持のための食欲・性欲・睡眠欲等の本能的・根源的な欲求です。

この欲求が満たされない場合、人間は生きていくことができなくなります。

②安全の欲求：安全性・経済的安定性・良い健康状態・良い暮らしの水準など、予測可能で、秩序だった状態を得ようとする欲求です。病気や不慮の事故などに対するセーフティ・ネットなども、これを満たす要因に含まれます。

③所属と愛の欲求：情緒的な人間関係・他者に受け入れられている・どこかに所属しているという感覚です。この欲求が満たされない時、人は孤独感や社会的不安を感じやすくなり、

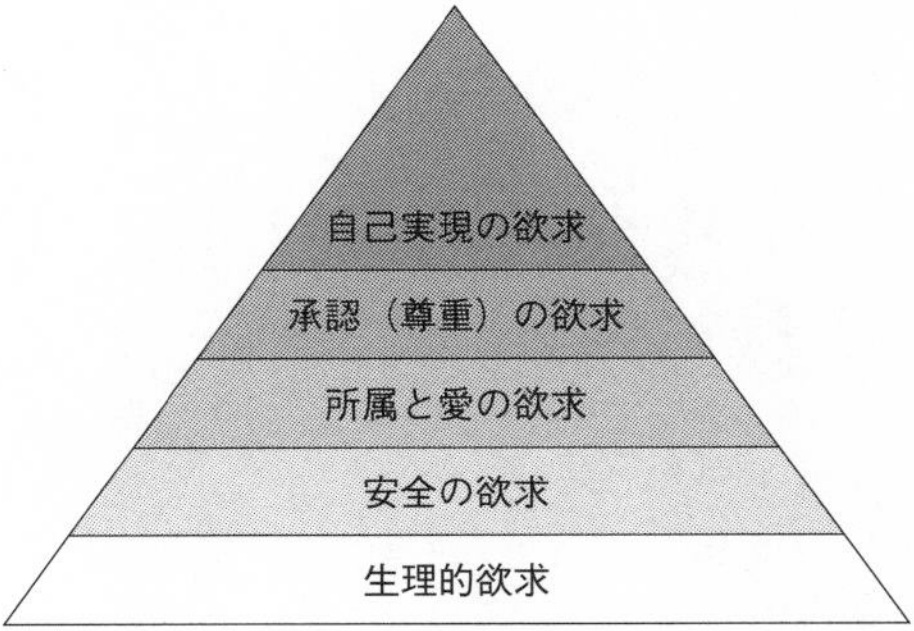

図一　マズローの欲求（要求）階層ピラミッド

鬱《うつ》状態になりやすくなります。この欲求が十分に満たされている場合、生理的欲求や安全の欲求を克服することがあります。

④承認（尊重）の欲求：自分が集団から価値ある存在と認められ、尊重されることを求める欲求です。尊重のレベルには二つあります。低いレベルの尊重欲求は、他者からの尊敬、地位への渇望、名声、利権、注目などを得ることによって満たすことができます。高いレベルの尊重欲求は、自己尊重感、技術や能力の習得、自己信頼感、自立性などを得ることで満たされ、他人からの評価よりも、自分自身の評価が重視されます。

⑤自己実現の欲求：自分の持つ能力や可能性を最大限発揮し、具現化したいと思う欲求です。すべての行動の動機が、この欲求に帰結されるようになります。

『自然の叡智　人類の叡智』で述べましたように、哺乳類の誕生から始まって、霊長類、類人猿を経て、七〇〇～五〇〇〇万年前頃に人類に達し、その後、ホモ・ハビリス、ホモ・エレクトス、ホモ・サピエンスへと進化してきましたが、私たちは、まぎれもない動物であります。動物は欲求の塊です。食料・水をとらなければ生きていけません。食欲を絶つことは死を意味します。食欲は本能であります。

一〇億年前、多細胞になったとき、性が誕生しました。一六〇万年前のホモ・エレクトスの段階で一夫一婦制（性的二形が大きく縮小しました）の生殖システムを生み出したのではないかと述べました。その仕組みはことの次第から以心伝心の形で引き継がれてきていますが（公式には婚姻制度の社会システムとなっていますが）、うまく機能してきたようです。うまくいっていなかったら、人類は滅びていたでしょう（人類でもそのような集団もあったでしょう）。現に七八億人までに人類が増加したということは、この生殖システムがうまく機能していることを示しています。性欲も本能でしょう。

ここまでの人間の本質は、第一は食欲、第二は性欲であることには異論はないでしょう（ここまでは、動物圏に共通するものであります）。しかし、人間は単に動物圏にとどまらず、頭脳の発達とあいまって人間圏を形成していきました。この人間圏を形成するにしたがって、新しい社会システムを生み出して、単なる動物を脱して、食欲、性欲の他に、人間固有の欲求を加えていきました。農業定住社会になり、部族社会になり、その規模も大きくなっていくと、人間の欲求についても、新しい欲求が加わってくるでしょうし、より複雑になってくるでしょう。

食欲、性欲に次ぐ、第三、第四の人間の欲求は何でしょうか。そこで、図一のマズローの「欲求段階説」を参考にして考えますと、マズローが②に置いた「安全の欲求」の中の経済的安定性・良い暮らしを得たい、今、安定しているなら、それを未来永劫続けたいという欲求も第三の本能といって良いほど大きいようです。マズローは、③として「所属と愛の欲求」を置いていますが、母性、父性、血族、親族の安泰、優遇を図りたいという欲求が第三の本能的なものとなるかもしれません。マズローは、④として「承認（尊重）の欲求」を置いていますが、自分が集団から価値ある存在と認められ、尊重されることを求める欲求、いわゆる「名誉欲（男女とも）」、「男（女）の野心」も歴史上大きな役割を果たしてきています。

さて、それでは人間の第三、第四……の欲求は何でしょうか。マズローは図一のように段階をつけましたが、はたしてそうでしょうか。

しかし、このように人間が持つ欲求は個別に分かれているとは限りません。たとえば、ヒトが「ヒトを支配する」ことができれば、マズローが②に置いた「安全の欲求」の中の経済的安定性・良い暮らしを得たいという欲求も満たせるし、マズローが③に置いた「所属と愛の欲求」である食欲・性欲の延長線上にある母性、父性、血族、親族の安泰、優遇を図りたいという欲求も満たせるし、マズローが④に置いた「承認（尊重）の欲求」である自分が集団から価値ある存在と認められ、尊重されることを求める欲求も満たされることになります。そうなれば⑤の自己実現の欲求も満たされたと思うかもしれません。現実の歴史上の為政者もほとんど例外なしに、これらの欲求をすべて満たしていました。

つまり、「ヒトを支配すること」ができれば、すべての欲求が満たされるということになります。ヒトにとってこれほど手っ取り早い方法はありません。食欲、性欲の次になる第三の欲求は一言でいえば、「ヒトを支配すること」ということになります。いや、「ヒトを支配すること」ができれば、食欲、性欲も思いのままになるから、「ヒトを支配すること」が最大の欲求といえるかもしれません。

このように考えますと、人口が増えて社会が複雑化する中で、初期の人類が短絡的に「ヒトを支配する」という欲求にとりつかれるようになったとしてもおかしくはありません。

逆に言えば、人間として最も避けるべきことは（前述の、①、②、③、④、⑤が満たされなくなる可能性がありますから）、「ヒトに支配されること」であるといえましょう。

つまり、人間が持つ欲求の最大限のものは「ヒトを支配すること」となります。農業開始後、一定の期間が経ったのち（四〇〇〇～五〇〇〇年後）、古代国家が形成されました。メソポタミアでは紀元前三五〇〇年、エジプトでは紀元前三一〇〇年、中国では夏は紀元前二〇七〇年、中米やアンデス地方では紀元前一〇〇〇年頃でした。

最初に権力を取った者が、単純に自分の欲求にしたがって「ヒトを支配した」と考えれば、そしてその最初の統治システムが、「創造と模倣・伝播の法則」によって、世界に伝播していったと考えれば、古代、中世、近世の国家が基本的に一部の支配者階級による専制独裁国家になったのも当然であったといえます。

人類の歴史において、はじめから民主主義というような発想も具体的に民主主義国家というような国家もできなかったのです。まず、人間が他人を「支配する」、つまり、マズローの欲求階層ピラミッドでいえば、①、②、③、④、⑤を合わせて人間を「支配する」欲望がストレートに反映された社会システム＝国家が形成されました。

そして、それが世界中に模倣伝播されていったのが、歴史時代の歴史でした。古代・中世の専制（宗教）国家、近世のヨーロッパの絶対王政（アジア・イスラムは専制国家）、近代の植民地・帝国主義国家から、国民（市民）主権の民主国家に進化していく過程が歴史であったともいえます（まだ、その途中にあって、民主化した国家（人口比で）は五〇％程度です）。

人類社会はおよそ五千数百年前に古代国家を創造して以来、一九世紀に至るまで、その統治システムはあまり変わることはありませんでした。基本的には支配者階級の専制独裁国家でした。民主主義国家はやっと一八世紀のアメリカ合衆国の独立をもってはじめて出現しました（前述した古代ギリシャのアテナイや古代ローマの初期の共和制国家は奴隷制国家でした）。

その後の歴史（まだ、アメリカ独立から二四〇年余りしか経っていませんが）は、世界がだんだん民主的な国家に進化していく過程が歴史であったともいえます（民主的な国家も、「人民が人民を支配する国家」であり、「人を支配しようとする統治の法則（統治欲）」の一形態です）。

以上のことから、古代、中世、近世、その後も含めて、歴史を動かすもっとも大きな原動力は「人を支配しようとする統治の法則（統治欲）」としたのも、人間の持つもっとも大きな欲望が「ヒトを支配すること」と「ヒトに支配されたくないこと」であることを考えればそれは理解できるでしょう。

つまり、人類の歴史を動かす第二の原動力は「人を支配しようとする統治の法則（統治欲）」であり、古代国家の成立以来、現代まで続いてきたといえましょう。

《二》古代の戦争

農業定住社会と戦争の開始

さて、そこで戦争システムや戦争技術も、前述の人類を動かす二つの法則に従って発展してきました。一万年前の農業定住社会になりますと、人口増加の加速化が起き、小規模血縁集団から数百人規模の部族社会、部族社会から首長社会となっていきました。農業は余剰食料、余剰財産を生み出すことになり、貧富の差が出て、支配する階級と支配される被支配階級が現れました。首長制社会が成立すると、首長は被支配者階級の反乱を防ぐために、民衆から武器を取り上げ、エリート階級を武装させて、軍隊を持ちました。首長制社会は、官僚・警察（兵）・司法システムの確立によって、集団（社会）内部の闘争は減少してきました。

しかし、首長制社会（小国家）と首長制社会（小国家）の間の境界地域では、狩猟採取の時代の縄張り争いと同じように、土地をめぐって（狩猟採取の餌場ではなく農地、つまり、土地や水利をめぐって）紛争が頻発するようになりましたが、これは単なる闘争ではなく、小国家という組織と組織との大規模な闘争、つまり戦争と呼ばれるものになりました。

　この前期新石器時代には、図二のように、弓、投石器、槌矛《つちほこ》、斧《おの》の強力な四つの新しい武器が新たに発明されました。これらの武器は、発明されたときには、やはり、狩猟目的であったと思われますが、後には旧石器時代からの槍と並んで、紀元一〇〇〇年以降に至るまで、最も有力な武器として戦争にも使用されるようになりました。新石器時代の洞窟壁画には、今度は弓矢が動物に対してだけでなく、人間にも向けられている絵が描かれていました。これは明らかに新石器時代

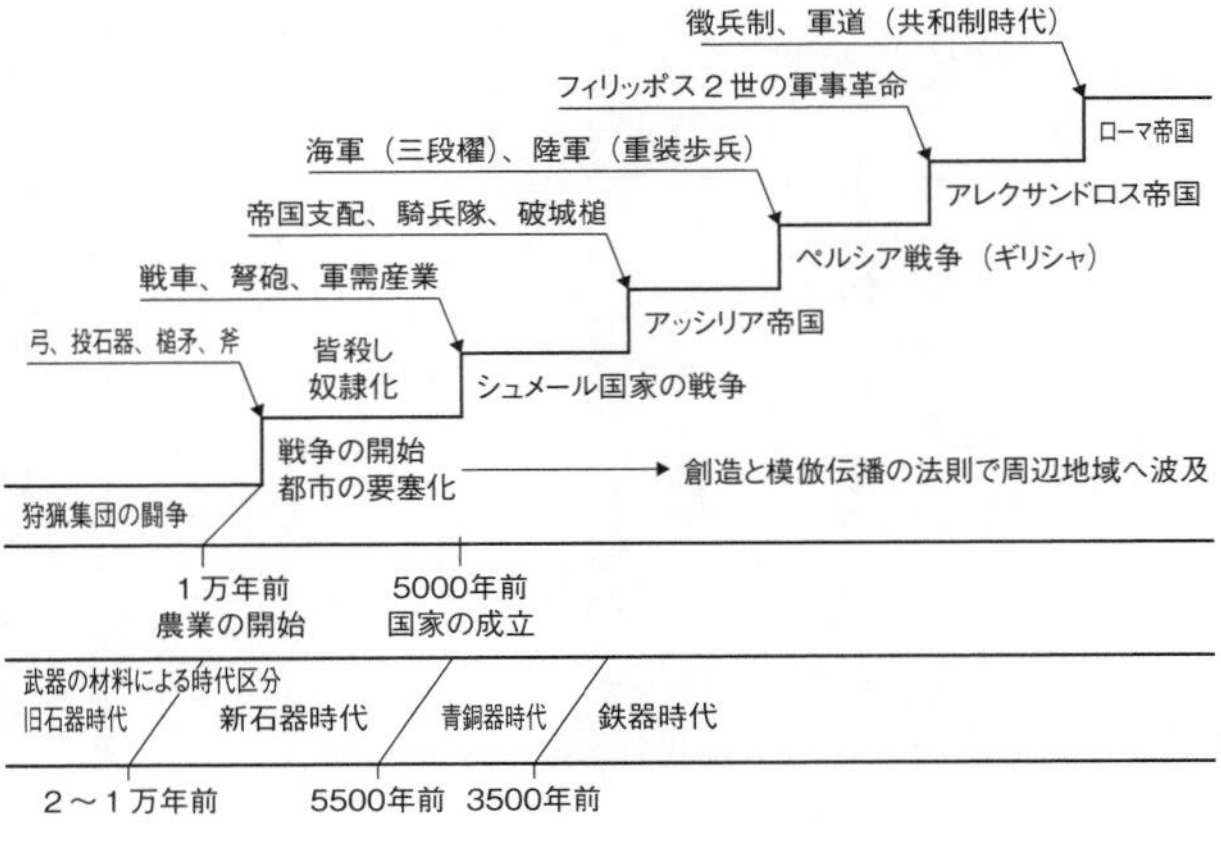

図二　武器（兵器）と戦争技術の進歩

初期には強力な軍隊が存在して戦闘が存在していたことを示しています。

農業定住後の前期新石器時代の人類が、槍、弓、投石器、槌矛、斧、といった強力な攻撃兵器を開発し、使用していたことは、人類社会に重大な変化をもたらしました。その変化の大きさは、東地中海地方全域にわたって、紀元前八〇〇〇年から四〇〇〇年にかけての都市（エリコ、ムレイベット、チャタル・ヒュユク、ベイダ、アルコシュ、テペ・グラン、テル・エス・サワン、エリドウ、ハジュラル、シアルク、ビブロスなど）の遺跡の多くが要塞で防備を固めていました。

図二のように、戦争の社会システム（武器・兵器のハード、戦術・戦略のソフト）は、青銅器が発明されると戦争の武器（兵器）も戦術・戦略が一変し、人類の歴史を動かす二つの法則「伝播の法則」「統治欲」の法則によって、普通の社会システムの進歩より速く広く広がるという性格を持っていました。また、鉄器が発明されると、再び戦争の武器（兵器）や戦術・戦略が一変し、それが広く速く伝播していきました。

「戦争技術における矛盾の原理」

また、「戦争技術における矛盾の法則」が働き始め、これが戦争技術の拡散を速めたとも考えられます。中国の『韓非子』（紀元前三世紀中頃）の故事に、「どんな盾も突き通す矛」と「どんな矛も防ぐ盾」を売っていた楚の男が、客から「その矛でその盾を突いたらどうなるのか」と問われ、返答できなかったという話があります。もし矛が盾を突き通すならば、「どんな矛も防ぐ盾」は誤りになり、もし突き通せなければ「どんな盾も突き通す矛」は誤りになり、ここから「矛盾」という言葉が誕生しました。

しかし、現実には軍事技術は、この「矛盾の原理」で進歩していきました。強力な矛には強力な盾で防御しなければなりません。強力な盾にはさらに強力な矛で攻撃しなければなりません。その矛に対しては、さらに強力な盾で防御しなければなりません。……このように次の戦争には必ずより強力な新兵器が現れ、人類の限りない武器（兵器）の強化・拡大競争が起こったのです。

このように社会をより良くしようとする人間の「創造と模倣・伝播の法則」を戦争技術に利用（悪用）することが起こりました。技術は良くも悪くもありません、それを使う人間によって技術は良くも悪くもなります。古来、戦争は生きるか死ぬかの血みどろの戦いでした。人間は手段を選ばず、その時代のすべての（悪）知恵をしぼって考えられるあらゆる技術、手段を投入して戦争技術の開発・導入に精魂を傾けました。ここに戦争システムというものが社会に組み込まれていくことになりました。

農業定住社会の生活基盤は農耕を行う土地となりました。牧畜民にとっては牧草地でした。農業の開始は余剰食料、余剰財産を生み出すことになり、これという食料の蓄えや財産を持っていなかった狩猟採集社会にはなかった新しい闘争の火種をもたらすことになりました。

農業時代になると、人口が増大し、それぞれの時代にはそれぞれの農業技術で限度一杯、それぞれの土地に農民が張り付いているのですから、戦争に敗れるということは、皆殺しにされるか、残った者もすべてが奴隷にされ、土地は併合されて新しい農民が送り込まれるというものでした。勝った方は、敗者を奴隷として使いました。こうして、戦争の開始は、人類社会に奴隷制という社会システムも持ち込むことになりました。もっと後の時代になると、敗者の自治性を奪い、政治的に併合し、食料や物品を税として納めさせる方法を取るようになりました。

（小）国家間の本格的な戦争の開始

首長社会になると、（小）国家という組織と組織の大規模な闘争、つまり戦争と呼ばれるものになりましたが、たとえば、二〇〇六年に発掘されたシリア・イラク国境にあった最古級の都市国家であるハモウカル遺跡では、発掘とともに、多数の墳墓や住居の跡から、ここは紀元前五五〇〇年前（メソポタミアに統一国家ができる二〇〇〇年も前です）の攻城戦により攻め落とされて破壊されたことがわかりました。非常に多くの粘土でできた球が見つかっており、投石機を使って弾丸のように放って建物や籠城している軍勢を攻撃したとみられます。黒曜石製品を作る工房や土器片などが多数発見されており、ハモウカルは大量の道具や武器の生産、及びアナトリア（現トルコ）南部とメソポタミアを結ぶ交易で栄えた都市国家であったようです。

その遺跡の上の層からは、ウルク期後期にさかのぼる多数の食器や壺や印章などの遺物が見つかっており、このハモウカルは南方から拡大してきたウルクとの戦争で滅ぼされ、その後はウルク人が住むようになったようです（このあとメソポタミアのシュメール国家の興亡が続くことになり、いわゆるメソポタミア文明の開始となり、世界最初の国家の成立となります）。このように敗れた方は虐殺され、奴隷にされて売り飛ばされ、土地はならして、勝者が住むという本格的な戦争の時代に入っていったのです。

このような状態では、恐怖からの逃避、生命の確保という人間の本能から、首長が独裁であろうと何であろうと、とにかく農民は土地・領土を守ってくれる強い首長を望むようになりました。首長の方も、自らの存在価値を示すために積極的に食料と土地と奴隷という戦利品を求めて、各地で襲撃や征服戦争を始めるようになりました。

その争いは、その後、絶え間なく国境や食料・土地をめぐる争いや戦争という形をとって続くようになり、そして戦争と虐殺が繰り返されつつ、首長制社会はより大きな国家へと統合されていきました。

戦争技術の進歩

新石器時代から金属器が使用される時代になりますと、金属製の新兵器が次々と発明され、戦争はさらに激しく本格的なものとなり、国家の統一、拡大が促進されるようになりました。メソポタミアもエジプトも紀元前三五〇〇年頃から青銅器時代に入り、青銅製の刀剣が作られるようになりました。さらに紀元前一五〇〇年頃から鉄器時代に入り、鉄の刀剣が作られ、やがて鉄を高温の炉で精錬した鋼が用いられるようになりました。

これらの材料の進歩は農業用の道具（農具）の進歩にも大きく貢献し、農業システムが一新されることになりましたが、戦争用の道具、武器や兵器の進歩にも大きく貢献し、戦争システムが格段に強力になり、国家の統合が促進されるようになりました。このことは青銅器時代、鉄器時代がそれぞれの地域で始まると間もなく、それぞれの地域に統一国家が出現したことからもわかります。

この青銅器時代（紀元前三五〇〇～紀元前一五〇〇年）に登場した最も重要な新兵器は戦車でした。この時代には、また、長距離兵器としての複合弓《ふくごうきゅう》も発達しました。

攻撃用兵器は多様化して、大ざっぱに長距離、中距離、短距離の三つのカテゴリーが出てきました。当時の中・長距離兵器、すなわち投げ槍、矢、投石器や弩砲《どほう》は、戦闘開始の衝突の際に使われるのが普通で、それだけで戦闘の決着がつくことはほとんどありませんでした。最後には槌矛《つちほこ》あるいは戦斧《せんぷ》、槍や剣を手にした人間同士が激突した突撃戦で勝敗が決しました。

軍需産業の登場

青銅器時代（のちの鉄器時代にはさらに）に兵器製造技術が発達し、古代中近東の諸国家が強大化した結果、組織された軍需産業が現れました。図三のように、エジプトの壁画には、弓矢、楯、戦車の車輪その他の軍需品を生産する兵器工場が描かれています。ファラオが独自の兵器工場を持っていて、この中王国時代（紀元前二一三三〜一七八六年）の絵では職人が弓と矢を作っています。このように戦争は発足したばかりの人類社会に軍需産業システムも組み込むようになっていました。

ここに私たち人類は大きなジレンマ（矛盾）をしょい込むことになりました。人類社会を向上させるためには、新しい知恵、工夫を生み出さなければなりません。それによって社会システムを向上させるのです。

しかし、私たちはその社会を守るために、その技術を使って強力な武器や兵器や防御機器を作る軍需産業システムも持たねばならないという（しかも、相手もそうするので、その優れた兵器技術はやがて威力を大きくして我が身を襲ってくるという）ジレンマに陥るようになりました。

ここ中東は農業の発祥の地の一つで（ムギ作農業の起源地）チグリス・ユーフラテス川及びナイル川流域を中心とする社会は、社会の進み方が早く、戦争も頻発し、そのため戦争兵器も世界の先端を走っていました。そもそもこの地域は最初から戦争を通じて形成されたのであり、戦争の技術は初期文明を特色づける最も重要な要素の一つでした。

この地域では、各国ごとに、複雑な組織と細部まで行き届いた効果的な指揮系統を持つ軍隊が形成され、効率のよい兵《へい》站《たん》組織と軍需産業に支えられていました。軍隊はだいたい二万人規模で、戦略、戦術に深い理解を示す将軍たちの指揮のもとに、しのぎを削っていました。この段階で、すでに組織化された偵察部門や兵站部門、特殊な作戦任務を持つ重装備及び軽装備の歩兵隊と戦車隊は高度な発達を遂げていました。その後の軍隊が持つ機能はすでにすべて備えていたといえます。あとは、時代時代の技術革新に応じて、軍隊の装備も戦争の形態も変化させていけばよかったのです。これから後の

図三　エジプト中王国時代の兵器工場の壁画

人類史は技術革新が出るたびに、この戦争の技術（武器、戦略・戦術）は大きく変化、それをうまく利用した者が、ときどき軍事的天才とか、英雄とかといって称賛されるようになりました。

《三》アッシリア帝国と帝国支配

恐るべき軍事国家・アッシリア帝国

農業がもっとも早く起こり、国家ももっとも早く起こった西アジアのメソポタミアでは、シュメール（ウルク期なら紀元前四三〇〇年、ナスル期なら紀元前三一〇〇年建国）に続いて、バビロン第一王朝（古バビロニア王国）、ヒッタイト、フェニキア、イスラエル、アッシリア、新バビロニア、ペルシアなどが興亡しましたが、早くも恐るべき軍事国家が出現しました。

アッシリアが非常な成功を収めたのはヒッタイトから学んだ鉄の力によりました。優秀な製鉄技術を持ち、鉄製武器などで装備された勇猛果敢な軍隊を率いて、次々と周辺の諸民族・諸国家を征服していきました。

アッシュル・ナシルパル（在位：紀元前八八三〜八五九年）の時代の浮彫を見ますとその戦闘の様子がわかります。アッシリア人は弩砲をはじめ、多くの新兵器を発明していて、効果的な攻囲戦の技術を身につけていました。戦車には御者と弓兵、及びこの二人を守るため二人の楯持ちが乗っていました。六輪の移動式攻城塔には破壊槌が取り付けられていて、車輪のついた移動式の塔に乗って城壁まで近づき、破壊槌をふるったのです。塔は破城槌の使い手を保護する役割も果たし、城壁から反撃してくる敵軍に矢を射かけるために塔には弓兵を乗せられる余裕もありました。

アッシリア軍は早くもこのような戦闘機械を生み出して、実戦に投入しましたが、このような機械だけでなく、従来からの梯子《はしご》を使ってよじ登ったり、土を盛り上げた傾斜路を作ることによって城壁を乗り越えたり、ときには地下道を掘って侵入したり、ケースバイケースでそれらを併用したりして、柔軟に攻める訓練を受けていました。アッシリア人は弓兵及び槍兵の他に、投石兵も使いました。投石機は、高角射撃ができましたので、銃眼つき胸壁や都市の内側にいる防衛軍兵士を攻撃するには特に効果的でした。

このような機械化部隊も持ったアッシリアは、アッシュル・バニパル王（在位：紀元前六六八〜六二七年頃）のときエジプトまで進軍し、ファラオを上エジプトに閉じ込め、デルタ地方（下エジプト）を併合し、キプロス、シリア、エラム王国も征服し、紀元前六四六年、アッシリアは、はじめて肥沃な三日月地帯をすべて統一した大帝国となりました。

アッシリアは、広大な領土を今までとは異なった方法で統治しました。そのやり方は図四のように、征服地の地方領主たちはアッシリア王の封臣になり服属します。彼らが毎年十分な貢納品をアッシリア王に対して送り続ける限り、彼らの地位は保証されます。しかし、いったんその支払いが滞ると、それはすべて反逆行為とみなされ、圧倒的な軍隊によって罰せられ、その国は併合されアッシリア

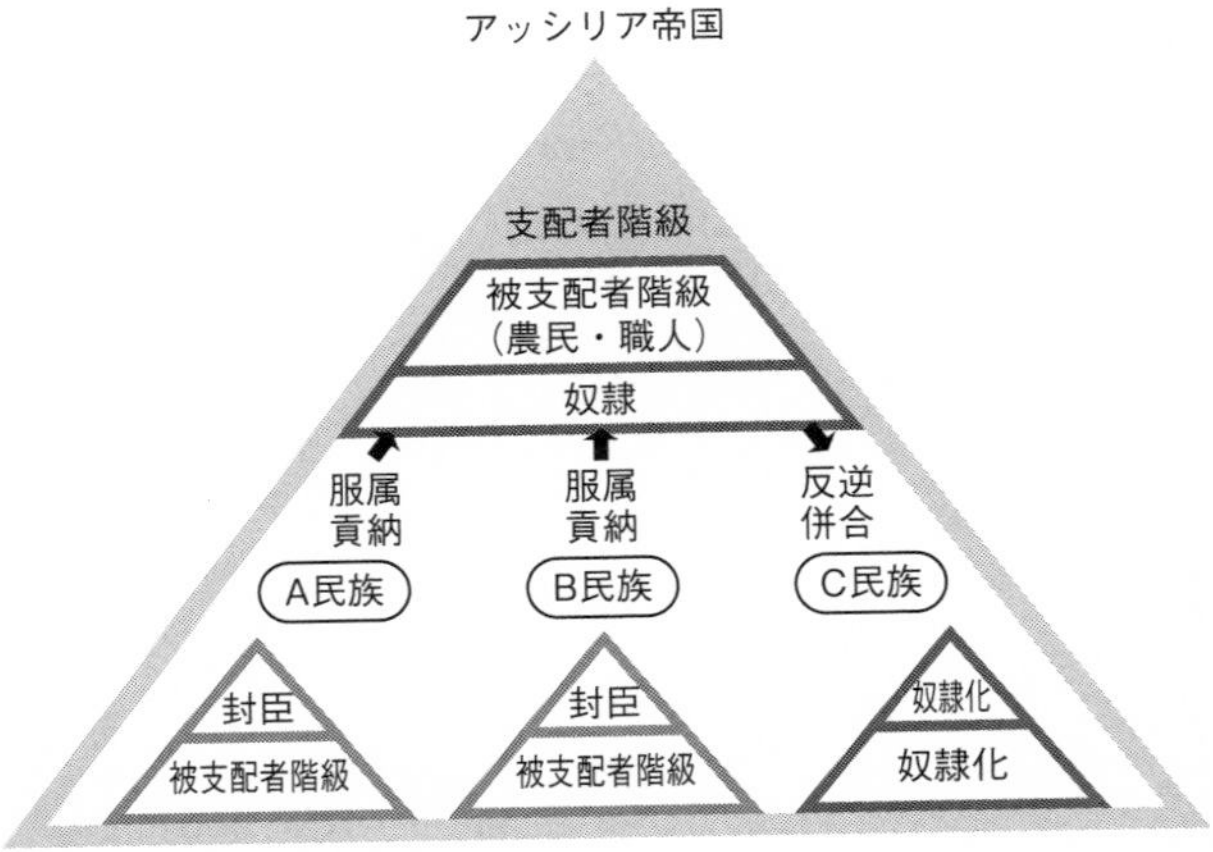

図四　アッシリア帝国の支配構造

人の総督が配置されるというものでした。また、とくに反抗的な民族に対しては全人口の強制移住措置などが取られました。これがアッシリアの侵略における典型的な伝統的政策となりました。

恐怖政治で支配したアッシリア帝国

アッシュル・バニパル王は、首都ニネヴェに王宮や世界最古の図書館を建設して、古代メソポタミアに関する記録や文学作品の粘土板を大量に収集させました。その文献やその他の資料から当時のアッシリア帝国を支えた軍事中心の思想を推測することができます。

王たちの偉業をたたえるレリーフには、略奪、奴隷、串刺しの刑、拷問、被征服民の強制移住などの様子が繰り返し描かれています。炎上する都市やアッシリア軍兵士に捕らえられた女子ども、撃破されて潰走する敵、死体となって横たわる敵、切り落とされた人間の首の山などを描いた絵は、アッシリアへの抵抗が愚行であると思わせるように、リアルに描かれていて、ぞっとするほどです。

アッシリアは恐怖政治を実践し、宣伝することによって、被征服民を従属状態にとどめておこうというのが狙いで、残虐な征服と強圧的な支配を徹底的に行った世界最初の帝国でした。

アッシリア軍の全体の規模はわかっていませんが、一〇万人から二〇万人の兵力と見積もられています。アッシリア王が古代世界ではかつてない大軍を動員していたことは確かでした。紀元前九〇〇年頃から紀元前六一二年にかけて、アッシリア軍は、古代近東世界に並ぶもののない陸上戦力を誇っていました。

歴史上何度も現れた帝国

このように帝国とは、複数のより小さな国や民族などを含めた広大な領域を統治する国家のことをいうようになりました。語句に「帝」という字が入りますが、「皇帝が支配する国家」とは限らず、王政、寡頭制、共和政などの場合も含まれます（ローマ帝国の前半は共和政でしたが、一般にローマ帝国として一括していることが多いようです）。

以後の人類の歴史では、国家が「帝国」を国号として公式に使用する場合、国号ではないが通称として使用する場合、歴史的または比喩的に「帝国」と他称される場合などがありました（日本も戦前は大日本帝国と称していました）。

いずれにしても多民族、多国家を軍事的に支配するのですから、強力な軍事国家であったことは共通しています。その最初の帝国がアッシリアでした。

一九世紀後半、帝国主義という言葉ができましたが、これは一つの国家が、新たな領土や天然資源などを獲得するために、軍事力を背景に他の民族や国家を積極的に侵略し、さらにそれを推し進めようとする思想や政策であり、かつての帝国のような奴隷化などの露骨な政策はなりをひそめましたが、多民族を軍事力で統治するというその思想的なところは同じでした。

第二章　三〇年戦争とウェストファリア体制

《一》三〇年戦争とヨーロッパ絶対王政

近世ヨーロッパの兵器革命

政治の世界で武力が最後にものをいうのは、古今東西同じでした。近世の軍事力に大きな変化のきっかけとなったのは、画期的な火器の発明でした。

一般に火薬、羅針盤、活版印刷術をルネサンスの三大発明といわれますが、これらはヨーロッパでは、ルネサンス期に実用化されたのであってルネサンス自体とあまり関係があるわけではありません。また発明という点では羅針盤も火薬も、実は活版印刷術も早くから東洋で実用化されていましたので、現在では「三大改良」という場合もあります。

羅針盤の改良は、もう少し広い航海術全体の改良となって、大航海時代の幕開けにつながることになりました。活版印刷術はルネサンスの書類や宗教改革の宗教書に出版革命をもたらしました。火薬は大砲、小銃の発明と攻城技術の変化となり、ヨーロッパの戦争を一変させる兵器革命さらには軍事革命を引き起こすことになりました。これが近世、ヨーロッパとアジア、イスラムとの軍事力の大きな差となり、植民地時代への道をひらくことになりました。

火薬は中国で発明され、戦争で利用されていました。オスマン帝国は、一四五三年のコンスタンティノープル包囲戦で大砲（ウルバン砲）を採用して戦果を上げたといわれていますので、中国からイスラムへ技術伝播したことも確かです。この後もオスマン帝国は同等の大型大砲を多数鋳造し、ヨーロッパ各国に恐怖を覚えさせました。

オスマンの恐怖に絶えず脅かされていたヨーロッパでは、これを凌駕する大砲を開発しようと努力しました。ヨーロッパ人は火薬の性能を高め、小さくても強力な大砲を作ろうと青銅の合金を使い、砲身や弾丸の形や材料、砲台や砲車に工夫をこらし続けました。

早くも一四九四年にフランスのシャルル八世がナポリ征服のために侵攻してきたときに、イタリアの都市国家はフランス軍が恐るべき青銅製の大砲を装備していることを知って肝をつぶしました。これがその後、半世紀も断続的に続く仏独のイタリア戦争の始まりでしたが、このような戦争で兵器技術が格段に進歩しました。この牽引可能な車輪付砲架を備えた大砲が、旧来の高い城壁を簡単に粉砕してしまいました。そして、当然のことながら、為政者は必至で発明家や学者の尻をたたいて、この大砲に対抗できるものを作らせようとしました。と同時にそのような大砲で攻撃されても耐えられる築城技術の研究も進めました（戦争兵器の矛と盾の「矛盾の法則」が働きました）。

小銃がヨーロッパで戦争史上初めて登場したのは、一四二〇年代初頭のフス戦争において、ボヘミア（現在のチェコ）のフス派の軍隊がマスケット銃を組織的に運用し、ローマ教皇と神聖ローマ皇帝の騎士を主体とした軍隊を破ったことが挙げられています。小銃も中国から伝わってきたといわれています（中国の火槍）。

それから四半世紀の間に、イタリア人の一部は城壁の内側に更に土塁を設けると敵の砲撃の効果を減らすのに有効だということを知りました。この土塁の前に深い溝を掘り、入り組んだ稜堡を築いて、そこからマスケット銃や大砲の弾丸を浴びせることができるようにすれば、包囲した歩兵部隊をほとんど寄せつけない砦ができることがわかりました。こうしてイタリアの都市国家は再び安全を取り戻すことができました。つまり、強力な矛には強力な盾で対応できるようになったということです。

また一五七一年のレパントの海戦におけるスペインを中心とした連合軍による地中海の覇者オスマン帝国の撃破には、大砲の火力が大きく貢献しました。その重砲のスペイン無敵艦隊も、一五八八年には、射程が長く弾の再装填がしやすい軽砲を用いたイングランド海軍に撃破されるなど、海上でも大砲の技術進歩が激しく、このように戦争のたびに、新兵器・進歩した兵器が現れ、それを駆使した側が勝利を収めました。

次に述べますドイツ三〇年戦争（一六一八～四八年）では、各勢力が野戦に適した牽引砲を使用し、ドイツの国土や都市を荒廃させました。スウェーデンの王グスタフ・アドルフは大砲の軽量化を推し進め、効果的に運用し、戦闘のみならず、戦争全体に革命を起こしたといわれています。戦争で大砲の比重が高まるにしたがい、都市と人間の被害も大きくなっていきました。

このようにヨーロッパでは、発明・改良された戦争技術が戦争のたびに「創造と模倣・伝播の法則」でヨーロッパ中に普及しましたので加速度的に戦争技術が進歩するようになりました。一五〇〇年から一九四五年までヨーロッパは、ほとんど戦争の連続であり、戦争技術（兵器技術）が東洋、イスラムを圧倒するのは当然でした。

ヨーロッパ最初の国際戦争・三〇年戦争

ヨーロッパでは一五一七年のルターの宗教改革以来、プロテスタント（新教）とカトリック（旧教）の対立が続いていましたが、三〇年戦争への道は、ドイツ（神聖ローマ帝国）の新旧両派の対立から始まりました。神聖ローマ帝国（ドイツ）には強大な王権による統一国家は生まれず、(中世と同じように) 諸侯割拠の状態が続いていました。そのような中で、宗教改革の結果生じたプロテスタントとカトリックの対立は、一五五五年のアウグスブルクの和議 (宗教平和令) によって解決されたかに見えましたが、それは一時の妥協に過ぎませんでした。

アウグスブルクの和議から、半世紀近く経った神聖ローマ帝国の一角でこの新旧教徒の争いから、三〇年も続く三〇年戦争という前代未聞の国際戦争が起きました。この戦争はヨーロッパのほとんどの国 (一七ヶ国) を巻き込んだ最初の国際戦争で、その結果は悲惨なものでした。

何よりもそれを顕著に表しているのが、人口の減少でした。ドイツ全体では戦前の約一六〇〇〇万人から今や一〇〇〇万人となり、約三分の一減少しました。メクレンブルク、ボメルン、テューリンゲン、プファルツ、ヴュルテンベルクなどでは被害がとくに多く、半分以上の減少でした。もとより人口減は、死亡者の数を表しているとは限らず、他地方への逃散もそこには含まれていますが、それにしても人口減の割合は第一次、第二次の世界大戦の犠牲よりも大きくなりました。

直接的な戦闘による被害もありましたが、それだけではなく、むしろ軍隊による略奪が人々を苦しめました。当時の軍隊は傭兵軍で、その維持は多分に現地での課税（略奪）によっていました。しかも、その際、敵・味方の区別なしに現地で略奪され、物資が暴力的に徴発されました。当時の傭兵は、国籍を問わず、ただ給料のみによって雇われたもので、軍人としての規律に欠け、戦場では略奪・暴行・強姦の限りをつくしました。

この戦争を目のあたりにしたオランダのグロティウスは、「わたしはどのキリスト教国でも、野蛮人も恥じるような無軌道な戦争を見る。戦争が始まると人間は何の抑制もなく、どんな罪を犯してもよいと考える」と、今日にも通じる平和を訴え、平時及び戦時を問わず国家が守らなければならない法の存在することを指摘して、後述しますが『戦争と平和の法』（一六二五年）を著し、近代国際法学の樹立を主張しました。

ウェストファリア条約とウェストファリア体制

和平条約の国際会議は、現在のドイツのノルトライン・ウェストファリア州にあるミュンスターに、イングランド、ポーランド、ロシア帝国、オスマン帝国を除いた全てのヨーロッパ諸国が参加しました。ヨーロッパ諸国とドイツの諸邦の君主が総計一九四人、全権委任者一七六人が集まり、ヨーロッパの諸問題とドイツの国内問題が協議されました。まさしくそれはヨーロッパで最初の国際会議でした。三年にわたる交渉の結果、一六四八年一〇月二四日にウェストファリア条約が結ばれ、ここに三〇年、一世代にも及んだ世紀の大戦争が終結しました。

ウェストファリア条約は、近代における国際法発展の端緒となり、近代国際法の元祖ともいわれている条約でした。その主な内容は、以下の通りでした。

ドイツの国内問題としては、宗教問題と帝国制の問題が重要でした。

①そもそも戦争の発端となった宗教上の結論は、アウグスブルクの和議の内容を再確認し、カルヴァン派を新たに容認しました。宗派的対立の原因であった「聖職者に関する留保」条項は破棄され、一六二四年を標準年と定め、その時点での宗派の分布が基準とされ、カトリックとプロテスタントの同権が規定されました。

②神聖ローマ帝国内の領邦は主権と外交権を認められ、皇帝と帝国等族（領邦）の二元主義は大きく後者に傾きました。一方、皇帝は、法律の制定、戦争、講和、同盟などについて帝国議会の承認を得なければならなくなりました。

③フランスは、アルザス地方と、ロレーヌ地方のメッツ、トゥール、ヴェルダンを獲得
戦争で勝利した側では、

しました（これから延々と続く独仏の争いの種がまかれました）。

その他、スウェーデンが大陸に領土を得て、帝国議会の議席を得ました。スイス、オランダ（ネーデルラント連邦共和国）は、独立を承認されました。ブランデンブルク選帝侯（のちのプロイセン）は、ヒンターポンメルン公位を獲得し、ザクセンとならぶ北ドイツの雄として登場することになりました。

このウェストファリア条約の結果は、神聖ローマ帝国という枠組みを超えて全ヨーロッパの情勢に多大な影響を与え、その後の（一七八九年のフランス革命、それに続くナポレオン戦争に至るまでの約一五〇年間）ヨーロッパの国際情勢を規定することになりました。

そこで、このウェストファリア条約が作り出したヨーロッパの新しい国際秩序を、「ウェストファリア体制」と呼びます。

その意義を強調するかのように、次がナポレオン戦争後のウィーン体制、第一次世界大戦後のヴェルサイユ体制、第二次世界大戦後のサンフランシスコ体制（国際連合体制）となります。つまり、人類は大戦争のあとに、その反省を踏まえて、その国際政治体制を大きく変えてきていることがわかります。本書も目次をみればわかるように、この大戦争とその後の体制ごとに記しています。

これ以後、国家間の覇権戦争となった

三〇年戦争は、新教派(プロテスタント)と旧教派(カトリック)との間の宗教戦争として始まりましたが、その途中から、宗教戦争はこの戦争の単なる一側面に過ぎなくなりました。戦争の第二段階から徐々に国家間の宗教闘争に名を借りた民族対立の側面が露わになり、ヨーロッパにおける覇権を確立しようとするハプスブルク家と、それを阻止しようとする勢力間の国際戦争として展開されることになりました。この反ハプスブルク勢力の中にはカトリック教国であるフランス王国も加わっていました。

つまり、この三〇年戦争以降の戦争は、宗教を同じくするからといった抽象的な大義名分ではなく、政治的決定に際しては現実政策が重視されるようになり、極端にいえば、戦争ごとに組み合わせを変えて戦争が行われるようになりました。

現にカトリックのフランス王国は、カトリックの神聖ローマ帝国(ハプスブルク家)に挑戦し、カトリックでありながら戦勝国となり、ハプスブルク家の弱体化に成功した上、アルザス・ロレーヌを得ました。ここで戦争による領土獲得の味をしめたルイ一四世(フランス)は、以後ライン川左岸へ支配領域の拡大を図り、何度も侵略戦争を繰り返すことになりました。スウェーデンもこの条約でバルト海沿岸部に領土を獲得し、その一帯に覇

権を打ち立てました。

ヨーロッパ絶対王政の成立

近世のヨーロッパ諸国にみられた政治形態は、絶対王政あるいは絶対主義といわれました。ヨーロッパでは中世の後半に貨幣経済が進展し、遠隔貿易などが盛んになりますと、社会の変動が起こりました。商人たちが力を得て台頭しました。自給自足の地方経済に基礎を置く封建領主の力が衰え、没落する者も現れました。一方で貨幣経済が進展し、広域流通圏が成立すると、その保護を名目に国王が力を得て、絶対主義が誕生しました。

絶対主義とは、封建領主が分権的に支配する中世社会を破壊し、国王が常備軍と官僚によって広域流通圏を一元的に支配する、中央集権体制でした。つまり、絶対王政国家は、封建社会がくずれて、近代資本主義社会が確立するまでの過渡期の政治体制で封建制国家と近代国家の中間に位置しました。

絶対王政とは、国家が無制限に近い権力を持った中央集権の国家体制で、主権国家の起源です。主権国家とは、国家という広い枠組を治める最高の権力（主権）で支配された国であり、絶対王政の国家はその原型で主権は国王にありました。

絶対主義は、国内的には主権国家の一元的な支配を、対外的には国家の独立と勢力の拡張を行いました。このため、絶対主義時代には主権国家が互いに対立し、国際戦争が頻繁に起こりました。スペイン帝国のフェリペ二世、イギリスのエリザベス一世、フランスのルイ一四世などが典型的な絶対王政君主で、絶対主義が全盛期を迎えました。

絶対王政は巨額の財政出費を賄うために（官僚・常備軍の維持費や戦争出費・宮廷貴族の豪奢な生活のためその出費は大きかったのです）、重商主義政策によって国富を高めようとしました。重商主義において、植民地政策はきわめて重要でした。ヨーロッパの絶対王政政権は、南北アメリカやアジア・アフリカを植民地にして、最初は貴金属を得るために、次いで本国への安価な原料供給地あるいは本国生産品の販売市場、さらに貿易上の拠点を確保するために、植民地開発を行いました。このため、絶対王政国家の間に激しい植民地獲得競争が展開され、ヨーロッパの戦争に連動して植民地でも戦争が行われましたがここでは省略します。

戦争の大規模化と軍事費（金融）革命

近世のヨーロッパの絶対王政は、どこよりも戦争を多くして、どこよりも戦争技術が発達しましたので、画期的な発明によって一国がすべての競争相手をしのぐような事態は起きませんでした。つまり、画期的な武器や防護法が出ると、その相手がたちまち、それを模倣して次の戦いにその戦法、その武器を使用してお返しをするので決定的な勝敗が不可能になったのです。

ただ一貫していえることは、時代と共に兵器や戦術の高度化にしたがって、戦争の規模が大規模化し、必然的に軍事費の増大をもたらしました。その典型例が、スペインのカール五世やそれを継いだフェリペ二世で、たびたび破産宣告を余儀なくされました。敵方のフランスもまた破産しました。スペインもフランスもたびたび破産宣告を出しましたが、戦争は相変わらず続いていました。両者はますます、銀行の信用を落としていきました。

戦争が大規模化し、どうして戦争の費用を賄うか。この戦争の増大する費用はすべての国に共通する問題でした。それに知恵を出し、いち早く成功したのがイギリスでした。

イギリスは、一六九四年にイングランド銀行が創設されて（当初は戦時支出を賄うためでした）、その少しあとには、国債が発行され、戦費を賄うようになるとともに、株式市場が活発化し、「地方銀行」が成長して、政府と事業家の双方に多額の資金を提供するようになりました。これを「金融革命」といっています。

イギリスのように「金融革命」が成功するには、議会が追加税収入を確保して国家債務の確実な支払いを保証することが不可欠でした。つまり、絶対王制国家の国王の強気な気まぐれではなく、国家の具体的な保証がなければなりませんでした。

その点、イギリスでは市民革命（一六八八年の名誉革命）を経てできたウォルポールから小ピットにいたる閣僚が努力して銀行家をはじめ大衆に働きかけ、健全な財政政策を実施して、「経済的な」政府の運営に努め、議会を納得させることに成功しました。

イギリスの国家的な信用の上に、イギリス政府の国債がオランダ人（オランダは最初の産業国家で当時の金融の中心でした）をはじめとする外国人にとってますます魅力的な投資対象になり、アムステルダムの市場ではそれらの債券が恒常的に扱われるようになりました。

当時イギリスの人口はフランスの半分であり、税収入の絶対額でも劣っていたにもかかわらず、税収をはるかに上まわる資金を戦争に注ぎ込み、フランス及びその同盟国との戦いで動員した艦船や人力に決定的な差をつけることができ、勝利を収めることができたのです。たとえば、一六八九年から一八一五年までイギリスとフランスが戦った七回の戦争も持久戦でしたが、七回のうち、六回はイギリスが勝利しました（アメリカ独立戦争のときだけ敗れました）。イギリスが勝利を握ったのは、信用を維持し、国債を発行して軍事費を調達する能力があったからでした。

《二》戦争法を中心とした国際法の歴史

三〇年戦争を終結させたウェストファリア条約は、ヨーロッパのほとんどの国が調印し、最初の国際法であると言われています。三〇年戦争を見たオランダのフーゴー・グロティウス（一五八三～一六四五年）はその悲惨さから、戦争に関するルール、戦争の国際法を誕生させました。そこでここで人類は国際法上、戦争をどうとらえていたかを見ます。

近世―国際法の誕生

三〇年戦争を経験した西欧では、その荒廃への反省から聖戦を否定し、主権国家から構成される西欧国際政治の枠組みが形成されるに至りました。三〇年戦争後の戦争は主権国家同士（絶対王政国家）の利害で戦争が行われることが多くなりました（しかし、これはヨーロッパ世界でのことで、東洋やイスラムの世界では近世になっても古代、中世の延長のままでした）。

この頃、グロティウスは、東インド会社による拿捕船《だほせん》の妥当性をめぐる具体的な国際紛争を処理する過程で、一六〇九年、『自由海論』を著し、海は国際的な領域であり、全ての国家は、海上で展開される貿易のために自由に使うことができると主張し、国際法の端緒となるもので、その後、徐々に海洋についての国際法的思考が定着していきました。

その後、グロティウスは、『戦争と平和の法』（一六二五年）を著して、戦争が法による規制を受けるものであることを明らかにしました。そこでは、単に戦争状態における法について論究されているだけでなく、その名の通り、平和時における法や権利が、一国法の枠組みを超えた普遍的なものとして考察の対象となりました。

グロティウスの『戦争と平和の法』では、中世の正戦論（中世にはいろいろな条件をつけて「戦ってよい戦争」「悪い戦争」に区別していました）を受けて第二編で防衛、権利の回復、刑罰など、戦争の正当原因を論じ、第三編で戦闘行為が不必要な破壊、略奪・暴行に及ばないこと、捕虜には人道的処遇を与えるべきことなど、戦争遂行過程における合法性について記しています。この著作は、同時代において、またそれ以後の時代のヨーロッパにおいて、戦争と平和に関する法や諸権利を考察する際の原点となりました。

一七世紀以降、国家間の紛争、戦争は頻発するようになりましたが、そこに、このように国際法というルールを持ち込んだグロティウスは高く評価され、「国際法の父」という位置づけを与えられました。

平時国際法と戦時国際法に分けて戦争を是認

その後、国際法は、戦争法、外交使節制度、植民地の獲得、通商の方法、海洋の制度、条約の締結など多方面にわたって、国際法が論じられ、間口が広がりましたが、それらは省略します。

ただ、戦争法の分野では、一八世紀中頃から正戦論を斥《しりぞ》けつつ戦争の主権的自由を説く立場が有力となりました。すなわち、原因の正否を問わず戦争を容認し、交戦国を対等に扱う立場でした（「正しい戦争」であると正戦論を主張しても、相手側も正戦論を主張するので正戦論は機能不全を起こしました。お互いに自分の戦争は「正しい」と主張するので問題解決になりません）。この考え方は、正戦論の機能不全と法実証主義の醒めた方法論の所産であり、一九世紀にはこれが有力な立場となりました（背景には産業革命によって強くなった欧米列強は武力を背景に積極的にアジア・アフリカへ進出し植民地化する意図が働いていて、戦争を容認する姿勢がありました)。

その後、戦争を是認した上で、戦争の遂行の仕方を規律する戦時国際法(交戦法規と中立法規)と平時国際法に分けて論ずるようになりました。戦争という異常な状態を是認せざるを得なかった国際法は、これを「戦時国際法」の適用される特別の状態として「平時国際法」から切り離し、それによって実定法としての平時関係の国際法の機能を維持したのです。その結果として、伝統的国際法は平時法と戦時法からなる二元的構造を有し、いったん戦争が始まると諸国間には平時法とはまったく内容が異なる戦時法が適用されました。

このような戦争の国際法の延長上に、世界最初の国際機関「赤十字社」の設立、万国平和会議での戦争の仕方の規制、ハーグ陸戦条約などの発展がありましたが、いずれにしても、この国際法のアプローチでは戦争ありきで、戦争をやめさせる国際法への展開はありえませんでした。

《三》戦争と平和に関する思想

では人類は戦争をやめさせる努力はしてこなかったのでしょうか。次に人類は「戦争をなくするために（平和のために）」何を考え、何を行ってきたかをさかのぼって述べます。

古代

古代の思想家で、直接、「平和論」を唱えたのは『自然の叡智　人類の叡智』の中国の諸子百家のところで述べた中国戦国時代の思想家・墨子《ぼくし》（紀元前四七〇年頃～三九〇年頃）でした。

墨子は、分け隔てなく人を愛する兼愛のもとに、人々は互いに利益をもたらし合う兼愛《けんあい》交利説《こうりせつ》を展開しました。「兼《ひろ》く愛して交《たが》いに利する」ということ、つまり相手のためにすることは自分のためにするという功利的な性格もあるということです。墨子は「天下の利益」は平等から生まれ、「天下の損害」は差別から起こると考え、自他の別なくすべての人を平等に、公平に隔たりなく愛すべきであるという博愛主義を唱えました。

墨子は、この兼愛交利と真っ向から対立するものが戦争であると考えました。墨子は、当時の戦争による社会の荒廃や殺戮《さつりく》による世の悲惨さを批判し、政治の目的は人々の幸福にあるが、戦争は略奪・盗賊的行為であり、人々に何の利益も幸福ももたらさない。他国を奪取して利益を得たとしても、蓄積された財貨を破壊する行為であることには変わらず、多くの人命も失われると説き、戦争では失うものの方がはるかに多いとして、他国への侵攻を否定する論を展開しました。

『墨子』において、「人一人を殺せば死刑なのに、なぜ百万人を殺した将軍が勲章をもらうのか」と訴えています（この国家のダブルスタンダードをやめさせる社会システムをどうして創るか。それには戦争行為を犯罪であるとしなければなりません。現代の国民国家は戦争を犯罪としていないのです。その人類の論理を歴史の中からどう組み立てるか）。

こうして墨子は非攻《ひこう》を説いて、国家間の戦争を否定する反戦思想を主張しました。しかし、墨子は大国による侵略のための戦争は否定しましたが、小国による防衛のための（自衛のための）戦争は認めていました。そのため墨家は土木、冶金などの面で技術の開発と活用に力を入れ、不落と呼ばれるほどの守城術を編み出し、他国に侵攻され、助けを求める城があれば自ら助けに赴いて防衛に参加し、撃退にも成功しました。

万人に対する愛を説いたイエス・キリストより、数百年も早く兼愛を主張していた墨家の思想が消えてしまって、その後、中国で生まれてこなかったのは残念なことでした。（その後の中国の歴代国家はすべて専制独裁国家だったから［孫文の辛亥革命まで］、思想の自由はありませんでした）。

この墨子とほぼ同じ時期に古代ギリシャでもソクラテスやアリストテレスが出て哲学を興しました。ギリシャにおいてアテナイとスパルタによって戦われたペロポネソス戦争が歴史家トゥキディデスによって叙述され、戦争中には劇作家のエウリピデスやアリストファネスが平和主義的な思想を展開しました。またアテナイの哲学者プラトンは『国家』の中で戦争の原因として人間の欲望と国家の成り立ちとの関係を考察しています。プラトンの見解によれば、人間の欲望は拡大し続ける性質を持つために、従来の自給自足の状態を離脱して他国との関係が発生し、最終的には利害の衝突によって戦争が勃発する、と考えていました。

アレクサンドロス三世（大王）は古代ペルシアを征服し、ギリシャとオリエントの文化を統合してヘレニズム文化を興しましたが、ここにポリスの市民から世界国家の市民としての価値観が生まれストア学派が現れました。キプロスの哲学者ゼノンにより確立されたストア学派は自然の法則と合致するように人間の理性を働かせる禁欲主義の倫理を提唱し、理性によって全ての人間を平等に同胞とする世界市民主義と自然法の着想を展開しました。

中世

中世には正戦論が生まれたことは述べました。正戦論とは、ローマ哲学とカトリックに起源を持つ、軍事に関する倫理上の原則・理論であり、西ヨーロッパにおいては「正しい戦争」「正しくない戦争」を区別することで、戦争の惨禍を制限することを目指して理論構築がなされました。

つまり、際限のない中世の戦争・暴力という状況から、戦っても良い戦争と戦ってはいけない戦争を区別し、戦争・暴力の、行使・発生を制限することを目指して生まれたものでした。しかし、これでは、立場が違えば、「正しい戦争」「正しくない戦争」も逆になりますから、戦争は絶えませんでした（とくに異教徒同士の間では）。

近世

この頃の哲学者には、まだ、ヨーロッパ中心であって、世界全体は視野に入っていませんでした（したがって以下、現代的な意味で解釈するには、「ヨーロッパ」を「現在の世界」と読み替えれば、よくわかります）。

スペイン継承戦争（一七〇一～一七一四年）によってヨーロッパ全土が疲弊していた時代に、サン・ピエールが『ヨーロッパにおける永遠平和の草案』を著して、国家連合による永遠平和の確立を訴えました。一七一三年にはユトレヒト和平会議が開催されましたが、サン・ピエールはそこにフランス（ルイ一四世）全権秘書として赴き、その経験をもとに前書を著しました（一七一三～一七一七年）。

サン・ピエールは国家間の秩序が勢力均衡によって保たれる状態は、いずれは戦争を生じさせ、平和を実現することはできないとして、戦争状態を永久の平和に変えるために、ヨーロッパ諸国全体の連合による国際組織の創設を説きました。

この連合は永久に続くものであり、一度締結すると取り消しはできません。加盟国は全権委任の代表を集めた定期的あるいは常設の会議を開催し、加盟国当事者の紛争はそこで調停され解決されます。それぞれの加盟国は、その会議において決定される分担金を出資し、諸国家連合による国際組織はこの分担金により運営されます。

この国際組織の会議において、構成各国に利益をもたらすための諸規定が作成され、多数決によって可決されます。諸国家連合は構成国の所有権と統治権を保障し、構成国家同士が武力によって相手国との問題を解決することを決して許しません。連合の条約に違反する構成国は、ヨーロッパ社会において関係を築くことができず、公共の敵とみなされます。

もしもある構成国家が戦争の準備をし、他の構成国家に武力を行使した場合は、全構成国家が協力して、その武力行使を行った国家に対して攻撃的行動を取ります。この点から、従来の正戦論を放棄し、武力の行使は戦争廃止のための「国際的法組織」による制裁戦争のみ認められるとした、集団安全保障の理論を展開させていることがうかがえます（これは後述しますように、現在の国連憲章がいう集団安全保障制度で、現在、アメリカなどが行っている条約、同盟などによる集団的安全保障ではありません）。これらは諸国家連合の基本条項であり、全構成国家の合意がなければ変更は不可能であると説かれています。

この国家連合による国際組織は加盟国の主権を否定するものではなく、加盟国を内外の侵略から守るものであると考えられました。軍隊は国家連合への割り当て分のみ必要であり、そのため軍事費は大幅に削減できます。従って、統治者は軍事以外の面での政策に力を入れることができ、国内の人民の納税負担を軽減できます。また、統治者たちは、自らの国内に対しては絶対的な権力を持ち続けることは当然です。

国家間は対等であり、紛争が生じた場合は連合議会が裁定します。この連合議会の議長は、加盟国の輪番制とします。それ故、一部の支配者がいるわけではありません。加盟国の自由は連合諸国によって確立されるのです。これらは、ウェストファリア条約後の国家の勢力均衡によるウェストファリア体制と、その結果もたらされる不断の戦争を批判し、はじめて「国際的法組織」構想をその解決方法として提示したものでした。

このサン・ピエールの構想を読んだルソー（一七一二〜一七七八年）は、社会契約説の国際版ともいうべき国際的社会契約――自然状態を解決する手段としての国家連合を考えました。

ヨーロッパが一種の社会を形成しながらも常に戦争を回避し得ないのはなぜか（近世のヨーロッパは絶えず戦争をしていました）。ルソーはその答えを国家間関係が自然状態（とは戦争状態のことです）のままにあることに求めました。すなわち、真の社会は契約によってのみ形成されるものであるが、ヨーロッパには未だそれを形成するための契約がなされていない。したがって、ヨーロッパ列強の関係は戦争状態＝自然状態にあり、講和条約さえも「一時的な休戦状態」でしかない。なぜなら、ヨーロッパの社会（現在の世界にあたります）は未だ「偶然によって形成されるかまたは維持されている結合」であるが故に「状況が変われば不和と紛争に必ずや堕してしまう」類のものであるとみなしました。

したがって、その惨禍を免れるためには、「人が何といおうと、今日もはやフランス人、ドイツ人、スペイン人はいない。イギリス人でさえいない。存在するのはただヨーロッパ人だけ」なのであると論じました（「白人のアメリカ、黒人のアメリカ、……はない。存在するのはただアメリカ人のアメリカだけ」はオバマ演説。筆者はアメリカの同盟、ロシアの同盟、中国の同盟……はない、存在するのはただ国連〔世界政府的国連〕の集団安全保障制度だけと言いたいのです。後述します）。すなわち、ルソーは「ヨーロッパ」を一種の社会と見なし、紛争をなくするためには国家間により緊密な契約を締結する以外にない、と考えました。

ルソーは、『サン・ピエール師の永遠平和論抜粋』（一七五六年）の中でサン・ピエールの構想を詳細に検討することによって、「我々の誰もが自己の同胞の市民たちとは社会状態にありながら、残りの世界全体とは自然状態を保っているので……全体にわたる戦争に火をつけている。……こうした危険な矛盾を取り除く方法があるとすれば……連合政府の形態を取る他にはありえない」と言って、戦争という自然状態を克服せしめるには「国家連合」という名の国際的社会契約が結ばれる以外に道はないとの結論にたどり着いたのです（現在、国連加盟国はすべて、「国連憲章」という国際的社会契約を守ることを誓って加盟しているので、その段階は達成しています。それなのに戦争が絶えないのはなぜか、後述します）。

カントの『永遠平和のために』

サン・ピエール、ルソーの著作を読んだ偉大な哲学者イマヌエル・カント（一七二四〜一八〇四年）は、このような平和主義の構想を『永遠平和のために』（一七九五年刊）で体系化しました。カントのこの『永遠平和のために』は、のちの国際連盟、国際連合の設立に生かされたと言われています。

カントはこの『永遠平和のために』を現実には、フランス革命戦争中の第一次対仏大同盟でフランスとプロイセンがバーゼルの和約を締結した一七九五年にケーニヒスベルク（現在はロシア領）で出版しており、理想論の哲学だけを述べていたわけではなく現実の政治を見据えて執筆しています（まだ、ナポレオンが出てくる前でした）。

バーゼルの和約は戦争の戦果を調整する一時的な講和条約に過ぎず、このような条約では平和の樹立には不完全であると考え（実際、一〇年ほど後に再び戦火を交えることになります）、カントは永遠平和の実現可能性を示す具体的な計画を示そうとしました。カントがこのように考えたとき、その念頭にはサン・ピエールやルソーの平和構想があって、彼らの構想を評価していたのです。

カントにとっては、人間が追求しなければならない最高の目的は、道徳的・理性的な人格でした（カント哲学は最高の人倫、人格を追求しました）。決して手段とはならず、常に目的として扱わなければならない人格同士の理想的社会を、カントは「目的の王国」と呼びました。すべての人格が、互いに尊敬し合って交渉するような道徳的社会、徳と幸福とが結合して最高善が実現する理想社会、これがカントの言う目的の王国です。

カントはこの目的の王国の理想を国際社会に適用し、すべての国家が互いに目的として尊敬され、手段として利用されることのない平和で理想的国際社会を構想しました。『永遠平和のために』の中で、国家間の紛争を武力によってではなく、国家間の協力と協定によって解決していくことを強調しています。永遠平和という理想を目標に、最終的には万民国家が、現実的には民主的な国家間の協定による紛争解決のための国際機関が作られなければならないとしました。

カントの『永遠平和のために』は、永遠平和実現のための具体的プランだけでなく、それが実現可能であると考える論拠を示し、そこからさらに政治と道徳の関係を扱っています。

本書の内容は永遠平和を確立するための予備条項と確定条項から構成されています（永遠平和に至るための条件を記していると考えられます）。

第一章の予備条項では、人類が殲滅戦《せんめつせん》に突入するのを防止するための諸条項が掲げられています。

第一条項―将来の戦争の種を密かに留保して締結された平和条約（最近、締結されたバーゼルの和約）は、決して平和条約とみなされてはならない。

第二条項―独立しているいかなる国家（小国であろうと、大国であろうと、この場合問題ではない）も、継承、交換、買収、または贈与によって、他の国家がこれを取得できるということがあってはならない（それまでの戦争では国家は王侯によって、取引されていました）。

第三条項―常備軍は、時とともに全廃されなければならない。

第四条項―国家の対外紛争に関しては、いかなる国債も発行されてはならない（イギリスがいち早く国債発行を発明し、国内やオランダなどから大量の資金を集めることができるようになったので［金融革命］、大量の軍事費をひねり出すことができ、以後のフランスなどとの戦争にすべて勝利を収めることができたことは述べました）。

第五条項―いかなる国家も、他の国家の体制や統治に、暴力をもって干渉してはならない（内政干渉を禁じています）。

第六条項―いかなる国家も、他国との戦争において、将来の平和時における相互間の信頼を不可能にしてしまうような行為をしてはならない。

以上、禁止するための条項が列挙されています。

これら予備条項は平和をもたらすための準備的な段階であり、確定条項では具体的な平和の条件が示されています。

第一確定条項―各国家における市民的体制は、共和的でなければならない（この時点一七九五年では、アメリカ［唯一の民主国家］、イギリス［立憲君主制］、フランス［共和革命政府］、オランダ［共和政］以外の世界中の大部分は専制独裁国であり、機は熟していませんでした。その点、カントの平和論は遠い先のことでした。

現在では五〇％ぐらいが民主主義国家［人口割合で］となりましたので、やっと、カントの平和論を論ずる時が来たといえます。『自然の叡智　人類の叡智』で述べましたように、二〇一〇年時点で筆者がカウントしたときは六四％が民主主義国家でしたが、現時点二〇二一年ではその比率がかなり下がったと思われます。「アラブの春」が失敗に終わったところが多いこと、この一〇年で中東・アフリカが急速に不安定化したことが原因です）。

第二確定条項―国際法は、自由な諸国家の連合制度に基礎を置くべきである。

第三確定条項―世界市民法は、普遍的な友好をもたらす諸条件に制限されなければならない（この時代は、各国間の自由な交流も不可能でした。現在はほとんどの国で自由です）。

予備条項の中でも常備軍の全廃を示した第三条項は、常備軍の存在そのものが諸外国に対して戦争の恐怖を与え、したがって無制限な軍備拡張競争が発生することになります。そしてその軍拡によって国内経済は圧迫されるとその状態自体が攻撃の動機となります。つまり常備軍は時期とともに全廃されなければならないとカントは考えました。

また国家が人を殺したり人に殺されたりするために人間を雇うことは、人間性の権利に反するといっています。カントが倫理学の原理とした定言命法によりますと、人間は自他の人格を常に目的それ自体として扱うべきであって、単なる手段としてのみ扱ってはならないとしています。これは国家についても言えることで、国家は国民といえども戦争のための単なる道具として手段的に扱ってはならないのです。常備軍の廃止は、カントの倫理学からも帰結する条項です。

ただし、「だが国民が自発的に一定期間にわたって武器使用を練習し、自分や祖国を外からの攻撃に対して防衛することは、これとはまったく別の事柄である」と、今日のスイスに見られるような国民が自発的に軍事的な教育訓練を実践して外敵に対する自衛手段を確保することについては、カントは認めています（つまり、自衛は認めています。墨子もそうでした。もちろん、これは国連憲章の個別自衛権であり、日本国憲法第九条も個別的自衛権を認めていると解釈されています。後述します）。

予備条項は、殲滅戦を防ぎ、永遠平和への展望を開くための諸条件であったのに対して、確定条項では、永遠平和が実現するための具体的な諸条件が提出されました。つまり永遠平和を実現するには、国内体制に関しては共和制の確立が（第一確定条項）、国際体制に関しては自由な諸国家の連合制度の確立が（第二確定条項）、世界市民法に関しては普遍的な友好権の確立が（第三確定条項）、それぞれ必要とされたのです。

カントのいう共和制とは、自由と平等の権利が確保された国民が、共同の立法にしたがっている国家体制で、しかも代表制を採用し、国家の立法権と執行権とが分離している国家体制です。カントによると共和制は人間の法にもっともよく適合した国家体制ですが、カントのこうした考えの背後には、ロックに代表される啓蒙主義的な国家観があります。

ところでカントは共和制が永遠平和のためになぜ望ましいと考えているかといいますと、この体制の下では、戦争をすべきかどうかを決定するには国民の賛同が必要ですが、国民は戦争のあらゆる苦難を引き受けなければならないから、戦争という「割りに合わない賭け事」を自分から進んでは求めはしないであろう、というのがその理由です（逆にいいますと、王侯貴族、高級官僚など支配者階級は決して自分で戦争をしないので「国民に戦争をさせるので」、自分たちの利益、統治の都合で戦争を安易にやってしまうというのです。支配者階級、あるいは国家が形成されてからの戦争は、ほとんどそうだったことは『自然の叡智　人類の叡智』でも述べてきたところです）。

当時のヨーロッパは（世界はもちろん、アメリカ、イギリス、フランス、オランダ以外は）、すべて専制君主（独裁）国でした。国家の所有者である専制君主にとっては、戦争はありふれた世間事であって、自分は労することなく、臣民を戦争の道具として使役できたのです。費やした戦費も後で税金として国民から取ればよかったのです。このような専制君主国が戦争を放棄するとは考えられないということでしょう。

第二確定条項では、国家間の永遠平和を保障するものとして、自由な諸国家の連合が提唱されています。カントが、かつてのローマ帝国のような、諸国家を征服した一世界王国（世界帝国。覇権国家による世界統治）の出現による世界平和の維持を望まないのはなぜでしょうか。彼によりますと、法は統治範囲が広がるとともに重みを失い、「魂のない専制国家」が支配し（ローマ帝国や中国、イスラム、モンゴル、ロシアなどの世界帝国の治世の後半はみなそのような状態に陥りましたことは『自然の叡智　人類の叡智』で見てきたところです）、世界王国（世界帝国）は最後には無政府状態に陥るとしています（現実の古代、中世、近世の歴史を見ても、国家にはライフサイクルがあって、最後には混乱に陥って滅亡してしまうことを述べました）。

これに対して、理性の立場からすれば、諸国家がそれぞれ独立した単位として、一国内の共和的体制に似た世界共和国を形成することができれば、それが永遠平和の維持にとってもっとも望ましいことであるとしています。しかし、それぞれが国家権力を持つ諸国は、理性が正しいと認めることでも、具体論としては斥《しりぞ》けるから、そこで世界共和国という積極的理念の代わりに、独立した諸国家の国際連合という「消極的な代替物」を、実現可能な世界平和維持の手段と考えたのです（現在の国連も理想論からいえば、世界共和国でしょうが、カントが言うような理由から独立した諸国家の国際連合でやればいいのではないでしょうか。しかし、後述しますような理由で、絶えず、国連改革を行い、国連も進化しなければなりません）。

国際法も、平和連合とも言えるこの国際連合を土台とする法でなければなりません。したがって、それはどのような形であれ、戦争を正当化するような法を含んではなりません。グロティウスは『戦争と平和の法』を書きましたが（これは戦争と平和に関するルールを決めただけ）、カントは国際法は「平和の法」に徹すべきとしています（戦争そのものは犯罪として禁止されなければなりません）。

第三確定条項は、人間は世界市民として、どの外国でも訪問することができ、その地に住む住民と交際を試みることができる権利、すなわち訪問権を持つことが示されています。カントによりますと、人間は訪問権を持つが、世界市民法は、この権利を保障する範囲に限定されなければならないとしています。現在では当たり前のようなことですが、当時は、訪問することは征服することだぐらいに考えていたヨーロッパ列強諸国による植民地獲得は、原住民を無に等しいものと扱う点で、世界市民法に対する明白な違反であると考えたのです。カントは当時、中国や日本が鎖国政策を取ったのは賢明な措置であったと語っています（植民地がほとんど独立した現在では、この点でも機は熟しているといえるでしょう）。

カントは永遠平和が単なる空想ではなく、それが実現可能であると論証していますが、その部分が予備条項や確定条項に続く第一補説です（省略します）。

カントのこの理念は、のちに国際連盟や国際連合として一部具体化されました。彼はこの構想を（国際連合ができる一九四五年から）一五〇年以上も前に提唱していたのですが、まだ、実効あるものとはなっていません。カントの臨終の言葉（八〇歳）は、「これで良い」であったと言われていますが（一八〇四年）、戦争を放棄した人類に対して、カントが「それで良い」と言ってくれるのはいつの日でしょうか（カントの後、一〇〇年後に植民地主義、帝国主義はピークを迎え、二度の世界大戦を終えて、一五〇年にして、はじめてカントのいう組織―国際連合ができ、それから米ソ冷戦などで、また、七五年が過ぎて本格的に永遠平和のための戦争廃止を論ずることができるようになったと筆者は考えています。いや、今や二一世紀の世界では核兵器の拡散が急速に起こっている現実、急速に不安定化した世界の現実［後述しますが、三二件の今後、紛争の可能性のある事項］、急速に劇症化する可能性のある地球温暖化の現実を考えますと、人類にとって今しか、戦争廃止のチャンスはないと考えられます。本書の目次を見ていただくとわかりますが、人類は四つの世界大戦を行い、そのつど、戦後の体制を変えています。五度目、それは第三次世界大戦後か、劇症型地球温暖化&パンデミック後か、人類はその前に戦争廃止をやらないと、カントの『永遠平和のために』を実現するチャンスを永遠に失うかもしれません）。

第三章　ナポレオン戦争とウィーン体制

《一》ナポレオン戦争と国民国家の成立

ナポレオンの台頭

ナポレオン・ボナパルト（一七六九〜一八二一年）は、フランスのコルシカ島に生まれ、パリの陸軍士官学校を出て、一七八五年に砲兵士官として任官しましたが、フランス革命時に王党派鎮圧などに大胆な砲術を駆使して戦功を上げ、フランス革命に干渉する周辺諸国軍を次々と破り、国内軍司令官となりました。一七九九年一一月には、ナポレオンはクーデターを起こし、総裁政府を倒し統領政府を樹立し、自ら第一統領（第一執政）となり、実質的に独裁権を握りました。

ナポレオンは統領政府の第一統領（第一執政）として、全国的な税制度、行政制度の整備を進めると同時に、革命期に壊滅的な打撃を受けた工業生産力の回復をはじめ産業全般の振興に力を注ぎました。

一八〇〇年にはフランス銀行を設立し通貨と経済の安定を図りました。さらには国内の法整備にも取り組み、一八〇四年には「フランス民法典」、いわゆるナポレオン法典を公布しました。これは「万人の法の前の平等」「国家の世俗性」「信教の自由」「経済活動の自由」等の近代的な価値観を取り入れた画期的なものでした。教育改革にも尽力し「公共教育法」を制定し、交通網の整備を精力的に推進しました。

ナポレオンが統領政府の第一統領となった時から彼を狙った暗殺未遂事件は激化しました。ナポレオンは、一八〇二年八月に一七九一年憲法を改定して自らを終身統領（終身執政）と規定し、ナポレオン陣営は相次ぐ暗殺未遂への対抗から独裁色を強め、帝政への道を突き進んで行くことになりました。

ナポレオン皇帝とフランス帝国の成立

こうして、一八〇四年、ナポレオン・ボナパルトは、反革命を恐れ、フランス革命の継続を願うという名目のもとに、議会の議決と国民投票での圧倒的な支持を受けてフランス皇帝に就任しました（ただし棄権は七〇％以上でした）。ここにフランス皇帝ナポレオン一世とフランス帝国が出現しました。

イギリス、オーストリア、プロイセン、ロシア等のヨーロッパ列強から見ればフランス帝国の成立は、ナポレオンの絶対化と権力強化以外の何ものでもなく、革命が自国へ及ぶ恐怖に加えて、軍事面での脅威も加わることになりました。イギリスは、フランスの強大化を恐れて、一八〇五年八月、ロシア、オーストリア、スウェーデンと第三回対仏大同盟を結成しました。プロイセンは同盟に対して中立的な立場を取りました。

ナポレオン戦争（第0次世界大戦）

一八〇五年、ナポレオンは海上からイギリス海軍を一掃することを決断し、フランスとスペインの連合艦隊を編成し、イギリス本土上陸を敢行しましたが、一八〇五年一〇月二一日、スペインのトラファルガー岬の沖でネルソン提督が率いるイギリス艦隊に敗れました。

ナポレオンは、イギリス本土侵攻作戦を放棄し、大陸での勝利に専念するようになりました。フランス軍は、一八〇五年一〇月のウルムの戦いでオーストリア軍を破り、ウィーンを占領しました。フランス軍とオーストリア・ロシア軍は、一八〇五年一二月二日にアウステルリッツ郊外のプラッツェン高地で激突しました。このアウステルリッツの戦いは三人の皇帝が一つの戦場に会したことから三帝会戦とも呼ばれていますが、ナポレオンはこの戦いにも大勝しました。オーストリアのフランツ二世はフランス軍に降伏しました。ロシアのアレクサンドル一世は無残な姿でロシアへ逃げ帰りました。

一八〇五年一二月にフランスとオーストリアの間でプレスブルク条約が結ばれ、フランスへの多額の賠償金支払いとヴェネツィアの割譲等が取り決められました。ここに第三次対仏大同盟は崩壊しました。

一八〇五年、ナポレオンは神聖ローマ帝国を解体し、西南ドイツ諸邦の連合体で、オーストリア、プロイセンに対抗する親仏勢力の結集する組織として、ライン同盟（ライン連邦ともいいます）を成立させ、自らその保護者となりました。

これによってドイツはオーストリア、プロイセン、ライン同盟に分裂した結果、神聖ローマ帝国は名実ともに滅亡しました。フランツ二世は、神聖ローマ皇帝の位から退位し、オーストリア帝国皇帝フランツ一世となりました。

戦場から逃れたロシアのアレクサンドル一世は、イギリス、プロイセンと手を組み、一八〇六年一〇月には今度はプロイセンが中心となって第四次対仏大同盟を結成しました。これに対しナポレオンは、一八〇六年一〇月のイエナの戦い、アウエルシュタットの戦いでプロイセン軍に大勝してベルリンを占領し、七週間でプロイセン全土を征服しました。プロイセン国王フリードリヒ・ヴィルヘルム三世は東プロイセンへと逃亡しました。

こうして、ロシア、イギリス、スウェーデン、オスマン帝国以外のヨーロッパ中央をほぼ制圧したナポレオンは兄ジョゼフをナポリ王、弟ルイをオランダ王に就け、前述しましたように西南ドイツ一帯をライン同盟としてこれを保護国化することで以後のドイツにおいても強い影響力を持ちました。

並行して一八〇六年一一月にはイギリスへの対抗策として、大陸封鎖令を出して、ロシア、プロイセンを含めたヨーロッパ大陸諸国とイギリスとの貿易を禁止してイギリスを経済的な困窮に落とし入れ、フランスの市場を広げようと目論《もくろ》みましたが、これは産業革命後のイギリスの製品を輸入していたヨーロッパ大陸諸国やフランス民衆の不満を買うことになりました。

ナポレオンは残る強敵ロシアへの足がかりとして、プロイセン王を追ってポーランドでプロイセン・ロシアの連合軍に戦いを挑み、一八〇七年二月アイラウの戦いと六月のハイルスベルクの戦いは、猛雪や情報漏れにより苦戦し、ナポレオン側が勝ったとはいうものの失った兵は多く実際は痛み分けのような状況でした。しかし同六月のフリートラントの戦いでナポレオン軍は大勝しました。

ナポレオンは、一八〇七年七月のティルジット条約において、フランスから地理的に遠いロシアとは大陸封鎖令に参加させるのみで講和しましたが、プロイセンに対しては四九％の領土を削って小国としてしまい、さらに多額の賠償金を支払わせることにしました。これはプロイセンにとって、あまりにも過酷な仕打ちであり、ティルジットの屈辱としてプロイセンに国民意識を強くよみがえらせることになりました（国民国家の成立のところで述べます）。

このティルジットの和約で第四次対仏大同盟（一八〇六〜一八〇七年）は崩壊しました。ナポレオンは、プロイセンから削り取ったライン・エルベ両川間にウェストファリア王国、旧ポーランド領にはワルシャワ大公国というフランスの傀儡《かいらい》国家を作り、しかもウェストファリア王にはまたもや弟ジェロームを就けました。これによってナポレオンは中欧及び東欧における覇権を獲得しました。

一八〇七年夏、ヨーロッパの平和再建者（実は平和破壊者）としてパリに凱旋したナポレオンには、もはや残された対戦相手はイギリスのみであるかのようになり、ナポレオンによる支配は、まさにヨーロッパを席巻した形になりました。この頃がナポレオンの絶頂期でした。

略奪ナポレオン帝国

しかし、このナポレオンの大帝国はもろい、見せかけだけのものでした。

フランス革命軍が強くなった一つの理由は、国民徴兵制による大量の兵士でした（それまでは一般に傭兵制度でした）。ナポレオン時代になると、毎年一五万人の兵士を新たに徴募して五〇万人以上の規模を持つ軍隊を長期にわたって養わなければなりませんでした。

ナポレオンはタバコ税とか塩税とかアンシャン・レジーム（旧体制）時代の間接税など考えられるものをすべて復活して増税を図りましたが、とても足りる額ではありませんでした（もともとブルボン王朝の増税からフランス革命が起こったのですが、ナポレオンはそれを越える増税をしました）。

結局、ナポレオンの帝国主義のかなりの部分が略奪によって支えられていました。略奪は、まず、フランス国内で始まりました。いわゆる「革命の敵」の資産を没収したり、売却したりしたのです。やがて、革命を守るためという名目の軍事作戦が拡大し、フランス軍が近隣諸国に侵入すると、外国人にこの費用を払わせるのが理の当然ということになりました。

敗戦国の王室や封建領主から資産を没収し、敵の軍隊や守備隊、博物館、宝物庫などから戦利品を略奪し、戦闘をしかけない代わりに賠償金や実物賠償を取り立て、フランス軍を衛星国に駐留させて相手国に費用を払わせるというやり方で、ナポレオンは膨大な軍事支出を賄った上に、フランスに（そして自分自身のふところに）相当な利益までもたらしました。

フランスが絶頂期にあった頃に、この「特別支配地域」の行政官が手に入れた利益は膨大なもので、ある意味ではナチス・ドイツが第二次世界大戦当時に衛星国や征服した敵国で行った略奪を思わせるものがありました。もちろん、一三〇年後のナチスの方がナポレオンを見習ったといえますが。

たとえば、プロイセンはイエナの敗北の後、三億一一〇〇万フランの賠償金を支払わされましたが、これはフランス政府の通常の歳入の半額に当たっていました。ハプスブルク帝国も敗戦のたびに領土を削り取られ、その上多額の賠償金を支払わなければなりませんでした。イタリアでは一八〇五年から一二年までの間、税収の半分をフランスに持っていかれてしまいました。

しかもフランス憲法にナポレオン・ボナパルトという名の個人（一族）が永久に国家を支配するというシステム（ナポレオン一族の世襲）を書き込ませていました。絶対王政とは政治・軍事的にも宗教的にも国家が王権に属するものであるとされた時代ですが、まさにナポレオン一族は（フランス革命の後に）その絶対王政の完成であったといえます。

ナポレオン体制は不滅と見えたそのとき、このシステムの最大の問題点が露呈してきました。ナポレオンの本音では兵士は消耗品であったでしょうが、その消耗品にも限界がありました。ナポレオン戦争後半のアイラウの会戦では一万八〇〇〇人、フリートラントでは一万二〇〇〇人が死亡し、バイレンでは二万三〇〇〇人が戦死するか降伏し、アスペルンでは四万四〇〇〇人、ヴァグラムでは三万人の死傷者が……。

歴戦の部隊が少なくなり、一八〇九年には（近衛兵を除く）ドイツ遠征軍一四万八〇〇〇人兵士のうち、四万七〇〇〇人は徴兵年齢に達していませんでした。ナポレオン軍には後になるほど、（一三〇年後のヒトラー軍と同じく）被征服国や衛星国の兵士が多く含まれるようになりました。その行き着く先がどうなるかは明らかでした。ロシア遠征では六七万五〇〇〇人のうち、フランス兵は三〇万人に過ぎませんでした。もちろん、大敗北でその多くがロシアの土になってしまいました（一三〇年後のヒトラー軍にも多くの東欧諸国軍がいました）。まったく兵士は消耗品としか考えられていませんでした。

ナポレオン時代の締めくくりをします。東への征服を成功させたナポレオンは西側のイベリア半島のスペイン、ポルトガルの征服を目指して、半島戦争（一八〇八年〜一八一四年）を始めましたが、蜂起した民衆の伏兵による抵抗にフランス軍は苦戦しました（「ゲリラ」という語はこのとき生まれました）。スペインの背後にはイギリスがつき、スペイン情勢は泥沼化しました。

一八〇九年、オーストリア、イギリスなどは第五次対仏大同盟を結成しました。四月のエックミュールの戦いではナポレオンが勝利し、五月にはアスペルン・エスリンクの戦いでナポレオンはオーストリア軍に敗れました。七月のウィーン北東一五キロメートルのヴァグラムの戦いでは双方合わせて三三万人以上の兵が激突（フランス軍一八万、オーストリア軍一五万）、両軍あわせて七万人にのぼる死傷者を出しながら辛くもナポレオンが勝利しました。

その後のシェーンブルンの和約でオーストリアは全国民の五分の一に当たる三〇〇万人の国民を失い、オーストリアが戦争から離脱したことで、第五次対仏大同盟は崩壊しました。イギリス、スペイン、ポルトガルは半島戦争を継続しました。

オーストリアの態度に対して憎悪に燃えたナポレオンは、オーストリア皇帝フランツに、フランスに対して二度と背かないことを保障するために、娘マリー・ルイーズを実質的な人質として、自分と結婚させることを強引に迫りました。ナポレオンはオーストリア占領直後に妻のジョセフィーヌを離縁し、一八一〇年に名門ハプスブルク家のオーストリア皇女マリー・ルイーズと結婚し、翌一一年には次期帝位継承者となり、フランス帝国の存続を保障する存在と期待されたナポレオン二世が誕生しました。ナポレオンは、さっそく、その赤ん坊をローマ王の地位に就けました。

一八一〇年にロシアが大陸封鎖令に反しイギリスとの貿易を再開したため、一八一二年六月、ナポレオン指揮下のロシア遠征軍六七万五〇〇〇人（うちフランス兵は三〇万人）が、バルト方面からネマン川を渡河してロシアへの侵攻を開始しました。

ナポレオンのロシア遠征の詳細は省きますが、九月一四日、ついにモスクワに入城したとき、そこに待っていたのは火焔につつまれ、もぬけの殻となった町でした。一〇月一九日、冬将軍の到来を前に、ナポレオンはやっと退却を指令しましたが、飢えに加えて、ひどい寒さが襲い、敵軍と農民ゲリラの奇襲でフランス軍は壊滅状態になりました。ネマン川を渡ってロシア領を脱出したのは半分以下でした。死者、捕虜、脱走兵合わせ、実に三八万人の兵力が失われました。この大敗を見た各国は一斉に反ナポレオンの行動を取りました。初めに動いたのがプロイセンであり、諸国に呼びかけて第六次対仏大同盟を結成しました。

一八一三年春、リュッツェンの戦い、バウツェンの戦いのあと、一八一三年一〇月のライプツィヒの戦いは、ナポレオン戦争における最大規模の戦闘で、ナポレオン一世麾下のフランス軍一九万人と、プロイセン・ロシア帝国・オーストリア帝国・スウェーデンの連合軍三六万人の間で戦いが行われ、フランス軍はフランス本土に向けての撤退を余儀なくされました。一八一四年三月末、ついに同盟軍は、ロシア皇帝とプロイセン王を先頭に、パリに入城しました。四月二日、フランス元老院は皇帝の廃位を宣言し、六日にはルイ一八世の即位を決定しました。ナポレオンは抵抗をあきらめ、四月四日退位文書に署名し、イタリア・トスカーナ州沖のエルバ島へと配流されました（ナポレオンはエルバ島を脱出してもう一度兵を挙げますがそれは省略します）。

ナポレオン戦争の犠牲者は二〇〇万人

ナポレオン戦争の犠牲者は二〇〇万人といわれています。戦争の形態と武器は時代によって変化してきましたが、軍事的天才といわれたナポレオンの戦術はアレクサンダー大王以来の古典的戦術の最後で一部銃砲を取り入れた近代戦争のちょうど境目にあたっていたと考えられます。したがって、大まかにいえば、アレクサンダー時代の犠牲者が二〇万であれば、ナポレオン時代の犠牲者が二〇〇万であり、一三〇年後のヒトラー時代の犠牲者が二〇〇〇万であり、来るべき核戦争時代の犠牲者は二億人となるのは……あまり、先走るのはやめにします（このように戦争の犠牲者は戦争技術によってエスカレートしていくと言いたいのです）。

ナポレオンの矛盾と私欲──敵愾心から国家意識が生まれた

ヨーロッパにおけるナポレオン体制は矛盾をはらんでいました。フランス国内の革命が、どんな長所や欠点をもっていたかはともかく、自由と博愛と平等を謳う国が、今では、皇帝の命令のもと、フランス人以外の人民を征服して、軍隊を駐留させ、物資を没収し、貿易を妨害し、多額の賠償金や税金を取り立て、若者を戦いにかり立てていたのです。

自由と博愛の旗を掲げて進軍して、虐殺して略奪して、自由と博愛を説教する。これで、はたして自由と博愛をもたらすナポレオン軍として歓迎する国民がいたのでしょうか。

ナポレオン戦争はドイツをはじめヨーロッパ諸国に国民国家意識をはじめて持たせることになったといわれています。それは他国人に対する敵愾心《てきがいしん》を持たせることでした（人類が人類と言われる頃から持っていた争い［戦争］に対する恐怖心を呼び起こさせるものでした）。

それは他国民（フランス）に征服された民族がいかに惨めであるかをはじめて知った（フランスに対する）敵愾心から生まれたものでした。どんなことがあっても国家は強くならなければならないという意識、どんなことがあっても国家は戦争に負けてはならないという意識、そのような国民国家意識、国家を愛する愛国心といってもよいでしょう。それがこのナポレオン戦争の中から生まれてきたのです。

ナポレオンは、従属国の元首に自分の家族をあて、身びいきを始めていました。それは革命の原則などまったく関係ない、人間誰もが持つ身びいきという欲望がなせるワザで、大義名分のない逸脱でした（前述しました図一（二一ページ）のマズローの欲求［要求］階層ピラミッドの第三層）。しかも身内は権力におぼれ、政治を理解せずにナポレオンをいらつかせました。占領され、あるいは従属下におかれた地域では、占領軍の横暴は許せないという気持ちが強くなっていきました。

旧体制のくびきからの解放というのがフランス革命の革命戦争であったはずですが、それがいまやナポレオンは愚劣な親族を元首として押しつけてはくるし、フランス占領軍は略奪ばかりしている、このような革命という大義名分からも逸脱しているようなフランス占領軍からの自国の解放が緊急に必要になっていると各国民は感ずるようになっていきました。

ウィーン会議とウィーン体制

国民国家について述べる前に、ナポレオン戦争の結果を述べます。

ウィーン会議は、フランス革命とナポレオン戦争終結後のヨーロッパの秩序再建と領土分割を目的として、オーストリアのウィーンで一八一四年九月一日から一八一五年にかけて、開催され、オーストリアのメッテルニヒ外相が議長を務めました。

一八一五年三月にナポレオンがエルバ島を脱出し、兵を挙げたので、列強各国は、ひとまず各国の間で妥協案を成立させ、一八一五年六月九日にウィーン議定書を締結しました。

ウィーン会議の結果成立したヨーロッパにおける国際秩序はウィーン体制と呼ばれました。ウィーン体制は、正統主義・保守主義に加えて、イギリスの主張する勢力均衡も原則の一つでした。このウィーン体制によって、一八世紀末から一九世紀はじめの過去二〇年のほとんどを戦争に明け暮れていたヨーロッパ諸国はやっと、どうにか勢力の均衡状態を取り戻す形に編成し直されました。

いずれの国も、かつてのナポレオンとは違ってヨーロッパに自国の意志を押しつけるほどの力を持ってはいませんでした。「封じ込めと相互補償」の二つが原則とされ、一国によるヨーロッパ支配がありえないことを示していました。そして、わずかばかりの領土のやりとりさえ、会議のメンバー多数の承認を取りつけなければ実現しなかったのです。

一方で、ウィーン体制の基本理念はヨーロッパの協調にあり、国家間の諸問題の解決に外交努力を惜しまなかったことから歴史的に見ても比較的長期（大きな戦争がなかったという意味では第一次世界大戦まで一〇〇年間）の安定をヨーロッパにもたらしました。

このウィーン体制は、フランス革命以前の状態を復活させ、大国の勢力均衡を図り、一八二〇年代までは自由主義・国民主義運動を押さえ込みました。その意味ではヨーロッパ絶対王政がそのまま延長されていました。

しかし、産業革命による市民生活の発展や大国間の利害関係の複雑化、あるいは一八三〇年前後のギリシャ独立戦争、フランス七月革命などの動揺などから次第に枠組みが揺らぎ始め、一八四八年革命後に大国の被支配地域を中心にナショナリズムが先鋭化すると、体制を支えていた同盟国同士が自国の利益のみを追求するようになり、結局クリミア戦争

（一八五三〜一八五六年）を回避することができず崩壊することになりました。

イギリスは、ヨーロッパ諸国がナポレオンに翻弄されている間に、ヨーロッパ諸国が海外で持っていた植民地のほとんどを支配するようになり、海上ルートを抑え、利益の大きい輸出貿易を一手に引き受けて、工業化でも他の国を大きく引き離し（産業革命は一八世紀半ばから始まっていました）、一人当たり国民所得ではすでに世界最高の地位を占めていました。次の半世紀の間に、イギリスはさらに豊かな国へと成長し、世界の貿易に絶対的な支配力を持つ国として君臨することになりますが、そのもとは、このナポレオン時代にありました。

国民国家は戦争の中から生まれた

ナポレオン戦争の結果生まれたのが国民国家であるといわれています。現在も国民国家の時代といわれていますが、国民国家とはなんでしょう。

ナポレオンに何度も敗れたプロイセンは、重大な行政改革や軍制改革を内部から起こしていきました。とくに重要なことは、軍制改革でしたが、その模範となったのが、皮肉なことに、軍事的天才ナポレオンそのものでした。軍事的にもナポレオンが生み出した国民軍（徴兵制）の創設、砲兵・騎兵・歩兵の連携（三兵戦術）、輜重兵《しちょうへい》（兵站を主に担当する陸軍の後方支援兵科）の重視、指揮官の養成などは、その後の近代戦争・近代的軍隊の基礎となり、プロイセンの軍事学者クラウゼヴィッツによって『戦争論』（陸軍大学校長の時の一八一六～一八三〇年に執筆）に理論化されていきました。

ナポレオンに徹底的にいためつけられたプロイセンが、ナポレオンを徹底的に学び、理論化し組織化し装備化して、やがて、強くなっていきましたが、これが国民国家の典型例です。これが「創造と模倣・伝播の法則」でヨーロッパ中に伝播していきました。

一九世紀のヨーロッパは絶対王政国家から国民国家（民族国家）に変わったといわれますが、この新しくできた国民国家（民族国家）とは何でしょうか。絶対王政国家とどこが違うのでしょうか。

ナポレオン戦争に何度も敗れ、プロイセンが国土の半分近くも奪われて、さらに重い賠償金を課せられたときに、国民すべてが、「ああ……国は強くなければならない」と思ったといいます。それからプロイセンはガゼン目の色を変えて改革し軍国国家に突っ走ったのです。

前述しましたように、近世の絶対王政のヨーロッパでは、平時でさえ、軍事力の維持に財政支出の四〇％から五〇％が費やされていました。戦時にはこの率は八〇％から九〇％にものぼり、しかも総額もはるかに多くなっていました。これで戦争に負けたら悲惨そのものでした（勝ったら、負けた国から取り返せば良いと考えていました）。とにかく、（その戦争が為政者・支配者階級の都合で起きたとしても、どちらに正当性があろうとも）戦争が起きてしまったら、勝たねばならぬ、この団結心が国民国家（民族国家）を作らせたのです。そしてその大義名分が「国益」でした。

紀元前三一〇〇年頃、メソポタミアやエジプトなどに最初に専制国家ができたときの理由は、負けたら国民みんな奴隷になるから、専制であろうと独裁であろうと、とにかく国民は強い国王、強い国家を望みました。それが国家が誕生した一番の理由であったと述べましたが、国民国家（民族国家）も同じでした。さすがに戦争に負けても国民みんなが奴隷になることはなくなりましたが、国土割譲や莫大な賠償金が取られました。五〇〇〇年間、戦争の本質は変わっていなかったのです。

しかも為政者・支配者階級は国民に国民（民族）意識を持たせるように導きました。支配者階級に取って、外国との戦争に負けたら、支配者の座からすべり落ちることになります。どんなことがあっても戦争には勝たなければならない、戦争に負けたら、国民はすべてを失うことになるという意識を持たせるように当時の為政者は国民をそのように導きました。

イギリス人は（個人的な恨みは何もないのに）スペイン人を憎み、スウェーデン人は（何ら付き合ったこともないのに）デンマーク人を憎むように教えられ、オランダ人の反逆者たちは（一度も見たことはありませんでしたが）ハプスブルク家の以前の領主たちを憎むように仕向けられました。どこの国民もお互いに相手を敵国として国民に敵愾心を持つように仕向けられました。

為政者・支配者階級は、何よりも莫大な戦費を調達しなければなりません。これが恒常化してくると国民の税金しかありません。そのためには国民意識を高め、国民に税金を納めさせ、国民が銃を取り戦う（国民皆兵の徴兵制度を持ち）国民国家へ向かうしか方法がありませんでした。

近世のヨーロッパの絶対王政の為政者・支配者階級は三〇〇年間、かってに戦争をやってきました。それがヨーロッパの近世という時代でした。その試行錯誤の経験の中から生まれてきた結論が、国民国家（民族国家）であったのです。もはや、国王の強制力で戦争をやらせるような時代ではありませんでした。国民（民族）が勇んで銃を取るようにしなければなりませんでした。勝つために、国益のために、不平を言わずに重税に耐えるようにしなければなりませんでした。国益とは、非常に曖昧な概念でしたが、それを問うのはタブーでした。政府が言うことが国益でした。

ここで人倫と国家の国益の分離が起きました。人倫では人を殺すことは犯罪です。しかし、国民国家の国益のためには人を殺すこと・戦争をすることは犯罪ではありません。ヒトをだますことは人倫上許されません。しかし、国益のためなら、外交官が嘘を言うのも許されるとなったのです（二〇一〇年代の日本の国会［安倍内閣］。高級官僚が平気で「ウソ」を言うようになりました。彼らは人倫上「ウソ」は良くないと百も承知です。彼らは国益［安倍内閣］のためなら、「ウソ」は許されると思っているのでしょう。今の日本も国民国家です。政治家も官僚も人倫と国益を分離させています。カントは最高の人倫・人格を説き、国家は最高の人格でなければならないと説いています）。

そうなると国民国家（民族国家）が進歩であるといえるかどうか、疑問ではありますが、それが現実でした。国民国家（民族国家）を作ったのは戦争する国家だったのです。イギリス、フランス、ドイツ、ロシア、イタリアなどヨーロッパの国々は（明治維新をやった日本も）、みな同じで戦争に勝つ国家・国民国家を目指していました。

《二》一九世紀後半の欧米列強の植民地獲得競争

一九世紀後半は植民地獲得競争に専念

ところが、一九世紀初めのナポレオン戦争以後、一九世紀を通してヨーロッパでは列強同士の戦争がほとんどありませんでした（列強同士の戦争は、クリミア戦争、普仏戦争程度でした）。なぜ、ヨーロッパで列強同士の戦争がなかったのでしょうか。

近世が終わってみたら、外の世界（東洋やイスラムの世界）より、はるかにヨーロッパ国民国家の軍事力は（産業革命後は経済力も）、高いことがわかりました。それでは、まず、外の方から征服できるところは征服しよう（それを支配することによってさらに国力を高めて次に備えよう）と打って出たのが一九世紀後半の植民地獲得競争となり、この一九世紀後半から二〇世紀初めにかけて、ヨーロッパ外（アジア・アフリカ）では多くの戦争（植民地獲得戦争）がありました。

したがって、ヨーロッパ列強はとりあえず、ヨーロッパでの決着は棚上げにしておき、世界中で植民地獲得競争を行い、あらかた獲得するところがなくなって、再びヨーロッパに帰って、始めたのが第一次、第二次世界大戦でした（そのときは帝国主義といわれる、より獰猛《どうもう》な国家になっていました）。

このような欧米列強を経済的に強化したのは、イギリスから始まった産業革命の伝播による工業の興隆でした。この産業革命は石炭をエネルギー源にした繊維産業、製鉄業、機械工業などの勃興でしたが、一九世紀後半から二〇世紀初めにかけてドイツ、アメリカを中心にして新しい科学技術をもとに起こった化学、電気、内燃機関（自動車）、鉄鋼、石油、航空機などの第二次産業革命も起きました。第一次産業革命で飛躍したイギリス、フランスなどを凌駕する産業力をドイツ、アメリカが持つようになった源泉がこの第二次産業革命であったといえます。

植民地獲得競争から帝国主義戦争の時代へ

近世の始まりの大航海時代から植民地獲得は図五のように、スペイン、ポルトガルが先行していましたが、一七世紀になりますと、イギリス、オランダ、フランスなどが進出してきました。一九世紀の初めのナポレオン戦争でヨーロッパが混乱しているときに、中南米のラテンアメリカ諸国が独立し、スペイン、ポルトガルが後退しました。

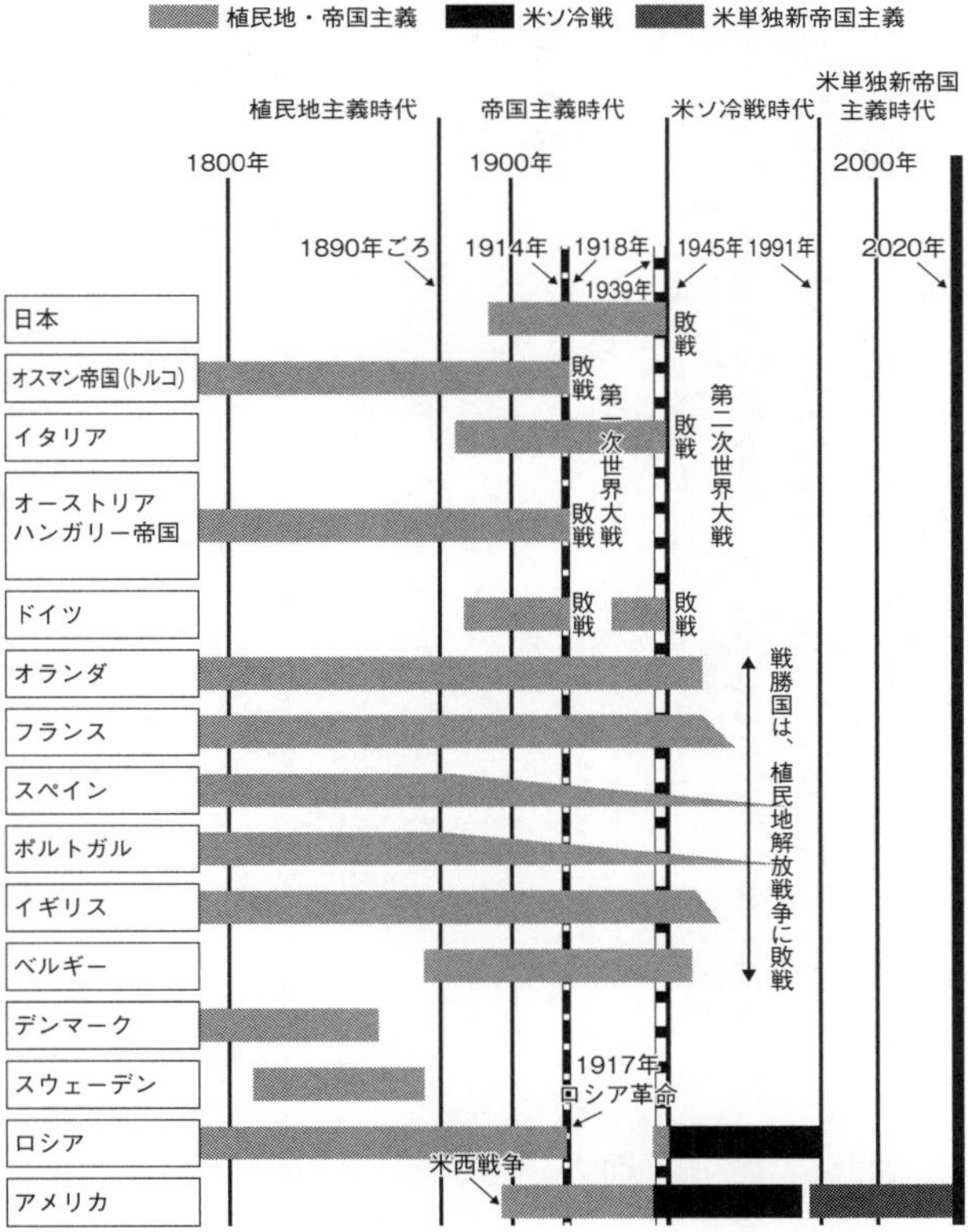

図五　植民地主義・帝国主義時代の欧米列強

一九世紀後半になると、国家統一が遅れていたドイツ、イタリア、日本（明治維新という近代化）がそれぞれ国家統一をしますと、新たに植民地獲得競争に参入してきました。

産業革命以前の世界の植民地は特産品を対象にした点と線の植民地でしたが、一九世紀の産業革命後の植民地支配は全面的な面（領地）支配に代わり、植民地全体の産業を支配することになりました。ヨーロッパが占領し、あるいは支配していた地域は、一八〇〇年には世界の陸地の三五％でしたが、一八七八年にはそれが六七％に増え、第一次世界大戦が勃発する一九一四年には八四％を超えてしまいました。

恐るべき軍事兵器

それがなぜ可能だったのでしょうか。産業革命には下記のように二つの面がありました。
産業革命→機械化→大量生産→大量輸出→発展途上国の産業衰退→植民地化
産業革命→機械化→高度兵器の量産化→軍事力による威嚇・戦争→植民地化
つまり、産業革命技術による武器の「飛躍的」な進歩が大きな意味を持っていたのです。
高度な工作機械や繊維機械が安く速く大量に作れるようになるならば、武器の方も当然安く速く大量に作れるようになります。産業革命は武器革命でもありました。ヨーロッパは経済的にも軍事的にもアジア・アフリカに対して圧倒的な優位を勝ちえたのです。

先込め式の銃を改善した元込め式の銃（撃発雷管、銃身の旋条など）が出現して発射速度が大幅に高まりました。そして、ガトリング機関銃、マキシム機関銃、軽量の野砲などの「火器革命」が完成し、旧式の兵器（槍や弓矢）に頼っている原住民は抵抗しようにも、まったくそのすべがなくなってしまいました。そのうえ、風があってもなくても動き、川をさかのぼって進む蒸気機関を搭載した砲艦が登場し、すでに公海を支配していたヨーロッパの海軍は、アフリカのニジェール川やインドのインダス川、ガンジス川や中国の長江などを内陸部の奥深くまで上ってくるようになりました。

こうして、移動性と火力に優れたイギリスの甲鉄艦「ネメシス」は一八四〇～四二年のアヘン戦争で、清国防衛軍の帆船の艦船を完膚無きほどに撃破してしまいました。一八九八年九月二日、イギリスのキッチナー将軍はスーダン征服戦のオムダーマンの戦いにおいて、マキシム機関銃とライフル銃で、夜が明けてわずか数時間のうちに一万一〇〇〇人の死体の山を築いてマフディー軍を撃滅し、味方はわずか四八人の損害しか出しませんでした。このような実戦の例は少なくても、その威圧によって、アジア・アフリカ諸国は沈黙させられました（現代でいえば、核兵器所有国と非核兵器国が対峙するようなものでした）。

この戦力の差と産業の生産性の格差とがあいまって（このように必ず産業力と軍事力は相携えて進みました）、ヨーロッパ先進国は最も遅れた国々に比べて五〇倍から一〇〇倍の力を手に入れたことになりました。西洋諸国の世界支配は、ヴァスコ・ダ・ガマの時代以来の趨勢ではありましたが、産業革命を経ることによって、その前に立ちふさがるものはほとんどなくなったのです。世界の八四％を征服したのも、その圧倒的な武力（の威圧）でした。ヨーロッパ列強は先物勝ちでアジア・アフリカ征服に乗り出したのです。その先陣を切ったのが産業革命で先頭を走っていたイギリスでした。

なお、ロシアやアメリカは陸続きの広大な土地が広がっていましたので植民地獲得とは言われていませんが、一九世紀にはヨーロッパ列強と同じように、ロシアはバルカン半島、中央アジア、シベリア、極東などに進出して多くの異民族を征服して支配下に収め、アメリカは先住民のインディアンとの戦いやメキシコとの米墨戦争などで得た広大な土地を加えて西部開拓を行い、世紀末には太平洋に至り帝国主義的な太平洋進出を開始しました。

そこで、図五のように、一八九〇年頃から第一次世界大戦が勃発する一九一四年までの欧米列強というのは、大部分はヨーロッパ諸国でしたが（イギリス、フランス、オランダ、ロシア、ドイツ、イタリア、オーストリア・ハンガリー）、ヨーロッパ以外ではアメリカと日本が列強として加わりました。

帝国主義とは資本主義の高度に発達した段階

帝国という言葉は、メソポタミアで多くの古代国家が形成されると、やがて（紀元前八〜七世紀）アッシリアが強力な武力によって他国家を征服し、図四（四〇ページ）のようにアッシリア帝国の支配下に置いたのが初めてであったと述べましたが、このように、帝国主義とは、一つの国家が、新たな領土や天然資源などを獲得するために、軍事力を背景に他の民族や国家を積極的に侵略し、さらにそれを推し進めようとする思想や政策であると考えられ、目指すところ、やることは二六〇〇年前のアッシリア帝国と同じでした。

この一九世紀末から二〇世紀に出現した帝国主義は、資本主義の高度に発達した独占資本主義の段階であり、銀行資本と産業資本とが融合した少数の金融資本によって、一国の経済・政治・外交が支配されるようになり、やがて金融資本は国内市場で満足せず、より高い利潤を求めて、国外、とくに労働力や原料の安い地域に投資し、商品の輸出とは別に、資本の輸出を大規模に行うようになりました。

植民地の獲得や再分割要求には武力が使われ戦争の危機が増大しました（一九世紀の戦争の半分以上がヨーロッパ列強の植民地獲得戦争であったことがわかっています）。そして列強の自国民に対しては、民族主義に基づき愛国心が鼓舞され、国家中心の軍事体制を強化して戦争に備える傾向がありました。

投下した資本を保護するには、資本の投下先を領土化するのがもっとも安全でありました。そこで金融資本は国家権力を利用して植民地の争奪を行い、アジア、アフリカ、太平洋諸島の大半は、いずれかの国の勢力圏に組み入れられてしまいました。これらの地域は近代化が遅れ、まだ強固な国家権力が存在しなかったため、領土化されやすかったのです。欧米列強は、まさに弱肉強食の政策を先を争って取ったのです。

それが植民地獲得の時代でしたが、やがて世界分割が一通り終わると、列強同士の再分割（共食い）の段階に入り、歴史上、帝国主義時代とは、その再分割をめぐって国際対立が激化した一九世紀末期以降の時代を指します。

《三》覇権の交代期の欧米列強の同盟政策

一九世紀末の帝国主義時代は覇権の交代期

人類最初の戦争史『戦史（ペロポネソス戦争史）』を書いた、古代ギリシャのトゥキディデス（紀元前四六〇年頃〜紀元前三九五年頃）は、「戦争を不可避にしたのは、アテネの力の増大と、これがスパルタに引き起こした恐怖である」と述べています。古代からの戦争の歴史を見ますと、力のバランスの変化は常に動揺をもたらし、時には戦争を引き起こしてきたことがわかります。

人類の歴史を動かしている一つの原理が、「創造と模倣・伝播の法則」であると言いましたが、一九世紀後半から二〇世紀の初めの科学技術の発展は、その伝播速度をいよいよ速めることになりました。この時期、ドイツとアメリカを中心に第二次産業革命の只中にありました（その一〇〇年後の現代は第四次産業革命の只中にあります）。

（イギリスの第一次）産業革命以来、工業力においては断然トップを走ってきていたイギリスがアメリカ、ドイツ（この二国を中心に第二次産業革命が起こっていました）に追い込まれていました。図六のように、アメリカにはすでに一八九〇年代に追い越されていましたが、これは隔絶したアメリカ大陸の経済圏でのことであったのであまり目立たない存在でした。それに当時のアメリカは旧大陸のことにあまりかかわりたくありませんでした。

これに対し英独の覇権争いが激しく、第一次世界大戦の直前には、まさに英独が逆転する歴史的なところでした（それから一〇〇年後の現在は、二〇二〇年代にも、ＧＤＰで米中の逆転が予想されています）。

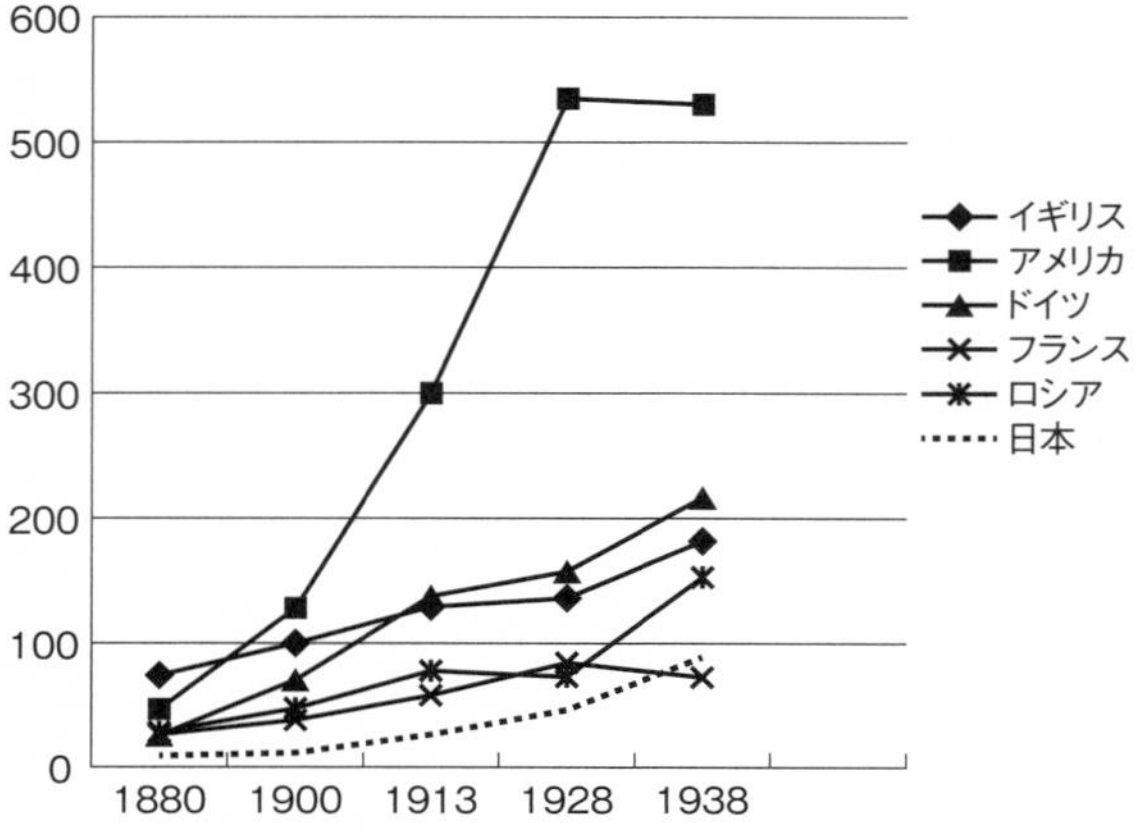

図六　相対的にみた大国の工業力（1880〜1938年。1900年のイギリスを100とする）

図七に鉄鋼生産高を示しますが、鉄鋼生産高は工業化の指標であるとともに、この時代の潜在的軍事力の指標としてもしばしば取り上げられるものでした。アメリカはすでにトップになっていましたが、一八九〇年と一九〇〇年の間でイギリスはドイツに追い越され、以後その差は拡大する一方だったことがわかります（一〇〇年後の現在では中国の鉄鋼生産高は圧倒的です。もちろん核ミサイル時代の現代では鉄鋼生産高にあまり意味はありませんが）。

まず、競争力を失ったイギリス製造業

イギリスの衰退は、イギリスがまさに

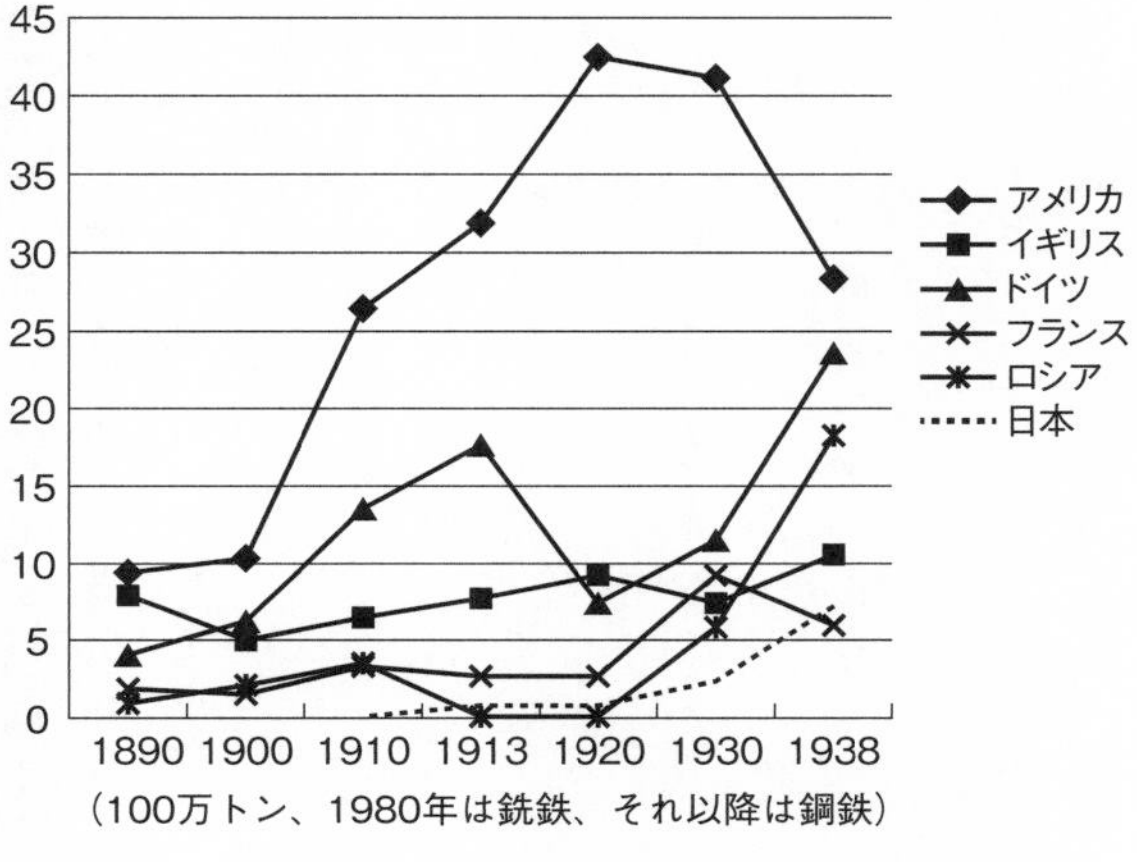

（100万トン、1980年は銑鉄、それ以降は鋼鉄）

図七　大国の鉄鋼生産高（1890〜1938年）

産業革命によって興隆させた工業から始まりました。イギリスの工業は、この国が世界で最初の産業革命を達成したために、鉄と石炭をベースとする技術体系や設備やそれに合った教育体系、労働編成の社会体制などが定着してしまった結果、ガスと電気を主体とした重化学工業の時代（第二次産業革命）には、対応し切れませんでした。

また、蒸気機関車の鉄道網を完成させたイギリスは、既存施設を捨てることの経済面でのデメリットの他、技術教育の点でも、労働者の人員削減、配置替えなどという社会的コストの点でも、これを電車に切り替えるのは容易ではありませんでした。このようなことが工業のあらゆる側面についてみられたのです。

逆に、第一次産業革命に遅れを取った諸国は、自由に新技術を展開することが可能でした。ドイツなどの後発国は、イギリス製品から国内市場を守るために保護関税政策を取りましたが、かねて自由貿易主義を唱えてきたイギリスは、容易に保護政策は取れませんでした。

また、イギリス国内にめぼしい投資先がなくなったイギリス・シティの金融資本にとっては、他の諸国の工業化の進行は、むしろビジネス・チャンスでした。シティで活躍したロスチャイルドやベアリングなど、マーチャント・バンカーと呼ばれる金融資本は、イギリス帝国内というよりは、成長率の高い国外が良かったのです。それは本国のライバルを育てることになり、本国を衰退させることにもなりました（現在のアメリカや日本の製造業のように国内産業の空洞化が起こったのです）。

第一次世界大戦の直前でいえば、アメリカの海外投資は五億ポンドあまり、ドイツのそれも一二億ポンド程度でしたが、イギリスは四〇億ポンドを海外に投資して、それと海運などの収益で貿易収支の赤字を補う「ランチェ（金貸し）国家」となっていったのです。

つまり、イギリスの物づくりはめっきり弱くなり、商品貿易収支は大幅な赤字となり、それを諸サービス及び利子で収支を合わせる金融国家になったのです（二〇世紀後半のアメリカ、現在の日本で起きていることです）。

このようなことはイギリスに限ったことではありません。ある意味では資本主義の当然の流れであります。資本は最大の利潤に向かいます。産業革命を最初になし遂げたイギリスで最初に現れた工業から金融資本への転換はその後の工業国にもいえる一般的な傾向です。国内の工業化とインフラ整備が一段落すると国内需要が鈍化し、蓄積した資本は海外市場に向かうことになり、それが海外の工業化を促進することになるのです。第二次世界大戦後のアメリカもそうだったし、現在の日本もその傾向があります。

第一次世界大戦前のイギリスに返りますが、これではいずれにしても物づくりが弱くなり、軍事力がすべてを決める帝国主義時代には致命的な弱点となっていきました。海外の工業化が進むと、安価な工業製品が輸入という形で返ってくることになり、ますます、自国の工業を弱めることになりました（現在のアメリカがまさにこの状態になっています。一度失った製造業は歴史的に見ますと復活は容易ではありません。二〇二一年、バイデン大統領が半導体などの復活を宣言していますが、無理でしょう。日本も同じ傾向がありま す。物づくりは、圧倒的に中国に移っています）。

石炭、繊維、鉄製品などイギリスが主導権を握っていた産業では、この数十年間、生産高の絶対量は増加していましたが、世界の総生産高にしめるイギリスの割合はじりじりと減少していました。そして、重要性が増す一方である新しい産業の鉄鋼、化学製品、工作機械、電気製品などの分野では、イギリスはドイツに追い越されていきました。イギリスの経済力は、イギリスの海軍と陸軍、そして帝国としての国力などすべてのものの最後のよりどころでしたが、それが弱体化してしまったのです。

軍事力の衰退は同盟政策となった

工業（製造業）の衰退は軍事力の衰退につながるものでした。かつてのイギリスの力を示す指標にはいろいろありましたが、イギリス海軍は、世界第二位と第三位の海軍を合わせた戦力に匹敵していました（二〇一九年のアメリカの軍事費は七三一七億ドルで第二〜一〇位までの軍事費合計に匹敵します）。そして、イギリスは世界中に持っていた植民地に、海軍基地と電信中継所の網の目を張りめぐらしていました（現代のアメリカは世界中の同盟国にアメリカ軍事基地のネットワークを持っていますが、それは、かつてのイギリスの植民地帝国と同じようです）。世界最大の商船団が世界最大の貿易国の物資を運び、ロンドンのシティの金融サービスを通じて、イギリスは世界最大の投資家、銀行家、保険業者、商品取引ディーラーとして世界経済に君臨していました。

しかし、一九世紀後半になりますとドイツの第二次産業革命が急激に進展し、工業力でイギリスに追いつく勢いを見せました。国内産業の発達したドイツは海外に新しい植民地を欲し、すでにイギリス、フランスによって色分けされていたアジア・アフリカの植民地の再分割を主張するようになりました。

一八九〇年に親政を始めたドイツのヴィルヘルム二世はそれまでの（ビスマルクの）平和外交をやめて、「新航路」といわれる積極的な対外膨張政策（世界政策）に転換し、ビスマルクが作り上げた独露再保障条約をロシアの更新要求にもかかわらず、図八のように、満期終了と同時に破棄しました。独露再保障条約の更新を拒否されたロシアが、孤立を恐れてフランスに接近し、図八の右図のように、軍事同盟を一八九四年に締結しました。

このためドイツとの対立が激化し、単独でその国際的地位を維持することが困難となったイギリスは、かつての栄光あ

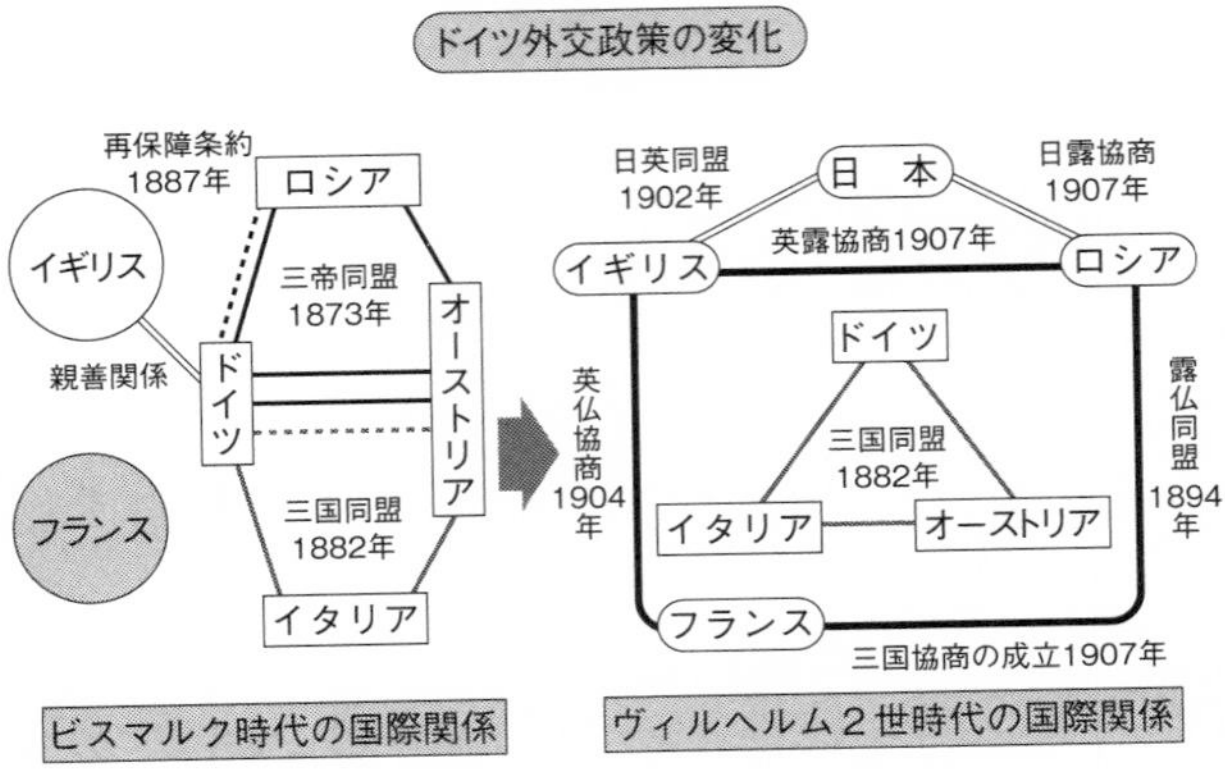

図八　ヨーロッパの同盟政策の変化

る孤立政策を放棄して、一九〇二年には日英同盟、一九〇四年に英仏協商、日露戦争後にはロシアとの対立を解き、一九〇七年に英露協商を結んで三国協商とし、ドイツ、オーストリア、イタリアとの三国同盟に対抗しようと試みました。

イギリスを追い上げたドイツの帝国主義的膨張政策

ドイツのヴィルヘルム二世は、「ドイツの将来は海上にあり」といって、一八九八年以降、大艦隊の建造に乗り出しました。これに対してイギリスも新型戦艦を建造し、海軍力の伝統的優位の維持に努めました。しかし、鉄鋼生産は一九一三年にはイギリス七七〇万トン、ドイツ一七六〇万トンとなり、ドイツがイギリスをはるかに凌駕していました。

ドイツはオスマン帝国を保護国化し、一九〇三年バグダード鉄道敷設権を得て、いわゆる三B政策（ベルリン～ビザンティウム［イスタンブル］～バグダードを結ぶ政策）をすすめ、イギリスの三C政策（カイロ～ケープタウン～カルカッタを結ぶ政策）と対立することになりました。

ドイツの三B政策は、同盟国のオーストリアを経てバルカン半島に至り、オスマン帝国領の小アジア・メソポタミアを通過してペルシア湾に出て、インド洋に進出しようとするもので、スエズ運河を側面から脅かし、イギリスのインドへの通商路を断つものでしたから、イギリスはこれに脅威を感じました。

英仏協商でフランスの優位が認められたモロッコに対しても、ドイツは艦隊を送り、一九〇五年に第一次モロッコ事件、一九一一年に第二次モロッコ事件を起し、国際緊張を高めることになりました。イギリスはフランス側に立ってドイツに抗議したため、ドイツは孤立を深めました。

このように、早くから世界の植民地化を進め資源確保・貿易などで有利になっていたイギリスを中心とする三国協商側を急速な工業化・軍事化によって追いつき、追い越そうとしたドイツなどの三国同盟側には絶えず激しい競争と緊張感がただようようになっていました。あとは何かのはずみで火がつけば、いつでも爆発する恐れがありました。その火薬庫の火元はバルカン半島でした。

第四章　第一次世界大戦とヴェルサイユ体制

《一》第一次世界大戦

第一次世界大戦の勃発―同盟関係が安易に戦争を決断させた

一九一四年六月二八日、ハプスブルク帝国（オーストリア・ハンガリー帝国）の皇位継承者フランツ・フェルディナント大公夫妻がボスニアの首都サライェヴォを訪問したとき、大公夫妻歓迎の群衆に紛れていたボスニアの青年に夫妻は射殺されてしまいました。これがサライェヴォ事件でした。ボスニアの青年たちは、オーストリア・ハンガリー帝国から独立し南スラブの統一を目指す運動を展開していました。

フェルディナント夫妻の暗殺は、当然、オーストリアを憤慨させました。そしてスラブ系民族の自立運動に動揺していたオーストリア支配層は、暗殺の背後にいると思われたセルビアに対して、これを機会にセルビアとの戦争に勝利し、多民族帝国のたがを締め、列強としての体面を守ろうとする強硬論が起こりました。

とはいっても、セルビアの守護者を自任するロシアの存在を考えれば、オーストリア単独では戦争はできません。同盟国ドイツの支持の保証が必要でした。七月初め、ドイツの意向を確認する使者がベルリンに派遣されました。ヴィルヘルム二世とベートマン・ホルヴェーク宰相は、オーストリアを無条件で支持するという重大な確約を与えました。

ドイツは、戦争がオーストリア・セルビア間に局地化されれば、オーストリアの勝利は確実であり（実際に開戦してみるとオーストリアはまったくあてになりませんでした。このように同盟主義は自陣営に有利に予想するものです）、同盟国オーストリアは安定し、三国協商側は打撃を受けるだろうし、ロシアが参戦しても、ドイツはロシア、フランスとの戦争のリスクは引き受けられると考えていました（この判断が大問題でした。同盟主義は自陣営と敵陣営の力関係を冷静に読めないようです）。ドイツは東からのロシア、西からのフランスという両面作戦になったときのシュリーフェン計画を密かに持っていました。しかし、ドイツが考えた最悪の場合もそこまででした（イギリスが参戦することまでは考えていませんでした）。

むしろ列強介入前に既成事実を作るため、ドイツはオーストリアに行動を急ぐように圧力をかけました。つまり、ドイツはこの事件を口実にして、この際、懸案事項の決着をつけることが良いと考えたようです。それには戦争に勝てるという自信があったからに相違ありません。その自信の根拠がシュリーフェン計画でした。

一八九四年の露仏同盟（図八［一二〇ページ］参照。三国同盟から一方の当事国が攻撃を受けた場合、他方の国が軍事的支援を行うことが定められていました）の成立によって国土の両端を敵に挟まれたドイツは、対フランス・対ロシアの二正面作戦に直面する可能性が出てきました。そこで、当時のドイツ参謀総長アルフレート・フォン・シュリーフェン（在職：一八九一～一九〇五年）は、二正面作戦に勝利するための手段としてシュリーフェン計画を立案しました。

この戦争計画は、広大なロシアが総動員完結までに要する時間差を利用するもので（シュリーフェンは一昔前のロシアを前提にしていましたので、総動員にはかなり時間がかかると見ていましたが、ロシアもすでに鉄道時代に入っていたことを考慮していませんでした）、ロシアが総動員を発令したならば、西部で直ちに中立国ベルギーを侵略してフランス軍の背後に回りこみ、対仏戦争に早期に勝利し（計画では一ヶ月半で）、その後、反転して東部でロシアを叩く計画でした。多分、両面作戦に勝利するには、このような計画でしか、ありえないとシュリーフェンは考えたのでしょうが、その計画がいつのまにか「不敗のドイツ」神話になってしまっていました。

シュリーフェン計画が持つ本質的な弱点を知らない皇帝・官僚（外交官・軍人）が過大

に評価し、強気な外交を進め（強力な軍事力は強硬な外交を生むものです）、ドイツを世界規模の大戦争へと突き落とす可能性の高い、きわめて危険な戦争計画であったことが今ではわかっています。

第一次世界大戦の勃発

ドイツ参戦の確約をもらうと、オーストリアのレオポルト・フォン・ベルヒトルト外相は懲罰的な対セルビア戦を目論み、一九一四年七月二三日セルビア政府に一〇ヶ条の最後通牒を送付して四八時間以内の無条件受け入れを要求し、セルビア政府が条件を付けると、七月二八日にセルビアに宣戦布告し、戦争が勃発しました（しかし、このときは世界大戦になるとは誰も思っていませんでした）。

直ちにロシアは対オーストリア戦を決断し七月三一日には総動員令が下令されました。八月一日、ヴィルヘルム二世はシュリーフェン計画に従ってロシアに対して宣戦布告し、さらに三日にはフランスに対して宣戦布告しました。露仏同盟はありましたが、まだ、フランスがどう出るかわからないうちにドイツの方から宣戦布告したのは、シュリーフェン計画により、早期にフランスを叩く必要があったからです。

これでは本末転倒もはなはだしく、外交も何もあったものではなく、作戦マニュアルに従って、ことを進めるために対仏宣戦を布告したのです。ドイツによる突然の挑戦に直面したフランスは、総動員を下令し、八月四日、ドイツに対して宣戦布告しました。

ドイツはシュリーフェン計画通り、ベルギー侵攻を開始しました。ドーバー海峡を挟んでベルギーと向かい合うイギリスは、参戦をめぐって賛否が分かれ、必ずしも最初から参戦が決定していたわけではありませんでしたが、ドイツが中立国ベルギーに侵攻したことで、八月四日にドイツに対し宣戦布告を行いました。こうしてドイツはイギリスの中立化に失敗しました（戦争の帰趨を決めるかもしれないイギリスの参戦を阻止するための外交努力はまったく行われませんでした）。

このようにしてヨーロッパにおける五列強がすべて戦争に突入したのですから、大戦が勃発したと言えましょう。ただし、三国同盟のイタリアは、八月二日に中立を発表し、翌年、協商側に立って参戦しました。

各国の参謀たちは、スピードがすべてを決すると考えていました。衝突のきざしがあれば、直ちに敵の機先を制して兵力を動員し、国境地帯に差し向け相手側に乗り込むことが肝要だと考えていました。そこには外交官が出る幕はなく戦略策定者が幅をきかせることになったのです。このように同盟関係は外交努力の間もなく連鎖反応的に大戦争に拡大してしまう恐れがあります。これは第二次世界大戦のときも同じでした。

想定外の長期戦になった理由

当初、双方の兵士たちは「落ち葉の散る頃」「クリスマスまで」の帰還を信じ、続々と前線に向かいました。彼らの頭の中には、砲声が響く中、騎兵がサーベルをきらめかせ、兵士が銃剣で突撃する、何度か激突はあるだろうが、何度か繰り返せばいずれ決着は見えてくる、古典的な戦場像しかありませんでした（一〇〇年前のナポレオン戦争が想定されていました。一〇〇年前といえば、現時点（核ミサイル時代）で考えれば、まさに第一次世界大戦をイメージすることと同じでした）。

なぜ、みんなが、このように短期戦と考えていたのに、実際には長期戦になったのでしょうか。まず、複数の国が双方について戦う同盟戦では、戦闘が長引く可能性もそれだけ高くなっていました。一方の戦争当事国が攻撃によって決定的な打撃を受けても、その国の同盟国からの支援を受けて立ち直ることがあるからです。しかし、戦闘が始まってすぐわかったことですが、今度の戦争は武器が格段に高度になり、速射砲と機関銃によって機動戦が不可能になり、多くの軍隊が塹壕に閉じ込められてほとんど動きが取れなくなることが予測できていませんでした。

それに双方とも産業革命後であり格段に向上した工業力により、膨大な砲弾・武器などが、それも鉄道や自動車などで補給されるようになったこと、さらに高度の工業開発力は戦車、毒ガス、戦闘機、爆撃機などの殺傷力の高い兵器を次々に登場させてきたこと、つまり、国民を総動員した総力戦になってしまうことは想定されていませんでした。

これと全く同じように、ヨーロッパの各国の海軍本部も来たるべき戦争を読み違えており、艦隊による決定的な衝突に備えていたものの、北海や地中海の地勢や、機雷や魚雷や潜水艦などの新しい武器が伝統的な海上作戦を一変させることを正しく予測していませんでした。したがって、陸と海と空において、戦争技術の進歩によって戦争が即決する可能性はなくなったのです。

以後の第一次世界大戦の展開は省略します。

第一次世界大戦―未曽有の人災

一九一八年一一月一一日、ドイツ代表団のマティアス・エルツベルガーらが、パリ近郊のコンピエーニュの森で連合国との休戦条約に調印し、第一次世界大戦は公式に終結しました。

クリスマスまでには終わると簡単に始められた第一次世界大戦は四年三ヶ月、開戦当時には予想もしなかった結果をもって終了しました。長期にわたった戦争は、莫大な戦費と多くの兵員を動員し、膨大な犠牲者を生み出しました。

戦闘員の戦死者は九〇〇万人、非戦闘員の死者は一〇〇〇万人、負傷者は二二〇〇万人と推定されています。国別の戦死者はドイツ一七七万人、オーストリア一二〇万人、イギリス九一万人、フランス一三六万人、ロシア一七〇万人、イタリア六五万人、アメリカ一三万人に及びました。

またこの戦争によって、当時流行していたスペイン風邪が船舶を伝い伝染して世界的に猛威をふるい、戦没者を上回る数の病没者を出しました（戦時であり、各国とも秘密にしたので、より被害を大きくしたようです。スペイン風邪とは、一九一八年から一九二〇年にかけ全世界的に大流行したH1N1亜型インフルエンザで、当時の世界人口［一八億～一九億人］のおよそ二七％［CDCによれば三分の一］の五億人が感染し、死亡者数は五〇〇〇万人を上回ったとされています）。

これまでの戦争では、戦勝国は戦費や戦争による損失の全部または一部を敗戦国からの賠償金によって取り戻すことが普通でしたが、第一次世界大戦による損害はもはや敗戦国に負わせられるようなものではありませんでした。しかしながら、莫大な資源・国富の消耗、そして膨大な死者を生み出した戦争を人々は憎み、戦勝国は敗戦国に報復的で過酷な条件を突きつけることとなりました。

《二》国際連盟の設立とその問題点

ウィルソン大統領の「一四ヶ条の平和原則」

第二八代アメリカ合衆国大統領トマス・ウッドロウ・ウィルソン（一八五六〜一九二四年）は、著名な政治学者でもあり、第一次世界大戦が起きるとアメリカは中立を通していました。一九一六年の選挙で再選されたウィルソン大統領は、一九一六年末、交戦国双方に平和を呼びかけ、翌一九一七年一月には、どちらも決着をつけずに「勝利なき平和」を達成すべきことを訴える声明を発表していました。

しかし、ドイツが無制限の潜水艦攻撃（再開）の方針を発表しましたので（一時、アメリカの抗議などもあり中止していました)、アメリカは参戦することを決め、宣戦布告の権限は議会にあるため、ウィルソン大統領は一九一七年四月二日、「無賠償」・「無併合」・「民族自決」などの講和の原則を宣言し、上下院とも圧倒的な差で宣戦布告を決議しました。

それから半年あまり後、一九一七年一一月革命に成功したレーニンのソヴィエト政権は、いくつかの連合国と帝政ロシア政府が、戦後の領土獲得などの秘密協定を結んでいたことを暴露しました。これは帝政ロシアが関係するものだけでしたが、当時の帝国主義戦争はそのような征服と領土獲得、物質的な利益などの目的のために戦われていたことは確かでした。

レーニンは、前述のウィルソンの講和の原則を受けて、ロシア最初の対外政策である一九一七年一一月の「平和に関する布告」で「無賠償」・「無併合」・「民族自決」に基づく即時講和を第一次世界大戦の全交戦国に呼びかけました(これはウクライナの独立騒動で頓挫してしまいました)。

そこでウィルソン大統領は、一九一八年一月、次の一四ヶ条によってアメリカの戦争目的が宣戦布告のときと変わっていないことを宣言し、さらに具体的な目標を掲げました。それが上下両院の合同会議で発表された「一四ヶ条の平和原則」でした。それは以下の通りです。

①秘密外交の廃止
②公海における航行の自由
③関税障壁の撤廃と平等な通商関係
④軍備の縮小（各国が安全確保に必要な最低限まで軍備を縮小すること）
⑤植民地問題の公正な解決（民族自決の原則）
⑥ロシアの完全独立とロシア領からの撤兵
⑦ベルギーの主権回復
⑧アルザス・ロレーヌのフランスへの返還
⑨イタリア北部国境の修正
⑩オーストリア・ハンガリーの民族自治
⑪バルカン諸国の独立保障
⑫オスマン帝国支配下の民族の自治、ダーダネルス海峡の航行自由化
⑬ポーランドの独立と海洋への出口保障
⑭国際平和機構（国際連盟）の設立（各国の政治的独立と領土保全のため）

以上、「一四ヶ条」は、①から⑤までは一般的な原則の主張であり、⑥から⑬までは戦場となった各地域に関する具体的な問題も扱っていました。

さらに「一四ヶ条」の最後に出されたのが、国際連盟の設立構想であり、アメリカが世界平和の主役を担っていこうとする意思を示したものでした。

いずれもアメリカに直接関わる問題ではありませんでしたが、戦争を終結するためには、いやおうなく解決を迫られる問題でした。当時の世界的問題を網羅しており、ウィルソンの関心の広さと歴史的視野の広さを示すものでした。人類が帝国主義を脱して次の段階へ進むべき方向を示す（当時としては）画期的な提案であったといえます。

一九一八年一二月四日、ウィルソン大統領はこのような平和構想を抱いて、講和会議に出席するためにヨーロッパに向かいました。

ドイツに対する懲罰的・報復的なヴェルサイユ条約

一九一九年一月からパリで講和会議が始まりました。参加したのは戦勝国側の二七ヶ国だけで、敗戦国は招かれませんでした。また、アメリカ（ウィルソン）、イギリス（ロイド・ジョージ）、フランス（クレマンソー）、イタリア（オルランド）、日本（元首相西園寺公望）の五ヶ国が重要事項を決定する最高会議のメンバーであり、他の国は関係する問題の会議に参加するのみでした。だが、アメリカ、イギリス、フランスの三大国が実質的に会議を行い、日本とイタリアは、直接に利害の関わる事項以外はほとんど発言しなかったり、途中で会議を離脱したりしました。ドイツなどの同盟国側やソヴィエト政府は参加できませんでした。

会議はウィルソンの「一四ヶ条」を基礎にして始められましたが、フランスのクレマンソー首相はそれに激しく反発し、ウィルソン大統領やイギリス首相のロイド・ジョージと対立しました。クレマンソーは、フランスの安全確保を最大の目標とし、宿敵ドイツを徹底的に弱体化しようと画策しました。イギリス、フランス、イタリア、日本などの列強間には、（勝った暁には、〇〇をやる、認めるというように）戦後の領土や勢力範囲の再配分についての秘密協定が結ばれており、講和会議はこれら列強の取引の舞台となり、ウィルソンの理想はまったく踏みにじられることになりました。

アルザス・ロレーヌ地方のフランスへの返還（アルザス・ロレーヌは普仏戦争でドイツが獲得していました）だけではなく、隣接するザール地方を一五年間にわたり国際連盟の管理下に置き（この間のザール炭田の採掘権はフランスに）、その後住民投票で帰属を決定することになりました。

また、ケルンやボンなどの都市を含むライン川左岸も、同じ期間、イギリス、フランスが占領することになりました。ラインの右岸（ラインラント）の五〇キロの範囲まで、非武装地帯（軍事施設の禁止）にすることになりました。

その他、ポーランド回廊を新興国ポーランドに割譲、すべての海外領・植民地を放棄、ドイツとオーストリアとの合併（アンシュルス）の禁止、ドイツの戦闘能力を大幅に規制することが盛り込まれました。

賠償金については、この段階では、暫定的に戦前の金平価で二〇〇億マルクとなりました。二年後のロンドン会議で、それは七倍近い一三二〇億金マルクになりました。これは、当時のドイツのGNP二〇年分となり、返済不可能なものであることは明白でした。これはドイツに対する懲罰的・報復的な性格が強く、ドイツにとって苛酷なものでした（戦後のドイツは返済に苦しみ、後にドーズ案、ヤング案、そしてローザンヌ会議によりドイツの賠償額は三〇億金マルクにまで軽減されましたが、ドイツにとって大きな負担であることには変わりはありませんでした）。

こうして五ヶ月間かかって、まとまった対ドイツ講和条約は、全体で四四〇条におよぶ膨大なものとなり、第一編は国際連盟の創設を決めたものですが、第二編以下はドイツを厳しく制約するものでした。しかも、五日以内に受諾しなければ、戦争を再開するという強圧的なものでした。

一九一九年六月二八日、この条約はヴェルサイユ宮殿の「鏡の間」で調印されました。こうしてヴェルサイユ条約はウィルソンの「一四ヶ条」とは大きく異なるものになり、ドイツ国民の民族意識に大きく傷をつけることとなり、このことがドイツ民族を一つにするというアドルフ・ヒトラーを中心とする国家社会主義ドイツ労働者党（ナチス）に政権を握らせる一因となりました。そして一六年後の一九三五年、ヒトラー政権のナチス・ドイツは一方的にヴェルサイユ条約を破棄することになります。

ヴェルサイユ体制

一九一九年にパリ講和会議によってヴェルサイユ条約が締結され、戦後の世界の体制、世界の秩序が定められました。それはヴェルサイユ体制といわれました。その世界は多くの問題を抱えたままでした。

民族自決の原則はヨーロッパ以外では、ほとんど適用されず、アジア・アフリカの植民地の独立要求は無視されました。また、日本の「対華二一ヶ条の要求」を不当とする中国の主張も無視されました。ヨーロッパの新国家の国境は、ドイツの弱体化とソ連を封じ込めるという意図から不合理な点が多く、民族問題の解決になるどころか新たな民族問題の原因となりました。

ドイツは、ヴェルサイユ条約により巨額の賠償金を課せられたために激しいインフレーションが引き起こされました。さらに条約によりドイツ人が居住する領土を割譲させられたことで、ルール問題、ズデーテン問題、ポーランド回廊問題などが発生し、これらの問題は第二次世界大戦の直接の原因となりました。

ロシアでは、ボリシェヴィキがロシア革命を起こし、二〇世紀に社会主義が世界を席巻する契機となりました。

オスマントルコはセーブル条約により多くの領土を減らされました。この時イギリスがアラブ人とユダヤ人の双方にパレスチナでの国家建設を約束したことが後のパレスチナ問題を発生させることになりました。さらに、アラブ諸国とイスラエルの衝突、キプロスをめぐるギリシャとトルコの対立、一九八〇年代のイラン・イラク戦争、一九九〇年代の湾岸戦争とユーゴスラビア紛争、二一世紀のイラク戦争など、いずれも現在まで続く国際問題の遠因は、この第一次世界大戦後にさかのぼります。

アメリカの国際連盟不参加

ウィルソン大統領は、「一四ヶ条の平和原則」がほとんど実現しなかったものの、国際連盟が認められたことで、ヴェルサイユ条約には調印しました。一九一九年七月に帰国したウィルソンは、全国の七割に当たる三三州の知事が支持を表明するなど、大歓迎で迎えられました。ところが、条約批准の権限を持っている上院議員の見解はそうではありませんでした。

もっとも大きな問題は、国際連盟規約第一〇条に関してでした。それは、侵略者に対し、加盟国が経済的及び若干の軍事的制裁を行うべきか協議するという項目で、ウィルソン大統領によれば、国際連盟の核心となるものでした。

しかし、アメリカ上院外交委員長であったヘンリー・カボット・ロッジやウィリアム・ボーラなどは、国際連盟規約第一〇条及び一六条で規定された「戦争を行った国家は、他の連盟国全てに戦争行為をしたとみなし、当該国との通商、金融、交通を禁じ、連盟理事会の決定に従わなかった場合、連盟国に制裁として軍事行動を義務付ける」ことになりますが、他国同士の紛争にアメリカが巻き込まれることを彼らは危惧したのです。こうして反対や留保を主張する議員は、アメリカが国際的な義務を負うことになる、主権を制限されることになると主張したのです。

一九一九年の夏から始まった上院の審議は長引きました。ウィルソン大統領は直接に国民に訴えようと、九月から全国遊説の旅に出ましたが、一〇月にコロラド州で脳梗塞で倒れてしまいました。その直後、ウィルソンは国際連盟の提唱者としてノーベル平和賞を与えられました。

このままでは、アメリカはヴェルサイユ条約全体を批准しないことになってしまうということで、いろいろな形の議案が審議されましたが、結局、批准されませんでした。

ウィルソン大統領は、前述のように脳梗塞を発症し左半身不随となり、一九二一年の大統領任期中には回復せず、一九二四年二月に亡くなりました。

ウィルソンは、アメリカ大統領として政治学者として、多くの理想的政策を提案してきましたが、彼の理想主義は、現実の前にことごとく敗れたともいわれています。こうなると、一九一九年のノーベル平和賞だけが彼の世界平和の実現の方向は間違っていないと評価してくれていたかもしれません（その通りで彼の世界平和の思いは第二次世界大戦後の国連設立に生きています)。

国際連盟の設立

国際連盟の機構は、総会、理事会、事務局、常設国際司法裁判所、国際労働機関の他に常設委任統治委員会、常設軍事諮問委員会、軍備縮小委員会、法律家専門家委員会などで構成されていました。一九二〇年に発足し、本部はスイスのジュネーブに置かれました。その本部が中立国に置かれたのは、紛争を平和的手段で解決し、戦争に頼ることを避けようとする決意の表れでした。発足当初の常任理事国は、イギリス、フランス、日本、イタリアの四ヶ国でした。

国際連盟の集団安全保障体制

国際連盟は軍縮、集団安全保障、平和的紛争解決手続きをその平和保障の三つの柱としていました。すなわち、国際連盟規約はその第八条、第九条でまず戦争そのものの抑制のための軍縮の必要を認め、第一〇条、第一一条で、領土並びに政治的独立の保全のために侵略に対しては共同してこれを防衛するという集団安全保障の原則を定めています。

第一〇条【領土保全と政治的独立】連盟国は、連盟各国の領土保全及び現在の政治的独立を尊重し、且つ外部の侵略に対し之を擁護することを約す。右侵略の場合又はその脅威若しくは危険ある場合においては、連盟理事会は、本条の義務を履行すべき手段を具申すべし。

第一一条【戦争の脅威】1　戦争又は戦争の脅威は、連盟国の何れかに直接の影響あると否とを問わず、総て連盟全体の利害関係事項たることを茲《ここ》に声明す。仍《よ》って連盟は、国際の平和を擁護するため適当且つ有効と認むる措置を執るべきものとす。この種の事変発生したるときは、事務総長は、何れかの連盟国の請求に基づき直ぐに連盟理事会の会議を招集すべし。

2　国際関係に影響する一切の事態にして国際の平和又はその基礎たる各国間の良好なる了解を攪乱せむとする虞《おそれ》あるものに付き、連盟総会又は連盟理事会の注意を喚起するは、連盟各国の友誼的権利なることを併せて茲に声明す。

そして第一二条から第一七条において戦争に代わる国際紛争の平和的解決のために仲裁、司法的解決、連盟理事会による審査・調停の一連の手続きを定めていました。

第一二条【国交断絶に至る虞のある紛争】略

第一三条【裁判】略
第一四条【常設国際司法裁判所】略
第一五条【連盟理事会の紛争審査】略
第一六条【制裁】1　第一二条、第一三条又は第一五条による約束を無視して戦争に訴えたる連盟国は、当然他の総ての連盟国に対して戦争行為を為したるものと看過す。他の総ての連盟国は、之に対し直ちに一切の通商上又は金融上の関係を断絶し、自国民と違約国国民との一切の交通を禁止し、且つ連盟国たると否とを問わず他の総ての国の国民と違約国国民との間の一切の金融上、通商上又は個人的交通を防遏《ぼうあつ》すべきことを約す。
2　連盟理事会は、前項の場合において連盟の約束擁護のため使用すべき兵力に対する連盟各国の陸海又は空軍の分担程度を関係各国政府に提案するの義務あるものとす。
3　連盟国は、本条により金融上及び経済上の措置を執りたる場合において之に基づく損失及び不便を最小限度に止むるため相互に支持すべきこと、連盟の一国に対する違約国の特殊の措置を抗拒するため相互に支持すべきこと、並びに連盟の約束擁護のため協力する連盟国軍隊の版図内通過に付き必要なる処置を執るべきことを約す。
4　連盟の約束に違反したる連盟国については、連盟理事会に代表せらるる他の一切の連盟国代表者の連盟理事会における一致の表決を以て、連盟より之を除名する旨を声明することを得。

第一七条【非連盟国の関係する紛争】1、2、4、略

3　勧誘を受けたる国がこの種の紛争解決のため連盟国の負うべき義務の受諾を拒み、連盟国に対し戦争に訴える場合においては、第一六条の規定は、その行動を執る国に之を適用す。

不備だった国際連盟の集団安全保障制度

以上が国際連盟の集団安全保障制度でしたが、これは不十分なものであることがわかりました。連盟規約では、規約に違反する戦争は、他のすべての連盟加盟国に対する戦争とみなされ、これに対する経済制裁が加盟国の義務として設定されました。すなわち、規約違反の戦争に訴えた連盟国に対して、他のすべての加盟国は、一切の通商・金融上の関係の断絶、自国民と違約国民との間の一切の交通の禁止、さらには、連盟国であるかどうかを問わず、他のすべての国の国民と違約国の国民の間の一切の金融上、通商上または個人的な交通の遮断を行うものとされました（一六条一項）。

しかし、軍事的制裁に関しては、連盟の約束擁護のために使用すべき兵力に対する連盟各国の陸・海または空軍の分担程度を関係各国政府に提案することが、連盟理事会の義務として規定されるにとどまり、加盟国の義務を設定するには至りませんでした（一六条二項）。

しかも、その実際の適用においては、規約違反の戦争の有無をどのように認定するかが問題となりますが、連盟規約は認定権についての明文規定を持たず、一九二一年の第二回国際連盟総会における解釈決議（規約一六条の適用の指針に関する決議）は、連盟各国がそれぞれ認定を行うものとしました（同決議三項）。

こうして、連盟の安全保障制度は制裁発動の集権的決定に欠け、不十分なものにとどまることとなりました。実際にも第一六条が適用された例は、イタリア・エチオピア紛争におけるイタリアに対する経済制裁（一九三五年以降）を除いてほとんどみられず、しかも、そこでは、石炭・石油・鉄鋼などの重要物資が禁輸の対象外とされたように、実効性の乏しいものにとどまりました。

国際連盟の集団安全保障体制の問題点

その他にも、国際連盟の集団安全保障体制には問題点がありました。国際連盟の最高決定機関は「総会」であり、また決定方法は多数決ではなく「全会一致」を原則としていました。このため、国際紛争に対して、断固たる措置が取れなかったこと、また、経済制裁を行うまでの権限を有するにとどまったことから、紛争解決に効果を発揮できなかったことが後に指摘されました。

また、最初から国際連盟には問題もありました。原加盟国は四二ヶ国でしたが、この国際連盟は真の世界機関というより、世界の一部を代表しているにすぎなかったともいえます。連盟発足時にはラテンアメリカ諸国二〇ヶ国とアジアから六ヶ国、アフリカから二ヶ国が加盟していましたが（つまり、アジア・アフリカの大部分はまだ、欧米列強の植民地のままでした）、メンバーの半数近くはヨーロッパ国家であり、「ヨーロッパ諸国家のクラブ」という性格が濃く、また政治家もヨーロッパ中心主義的発想を脱していませんでした。

前述しましたように、提唱者がアメリカ大統領であるアメリカ合衆国自身は、上院の反対（＝共和党が多数）により国際連盟には参加しませんでした。また、ロシア革命直後のソヴィエト社会主義共和国連邦（一九三四年加盟）や敗戦国のドイツ（一九二六年加盟）

は、当初は参加を認められませんでした。このように大国の不参加によってその基盤が当初から十分なものではありませんでした。

その後、加盟国は徐々に増え一九三四年のソヴィエト連邦の加盟で六〇ヶ国に達しました。しかし、これ以降は脱退・除名等で加盟国が減少に転じていきました。

第一次世界大戦後の戦間期は、まだ、植民地主義、帝国主義の真っ最中で、欧米列強は植民地を多数所有しており、少なくとも日本とイタリアという二つの（遅れてきた）先進国は、まだ（むしろ、これから）帝国主義的領土拡張をもくろんでいました。

こうして世界中の全加盟国（植民地は除く）による総会が設置されましたが、ジュネーブでのその会合は、たまにしか開かれず、実質的な権限は理事会が握っていました。理事である九ヶ国には当然ながら戦勝五ヶ国が含まれ、残る四つの席には、各地域から選ばれた国が持ち回りでつくことになりました。しかし、連盟の取り決めは一層の平等を求める中小の国々と、特権を保持しようとする少数の大国との妥協の産物であり、もちろん優勢な立場にあったのは少数の大国でした。

当初は成功していた国際連盟の調停活動

国際連盟のもっとも重要なことは、政治レベルの国際紛争、とりわけ地域レベルの問題に関してであり、これは初期においては、国際連盟はいろいろ成果を上げました。

一九二〇年早々フィンランド・スウェーデン間のオーランド諸島の帰属をめぐる紛争で、連盟は両国の紛争を仲裁し解決しました（国際連盟の次長：新渡戸稲造のいわゆる「新渡戸裁定」により、フィンランドの自治領となりました）。高等弁務官を派遣してダンツィヒ自由市の管理にもあたりました。また帰属をめぐってもめていたオイペンとマルメディで住民投票を実施し、両地区をドイツからベルギーに返還させました。ビルナとメーメルをめぐるポーランド・リトアニア間の紛争解決においても（二〇年一〇月ポーランドがリトアニアのビリニュスを占領し、連盟を無視して併合した事件）、また、一九二二年にはドイツ人とポーランド人が隣り合って暮らしていた上部シレジアの帰属という、いっそう困難な境界問題にも決着をつけました。以下、省略しますが、かなりの数の問題を解決し、国際連盟の活動は評価されていました。

他方で、一九二三年夏イタリアのムッソリーニが、ギリシャ・アルバニア国境紛争を口実に、連盟に諮ることなくギリシャ領のコルフ島を砲撃して占領した事件がありました。

ギリシャが連盟に訴えたにもかかわらず、イタリアは連盟調停を拒否して、関係国大使会議で問題を解決しました。このように国際連盟の調停は、大国の意向や当事者の同意に依存することが大きく、大国が絡む問題については、限界があったといえます。

《三》不戦条約（ケロッグ・ブリアン条約）

国際連盟の「枠外」の活動

また、一九二〇年代には、国際連盟の「枠外」で、列強間に結ばれたいくつもの条約がありました。

●ワシントン軍縮会議

一九二一年から二二年に、アメリカ、イギリス、日本、フランス、イタリアはワシントンDCでワシントン軍縮会議を開いて、一連の協定に調印しました。これは軍縮交渉に画期的な一歩をしるしたことではありましたが、国際連盟の枠外でした（アメリカが連盟に加盟していませんでしたので）。

●ロカルノ条約

一九二五年にロカルノ条約が締結されましたが、これも国際連盟の枠外でした。ロカルノ条約とは、フランスのブリアン外相、ドイツのシュトレーゼマン外相、イギリスのチェンバレン外相によって、一九二五年一〇月、スイスのロカルノで合意が発表されたもので、イギリス・フランス・ドイツ・イタリア・ベルギー・チェコスロヴァキア・ポーランドの七ヶ国による地域的集団安全保障条約でした。

この条約は一〇条からなり、ヴェルサイユ条約の定めたドイツ・フランス国境及びドイツ・ベルギー国境の現状維持、ラインラントにおける軍事施設の建設や兵士の駐留の禁止、ドイツ・フランス・ベルギーの相互不可侵、国際紛争の平和的解決、そしてこれらに対するイギリス、イタリアの保障などを規定するもので、ドイツの国際連盟への加盟を条約発効の条件としていました。一九二六年九月にドイツが国際連盟に加盟したことにより、ロカルノ条約が発効し、ドイツは国際社会への復帰を果たしました。

ロカルノ条約成立の功で、ブリアン、シュトレーゼマン両外相が一九二六年のノーベル平和賞を共同受賞したこともあって、多くの国民が国際連盟中心の平和が来たと楽観し、ジュネーブの国際連盟総会にはヨーロッパ各国首脳や外相がほぼ全員出席するのが恒例になり、首脳同士が直接話し合う機会も増えました。

アメリカの戦争違法化運動と不戦条約（ケロッグ・ブリアン条約）

さらにフランス外相ブリアンとアメリカ国務長官ケロッグの提唱により、一九二八年八月にパリで一五ヶ国が調印し、その後、六三ヶ国が署名しました不戦条約（ケロッグ・ブリアン条約ともいいます）も、ロカルノ精神によって成し遂げられました（六三ヶ国というのは当時のほぼすべての独立国でした）。

この不戦条約の発想のもとには、一九二〇年代にアメリカで戦争違法化運動が盛り上がっていたということが背景にありました。この運動は第一次世界大戦の悲惨さにショックを受けたシカゴの弁護士サーモン・レヴィンソンによって開始されました。レヴィンソンは従来、国家間でなされるあらゆる戦争は合法的なものとされてきているが、レヴィンソンによれば、大量の殺人と破壊でしかない戦争行為は明らかに犯罪であり、これをすべて禁止してすべて法廷で裁かれるべきであると考え、「戦争違法化」運動を起こしました（彼は国民国家の矛盾を突いたのです。このような個人的な疑問を勇気をもって問題化することは、社会システムの進化のためには、非常に重要なことです）。国際連盟規約で違法とされた戦争は、「侵略」戦争に限定されており、「自衛」戦争及び侵略国に対する連盟の「制裁」戦争は合法的な武力行使として認められていましたが、レヴィンソンたちは、これらを含めて、すべての戦争を禁止して法廷で裁かれるべきであるとしていました。
また、当時のアメリカには、もう一つの「戦争違法化」の流れがありました。コロンビア大学総長でカーネギー平和財団理事長バトラー、同じくコロンビア大学のショットウェルたちのグループで、彼らは戦争違法化には強制手段の制度化がまず必要と考えており、国際連盟とその集団安全保障の原則、つまり、連盟の行う「制裁」戦争は支持していました。このレヴィンソンやバトラーたちがブリアンやケロッグに働きかけて不戦条約になったと言われています。

この条約は正式には「国際紛争解決の手段として戦争に訴えないとする不戦条約」といわれ、参加国は、国際紛争を解決する手段として戦争に訴えないことを約束しました。

【不戦条約条文】「アメリカ合衆国大統領、フランス共和国大統領、ベルギー国皇帝陛下、……以下、チェコスロバキア、イギリス、インド、ドイツ、イタリア、日本並びにポーランド共和国大統領は、人類の幸福を促進するというその崇高な義務に深く感銘し、現在その諸国民の間に成立している平和的で友好的な関係を永久ならしめるために、戦争を国家の政策の道具として公に放棄することを宣言する時代が到来したということを確信し、現在の諸関係についてのいかなる変更もただ平和的手段を通じてのみ追及され、平和的で秩序正しい手続きの結果でなければならないということ、今後自らの国民的利害を戦争に踏み込むことで追及するすべての締結国は本条約の保障する利益を失うことになることを確信して、この範例に促されて、世界の他のすべての国民が人類の利益のためのこの試みに加わり、この条約に加盟することによって、その発効とともに直ちに、その国民が祝福に満ちた規定に参加できるようにすることを希望し、またそのようにして世界の文明諸国民が国策の手段としての戦争を一致して放棄するようになるということを希望して、ここに条約を締結し、この目的のために全権代表を任命することを決定した（代表の名前は以下、ドイツ国代表外相シュトレーゼマン博士、フランス外相ブリアン、……）。全権代表は互いにその全権委任状を示し之が良好妥当なるを認めた後に以下の条項に合意した。

第一条　条約締結国はその国民の名において厳粛に宣言する、国際的紛争解決の手段としての戦争を罪悪と認め、国策手段としての戦争は相互の関係において放棄する。

第二条　条約締結国は、彼らの間で生じうるあらゆる争いや紛争の調整や解決を、その争いの種類がいかなるものであれ、原因がいかなるものであれ、決して平和的手段以外の方法で追及しないことに同意する。

第三条　この条約は前文に挙げられた条約締結国によってそれぞれの憲法の規定に則って

批准されねばならない、批准文書がワシントンに寄託された後直ちに締結国間で発効する。

本条約は、前項に則って発効した後には、世界の他の全ての諸国の加入に必要な期間開かれている。一国の加入を証する文書はワシントンに寄託せられ、寄託後直ちに本条約は加入国と他の当事国との間で発効する。

アメリカ合衆国政府は前文に掲げられた各国政府並びに爾後加入する各国政府に対して本条約及び一切の批准書または加入書の認証謄本を交付せねばならない。アメリカ合衆国政府は各国の批准書または加入書が寄託された時には直ちに各国政府に電報を以て通告せねばならない。

右証拠として各全権委員はフランス語及び英語をもって作成され両本文共に同等の効力を有する本条約に署名調印した。

一九二八年八月二七日パリにて作成す　　　　［全権委員名省略］

当時の世界の独立国のほとんどが、「戦争を罪悪と認め放棄」したこと、世界平和を求めて署名したことは画期的なことでありました。また、国際連盟に参加していなかったアメリカ、ソ連も加わったことの意義も大きかったのです。アメリカのケロッグは、この功績で一九二九年にノーベル平和賞を受賞しました（ブリアンは受賞済みでした）。

不戦条約の問題点

しかし、不戦条約にも多くの問題点が指摘されていました。とくに違反に対する制裁がないためその実効性は乏しいという批判が一番大きいものでした。その他にも、不戦条約では、開戦意思などの戦意の表明を伴わない戦争（事実上の戦争）が禁止されたかどうかが争われました。不戦条約は「戦争」に訴えることを禁止し（一条）、かつ、締約国は一切の紛争を「平和的手段」以外の方法で処理・解決することを求めないことにしました（二条）。しかし、実効性を持つ紛争の平和的解決手段の未発達ともあいまって、ここにいう「戦争」とは戦意の表明を伴うものであり、また、ここにいう「平和的手段」とは「戦争」以外の手段である、と解釈されるとする見解が生じました。実際、その後、正規の戦争にあたらず連盟規約や不戦条約には違反しないとの主張の下に武力行使が行われました。一九三一年の満州事変、一九二八年から一九三五年にかけてのチャコ事件（ボリビア・パラグアイ戦争）、一九三四年の第二次エチオピア戦争、一九三七年の日華事変等の武力紛争が発生しました。

《四》国際連盟の破綻

国際紛争の解決を期待された国際連盟は、前述しましたように、一九二〇年代には小規模紛争解決の成功例はいろいろありましたが、一九三〇年代になり常任理事国である列強が当事者となる紛争が起きると連盟は機能しなくなりました。

満州事変と日本の連盟脱退

一九三一年九月一八日の夜、中華民国の奉天（現在の中国遼寧省瀋陽）北方約七・五キロメートルの柳条湖《りゅうじょうこ》の南満州鉄道線路上で午後一〇時過ぎ爆発が起きました。爆破の規模は小さく、直後の列車の通過に問題のないくらいのものでした。奉天の関東軍（南満州鉄道・関東州を守備する日本陸軍部隊）は、これを張学良（一九二八年に関東軍が爆殺した張作霖将軍の息子）ら中華民国の東北軍による破壊工作と断定し、爆破地点近くの張学良軍の兵舎（北大営）への攻撃を直ちに開始、爆音に驚いて出てきた中華民国兵を射殺し、北大営を占拠しました。続いて人口三五万人の大都市、奉天城を、大砲を用いて攻撃し、関東軍は、翌日までに、奉天、長春、営口の各都市も占領しました。

そうしておいてから、旅順の関東軍司令部へ「暴戻《ぼうれい》なる支那軍隊は満鉄線を破壊、守備兵を襲い、駆けつけたる我が守備隊と衝突せり」と報告しました。この事件は関東軍お得意の自作自演劇の謀略でした（一九二八年に起こした張作霖爆破事件で関東軍は満鉄爆破を使いましたが、その同じ手口を使うお粗末さでした）。これが満州事変の始まりでした。

明らかな侵略戦争でしたが、事変といったのは、国際連盟規約や不戦条約で侵略戦争は禁じられていたこともあり、また、実務面からは、その頃のアメリカは戦時中立法を持っており、戦争になると両方に戦略物資を輸出しないことにしていたので、日本はアメリカからの石油などの輸入が止まると大変なことになるからでした。その他にもジュネーブ陸戦条約に拘束されないとか、いろいろ戦争と言わないメリットがあって、実際には戦争状態になっても事変と名付けたのです（このように、「戦争でない単なる事変だ」とか「自衛のため（の戦争）」と言い張る国に対処できなかったことも国際連盟の問題点でした）。

満州事変のその後の展開は省略しますが、関東軍は別途、上海事変を起こし、世界の目がそこに向いている間に、東北三省（日本の三・二倍の面積、当時人口四三〇〇万人の満州）を制圧し、中国国民党政府から分離独立させ、一九三二年三月一日に満洲国の建国を宣言させました。

当然、中国（中華民国）は満州事変に抗議して国連に提訴し、国連ではイギリスのリットンを団長とするリットン調査団を派遣しました。リットンは日本の満州における特殊権益は認めましたが、満州事変は正当防衛には当たらず、満州を中国に返した上で日本を含めた外国人顧問の指導下で自治政府を樹立するように勧告したリットン報告書を提出しました。

一九三三年二月、国際連盟特別総会においてリットン報告書を採択するか否かが審議され、賛成四二、反対一（日本）、棄権一（シャム=タイ）の（当事国を除く）全会一致で可決されました。可決直後、席上で日本全権・松岡洋右《ようすけ》は「もはや日本政府は連盟と協力する努力の限界に達した」と表明し、国際連盟を脱退しました。

この一九三一年から三三年の日本による満州侵略は、ヴェルサイユ体制に対する最初の大きな挑戦であり、それを崩壊させるきっかけとなりました。連盟の常任理事国であるイギリス政府は財政危機、労働党政権の崩壊、自治領問題などで身動きが取れませんでした。もう一つの常任理事国フランスはドイツが台頭してきたことが気になり、これも動けませんでした。他の常任理事国ドイツとイタリアは、日本が国際連盟の原則を無視し、リットン報告書が提出され、連盟を脱退するのを興味深く見守っていました。

ドイツの連盟脱退

日本が連盟を脱退すると、ヒトラーのドイツも一九三三年に連盟を脱退したため、連盟はさらなる打撃を受けました。ヒトラーは、その後、一九三五年三月にヴェルサイユ条約を破棄、公然と再軍備を宣言しました。一九三六年三月にはヒトラーの機甲師団がラインラントを占領し、ヴェルサイユ体制の破棄の第一歩を踏み出しました。

イタリアのエチオピア侵略と連盟脱退

これを見て、長年現状維持に不満を覚えていたイタリアのムッソリーニは自らも行動に出る決心をしました。イタリアはすでにリビアで大量殺戮爆撃をはじめ数々の残虐行為によるを侵略を行っていましたが、一九三五年よりエチオピアへの軍事侵攻を開始しました。エチオピアはアフリカで数少ない独立国で、国際連盟にも加盟していましたので、すぐ国際連盟に提訴しました。これは連盟の加盟国によるもう一つの加盟国に対する明白な侵略行為でした。

一九三五年一〇月、国際連盟はイタリアを侵略者とする採択を可決し、イタリアに対する経済制裁を開始しましたが、石油などの重要な戦略物資には適用されることはありませんでした。これは、たとえ禁止されたとしても、イタリアは国際連盟に加盟していないアメリカから購入することが可能であるから意味がないとする英仏の宥和政策に基づく主張が背景にありました。

イギリスとフランスの外相による一九三五年のホーア・ラバル案は、ムッソリーニにエチオピアの大部分を渡すが、大幅に領土が削られるエチオピアにはその代償として、ソマリランドの周辺領土を譲るというものでした。これは基本的にイタリアによるエチオピアの植民地化を容認する内容で、あまりにイタリア寄りの内容であったため、エチオピアはこの受諾を拒絶しました。

結局、一九三六年五月、イタリア軍が首都アディスアベバを占領して戦争は終結し、イタリアはエチオピアを併合し、イタリア領のエリトリア、ソマリランドを合わせたイタリア領東アフリカの樹立と、その皇帝にイタリア国王ヴィットーリオ・エマヌエーレ三世の就任を宣言しました。

その後の国際連盟の展開は、凋落の一途でした。一九三七年、日独防共協定に加入したイタリア王国は国際連盟を脱退しました。こうして国際連盟を脱退した日独伊は（一九四〇年九月に）日独防共協定を日独伊三国同盟（軍事同盟）に発展させました。これで常任理事国はイギリス、フランス、ソ連だけになってしまいました（ソ連は一九三四年に連盟加盟）。

このように、国際連盟は日独伊という連盟の常任理事国が絡む大規模紛争の解決に対してほとんど無力でした。

前述しましたような国際連盟の組織上の不備と、第一次世界大戦をめぐる多くの戦後処理の失敗と、世界恐慌による経済危機により、共産主義がさらに勢力を得て、それに伴いイタリアではファシズムが、ドイツではナチズムが台頭していって再びヨーロッパは戦雲が垂れ込めるようになりました。東洋では日本軍が一九三七年から日中戦争を始めて広大な中国大陸ではてしなく侵略軍を進めて行っていました。

「全ての戦争を終わらせる戦争」とも言われた第一次世界大戦の終結のわずか二〇年後、人類史上類のない被害をもたらす第二次世界大戦が再び繰り返されることになりました。その間の二〇年間は戦間期にすぎませんでした。

第五章　第二次世界大戦とサンフランシスコ体制

《一》第二次世界大戦と国連設立準備

第二次世界大戦の勃発

一九三九年九月一日未明、突然、ナチス・ドイツ軍がポーランド領内に侵攻しました。ドイツ軍は戦車と機械化された歩兵部隊、戦闘機、急降下爆撃機など機動部隊約一五〇万人、五七個師団で北部軍集団と南部軍集団の二つに分かれ、南北から首都ワルシャワを挟み撃ちにする計画で進軍しました。ポーランドを征服したドイツは、デンマーク、ベルギー、ルクセンブルクから、フランスのパリに迫りました。

弱体だったイタリアは、開戦に際し中立を宣言、同盟国ドイツに対し、不即不離の態度を取っていましたが、ドイツの優勢が明らかになると、ムッソリーニは一九四〇年六月一〇日、英仏に宣戦を布告し、アルプス戦線でフランスへの攻撃を開始しました。漁夫の利を得ようとフランス降伏一二日前に参戦したので、ムッソリーニは、「死の床の重病人に宣戦布告した」と批判されました。

一九三七年から日中戦争を始めていた日本は、中国大陸のはてしない戦線で膠着状態が続いていましたが、アメリカなどに石油禁輸の措置を取られ、その石油確保のために南方インドネシアの油田地帯の占領を目指して対米開戦を決意、一九四一年一二月七日（ハワイ時間）、ハワイ真珠湾のアメリカ海軍の太平洋艦隊を奇襲攻撃、ここに太平洋戦争が勃発しました。真珠湾攻撃の翌日八日、ルーズベルト大統領は議会に対して対日宣戦布告を要請する演説を行い、アメリカ議会は日本に対して宣戦布告を行いました。

その後、独ソ不可侵条約を破って独ソ戦を開始していたヒトラーは、日米開戦の報が伝わってきたとき、モスクワ攻防戦で苦戦をしていましたが、いずれアメリカと戦わざるを得ないと踏んで、三国同盟に基づき、一二月一一日、イタリアとともに、対米宣戦を行いました。ここにアジア・太平洋の戦争とヨーロッパの戦争は一体化し、戦争は文字通り「世界大戦」となりました。その後の第二次世界大戦については、ここでは省略します。

未曽有の犠牲者を出した第二次世界大戦

この第二次世界大戦は、南北アメリカ大陸以外のすべての大陸を戦場とした文字通りの「世界大戦」でした。世界人口の五分の四を巻き込み、一億一〇〇〇万の兵士を動員しました。死者は五〇〇〇万人以上にのぼり、直接、間接の失費は四兆ドルに達したと言われています。しかも、中国の場合には一五年（満州事変から）、ヨーロッパでは六年、東南アジアや太平洋では四年間の長きにわたって戦われただけに世界史上でも他に類を見ないほど膨大な数の犠牲者を生み出しました。

その正確な数値を算定すること自体が困難ですが、国際政治学者クインシー・ライトの研究によると、枢軸国側の兵士の死者が約五六六万人、民間人のそれが一九五万人であるのに対して、連合国側では一一二七万人の兵士と、その三倍近くに相当する三三三七万もの民間人の犠牲者が出ました。合計すると、兵士が一六九三万人、民間人が三四三二万人、総計で五〇〇〇万人を超える犠牲者が出たことになります。

これだけの数値でも過小評価であるとの見方もありますが、それでも第一次世界大戦の時の犠牲者と比較すると、兵士で約二倍、民間人で約五倍強も増加したことになります。

つまり、第二次世界大戦は、兵士の死者数の増大だけでなく、民間人の犠牲者数が激増した点に著しい特徴があります。それは第二次世界大戦では、敵の軍隊だけでなく相手側の軍事経済や一般国民の戦闘意欲までも破壊しなければ戦勝がおぼつかないとする「総力戦」的な考え方が双方の戦略思想の中核に据えられたためであり、その結果、都市に対する無差別爆撃や原爆投下に象徴されるような、前線と銃後の区別がなくなる戦闘が一般的になったためでした。

この「総力戦」的な戦略思想はすでに第一次世界大戦の時から芽生え始めていましたが、第二次世界大戦では爆弾や航空機の発達によっていっそう徹底されることとなりました。その結果、二つの世界大戦を経験した二〇世紀前半は世界史上でもまれにみるほど、戦争犠牲者が激増した時代となりました。

ルーズベルト大統領の国連設立準備

国際連盟の設立を提案したウィルソン大統領と同じように、アメリカの第三二代大統領ルーズベルト（一八八二〜一九四五年）は第二次世界大戦に参戦する前にすでに、戦後世界の安全保障を新たな国際機構の設立によって実現しようとする構想を持っていました。

それは一九四一年八月（アメリカ参戦の前です）に発表された大西洋憲章の第八項（軍縮と全般的で恒久的な安全保障機構の樹立）に示されていました。

この大西洋憲章とは、ルーズベルト大統領とチャーチル首相が、カナダ・ニューファンドランド島プラセンティア湾の艦上で開催された会談終了後の一九四一年八月一四日に共同宣言したもので、戦後の平和な世界に向けての相互の原則と希望、そしてドイツが敗北した後に従うことに合意した政策について、その統一性を示したかったようです。

その主要項目は①アメリカとイギリスは領土拡大を求めないこと②領土の変更は、関係国の国民の意思に反して領土を変更しないこと③全ての人民が民族自決の権利を有すること④貿易障壁を引き下げること⑤全ての人によりよい経済・社会状況を確保するために世界的に協力すること⑥恐怖と欠乏からの自由の必要性⑦海洋の自由の必要性⑧軍縮と全般的で恒久的な安全保障機構の樹立の八項目でした。

「国際連合憲章草案」の作成

具体的な検討は、アメリカのサムナー・ウェルズ国務次官の下に国際機構小委員会が設置され、一九四二年一〇月作業を開始して一九四三年三月には「国際機構憲章草案」がほぼ完成しました。国務長官コーデル・ハルがこれを練り直して、同年八月「国際連合憲章草案」を完成させました。イギリスもヨーロッパの安全保障に力点を置いた構想を策定してアメリカに提示しましたが、アメリカの案は、より世界的な機構とし、安全保障だけでなく経済社会問題も扱うべきだとの考えに基づいたものでした。

しかし、第一次世界大戦後の国際連盟への加入をアメリカ議会に拒否されたウィルソン大統領の例もありましたので、ルーズベルト大統領としてはその取り扱いには慎重を期しました。一九四三年八月にケベックで米英首脳会談が開かれ、さらに検討されました。

米英ソ三国外相会談

ルーズベルト政権は、一九四三年一〇月にモスクワで開催された米英ソ三国外相会談の場にアメリカ案を提案しました。ドイツとの戦闘に追われていたソ連は消極的な姿勢を見せました。また、戦後も古い大国の「勢力圏」間の均衡による平和を構想していたイギリスは普遍的な国際組織より「地域評議会」方式を主張しました。

イギリスは最後まで国際連盟で苦労し（国際連盟の常任理事国の日独伊が連盟を脱退し、英仏だけが常任理事国として残っていました）、このような（国際連盟に類するような）仕組みでは拡大した世界の平和は保てないと考えていたようです。図八（一二〇ページ）で表しましたように、世界には時代時代に同盟が結ばれて勢力均衡が図られたり（これを勢力均衡策［同盟主義］といいます）、あるいは覇権を握った国が世界に影響力を与えてきたりしたという実態があり（これを覇権主義といいます）、国際連合の設立にあたって、イギリスは（チャーチルの考えでしたが）そのようなことを考慮に入れて国際組織を作ろ

う と提案したのです。イギリスは一八～一九世紀もヨーロッパ大陸の勢力均衡策（同盟主義）を画策して、ずっと勝ち続けてきたことは述べました。

それに対し、アメリカは（ルーズベルトの考えでしたが）、再びカント的平和論の世界を構想し提案したのです。これは理想を求めるウィルソンがカント的平和論を下敷きに国際連盟を作って、レールを敷いていたので、その上を走っただけだとも考えられますが、それだけではなく、勢力均衡策（あるいは同盟主義）は、第一次世界大戦のあと、再びあまり時間をおくこともなく、第二次世界大戦に陥ってしまったという反省があったからです（同盟を結ぶと必ずそれから外れた勢力が反同盟を組織する、同盟国に頼って無責任な行動［戦争など］を取る、同盟間の戦争は長期かつ大規模になる、過去の三〇年戦争、ナポレオン戦争、第一次世界大戦、第二次世界大戦などみんなそうなって終わっているという人類の歴史を踏まえたものでした）。

まず、第一次世界大戦前までさかのぼって、図九を見ますと、第一次世界大戦前には、①のように、ドイツ、オーストリア、イタリアの三国同盟に対して、イギリス、フランス、ロシアの三国協商が対峙しました（日本も加わりました）。

そして②のように、実際に第一次世界大戦が起きると、イタリアが協商側に移り、ロシ

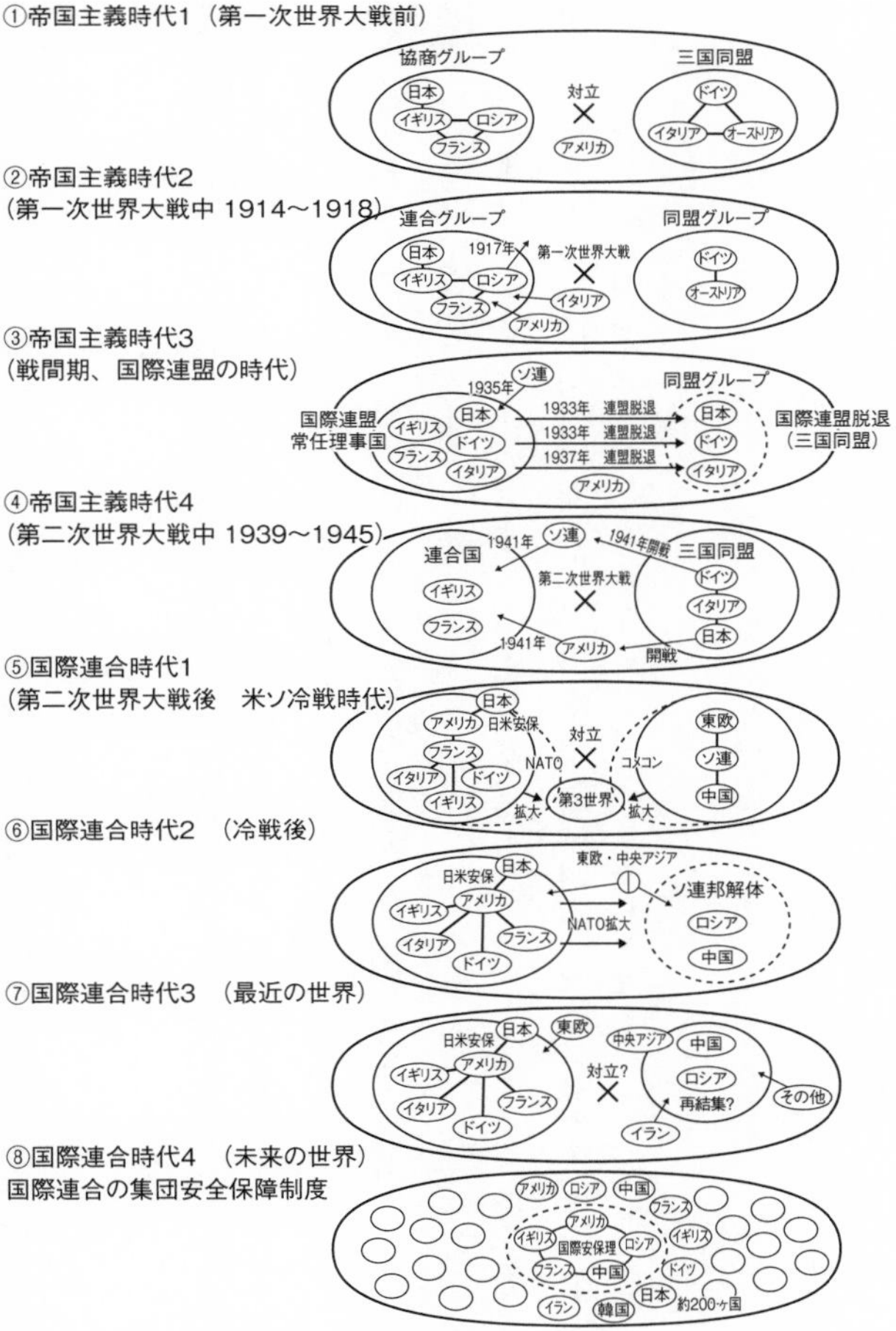

図九　欧米列強の同盟関係

アが革命で脱落し、最後にはアメリカが連合側（協商側）に加わるということがありましたが、この同盟主義によって、戦争は長引き多大の惨禍を被《こうむ》ることになりました。

そこで、第一次世界大戦後は、③のように、勢力均衡策（同盟主義）を排除して国際連盟に一本化し、ここで問題を解決することにしました。しかし、前述しましたように国際連盟には種々の欠陥があって（③のようにアメリカ、ソ連が連盟に加盟していなかったこと（後半ソ連は加盟）、連盟に違反国家を制裁する力が備わっていなかったことなど）、体制に不満を持つ日本、ドイツ、イタリアが連盟を脱退し、三国同盟を形成してしまうことを防ぐことができませんでした。

そして、ドイツ、イタリア、日本が第二次世界大戦を起こすと、④のようにイギリス、フランス側にソ連、アメリカも加わって、連合国が形成され、多大の犠牲を払ってやっと勝利をおさめる見通しが立ったというところでした（このときはまだ、第二次世界大戦を戦っていました）。

とかく、国家は同盟を形成し、勢力均衡策で他国側を牽制しようとしますが（これを抑止力といいます）、相手同盟は決してお手上げになることはなく、必ず対抗して軍備増強に走り（このことは戦争発祥の古代から「戦争の矛盾の原理」として述べてきたところです）、結局、それは双方の軍事拡張政策に陥り、その結果は大戦争（世界大戦）に陥るのが常でした。

ルーズベルトたちの考え

そこで、当時、アメリカ（ルーズベルトたち）は次のように考えました。第二次世界大戦後のように拡大し強大化した世界の平和を保つには、カントが『永遠平和のために』で構想したような国際機関が必要であり、それは一応国際連盟で実現しましたが、はじめての試みであり、多くの欠陥があることがわかりました。それに世界最大の実力国アメリカが入っていなかったことが一番の問題点でした（と彼らは考えました）。（歴史に「もし」が許されるなら）もしアメリカが連盟に入っていたら、国際連盟のもとに、日本の大陸進出にもっと早い段階でイギリス、フランス、（ソ連）を動員して介入したでしょう。そして、ヒトラーのヴェルサイユ条約の破棄に対しても、アメリカは国際連盟規約にしたがって、その時点で具体的な歯止めをかませたでしょう。

ルーズベルトは、今度はアメリカが中心となって国際連盟の欠陥を取り除き新しい集団安全保障の国際組織（その考え方はその組織の加盟国はすべて安全が保障される、逆に違反国はその組織全体から制裁を受けるというもの。ここには同盟というものは全く存在しません）を作ろうと考えたのです。

また、第四章の戦間期の不戦条約のところで述べましたが、第一次世界大戦後の一九二〇年代にアメリカにおいては、「戦争違法化」運動が起きていたことも考慮に入れました。

一つの「戦争違法化」運動は、コロンビア大学総長でカーネギー平和財団理事長であったバトラーなどのグループが唱えたもので、彼らは戦争違法化には（理想主義だけではダメで）強制手段の制度化がまず必要と考え、その点で国際連盟の集団安全保障の原則を支持していました。

もう一つは、前述しましたようにシカゴの弁護士レヴィンソンによって開始されたもので、従来、国家間でなされるあらゆる戦争は合法的なものとされてきましたが、レヴィンソンによれば、大量の殺人と破壊でしかない戦争行為は犯罪であり、これを禁止して法廷で裁かれるべきであるとする「戦争違法化」でした。国際連盟規約で違法とされた戦争は、「侵略」戦争に限定されており、「自衛」戦争、及び侵略国に対する連盟の「制裁」は合法的な武力行使として認められていましたが、レヴィンソンたちは、すべての戦争を禁止してすべて法廷で裁かれるべきであるとしていました（ルーズベルトたちはこれはこれで最終的な理想的な姿だと評価していました）。これは一九二八年のパリ不戦条約に結実していきました。しかし、不戦条約は何らの強制力を持っていないという致命的な欠陥がありました。

ルーズベルト大統領らは、このようなカントの永遠平和論や国際連盟の問題点、レヴィンソンの「あらゆる戦争の違法化」「すべての戦争を法廷で裁く」の主張、不戦条約の問題点などを総合的に勘案して、一九四〇年代はじめにはハル国務長官らの国連憲章案に結実していったと考えられます。

このアメリカの国連憲章案をもとに米英ソ三国外相会談で討議した結果、「すべての国の主権平等に基礎を置き、大国小国を問わずすべての国の加盟のために開放される、国際の平和と安全の維持のための一般的国際機構」を創設することで合意しました（これは、国際連盟の流れを汲み、やはり勢力均衡論ではなく、カント的永遠平和論（カントは同盟論や勢力均衡論を排しました）の流れに沿うものであり、人類にとって大きな選択であり、人類の叡智でした。これが「一般安全保障に関するモスクワ宣言」となり、中国（蒋介石）もこれに同意しました。こうして、アメリカ案に沿った国際機構の創設が連合国側の構想として公式に示されることになりました。

この合意を受けてルーズベルトは、一九四三年一一月二八日～一二月一日にテヘランで開催された米英ソ三国首脳会談の場で、その国際組織においてはすべての連合国からなる総会が勧告権をもち、紛争解決のための強制機関は米英ソ中四大国が担う「四人の警察官」構想（つまり、安全保障理事会の仕組み）を提案し、了承を得ました。

国際的な安全保障の問題

一九四四年から四五年の協議に際し、もっとも頭を悩ましたのは、国際的な安全保障の仕組みの問題でした（これは設立される国際機関のもっとも重要な機能です）。どこよりも利己的な態度を露わにしたのは、台頭してきた二つの超大国、アメリカとソ連でした。当時の世界は、まだ、覇権主義（帝国主義）で運営されていました。米（ソ）の国民感情からすれば、（それまでのヨーロッパ列強から）やっと米（ソ）に覇権が回ってきたのだから覇権国として世界を動かしてみたいということは当然考えられることでした。

力の強い動物は自分より小さな弱い動物に抑え込まれる理由は何もないと考えるものです。イギリス政府はこの二国（米ソ）を体制に抱き込まなければならないと考えました。イギリスは、一九一九年以来置かれてきた国際連盟での立場、つまり他の大国がすべて去り、舞台に残ったのは自身と弱体化したフランスだけという状況に苦労しましたが（ミュンヘン会談など）、新しい国際組織が再びそうなってはならないと考えました。

フランスは、チャーチルの強い勧めで大国の地位に復帰しようとしていましたが、それほどの力はなくなっていました。とにかくイギリスの政策立案者が心を砕いていたのは、アメリカとソ連を国際的な責任を分担する体制に何とかして取り込もうということでした。

また、この二国（米ソ）は、どちらも、自国の資源と意思を基盤にして今次大戦に勝利を得られると考えていました（まだ、この時期は第二次世界大戦中でした。アメリカの工業力、潜在的国力は圧倒的で、しかも第二次世界大戦末期になるほど高くなっていきました。ソ連もアメリカに次いでいました）。

それなら米ソはいま無理をして他国に同調する必要はないと考えるのは当然です。スターリンは、新しい国際組織でソ連の国益に反するような共同行動を取ることには反対で、拒否権が不可欠だとしました（結局、後述しますように拒否権と憲章第五一条の集団的自衛権が国連のネックとなります）。

しかし、これはアメリカの関係者の多くも同じ立場を取っていました。アメリカ外交に力を持っていたバンデンバーグ上院議員は強硬な反共主義者で、後述するサンフランシスコ会議の場でも、反対するメキシコ代表に対し、国連安保常任理事国に拒否権を与えなければ国連を認めないと告げたといわれています。国際連盟加盟を拒否したアメリカ議会の前例があって、アメリカ自身についても楽観はできなかったのです。

世界秩序の構築を意図していたアメリカ、イギリス、ソ連の政策立案者が、いずれも過去一五年か二〇年の間に国際秩序の崩壊という悲惨な体験をしてきていました。彼らは一九三九年までの（とくに後発帝国主義国の日独伊と一部ソ連の行動についての）経験で、何が機能し何が機能しないかに関する結論を出していたと考えられます。

戦争を抑止するための新しい安全保障体制は、国際連盟のように軟弱な善意の宣言を採択するだけではなく、牙を持たなければならないと考えていました。今度は本当に新国際機関の決定に従わない国には最終的には軍事力を発動するものでなければならないと考えて、新国際機関はそのような牙を持つ必要があると考えていました。

国際連盟はあまりに民主的でリベラルすぎました。国際法がすべての国の主権を認めること、たとえばデンマークをソ連と同等の、あるいはコスタリカをアメリカと同等の主権国家だと見なすのはよいとしても、その民主的傾向だけでは、一九三〇年代の侵略を抑止することができませんでした。それどころか、逆に国際連盟の機能不全を目の当たりにした日独伊の独裁者たちを、ますます増長させました。そのような事態を二度と起こしてはならないと、彼らは考えたのです。そのための仕組みはどうしたらよいか。

自国の安全保障のために外部からの支援が必要な国と、それを提供する責任を果たせる国との基本的な線引きを、今回は明白にしなければなりません。そこをうやむやにするなら、満州事変やオーストリア併合のような事態が将来また起きたとき、世界の民主主義国は再び混乱状態に陥りかねないのです。

ダンバートン・オークス会議

ここに主権平等原則に基づく総会と大国主導の安全保障理事会という二本立ての方向性が明確になっていきましたが、細目は一九四四年八月から約一ヶ月半ワシントン郊外のジョージタウンにあるダンバートン・オークス・ガーデンでアメリカ、イギリス、ソ連、中国の四大国代表によって詰められました。

この会議ではアメリカ案を原案として後に国連憲章として結実する提案が検討され、加盟国全部を含む総会と、五大国中心に構成される安全保障理事会の二つを主体とする普遍的国際機構を作ることが合意され、その合意点は一九四四年一〇月に至り、「一般的国際機構の設立に関する提案」として各国政府に送付されました。しかし、安全保障理事会における表決手続きやソ連の代表権、信託統治の問題では合意に至らず、決着は一九四五年二月のヤルタ会談に持ち越されました。

しかし、ここで注意すべきことは、この国連憲章の原案である「ダンバートン・オークス提案（DO案）」には、現在の国連憲章第五一条はありませんでした（集団的自衛権の概念そのものが歴史的にはありませんでした）。したがって、DO案は、「一般の加盟国に、独自に戦争をする権利」を認めていませんでした。

つまり、どこかの国が戦争をしかけると、国連軍（その他の国連加盟国）が戦争をしかけた国を撃つということになり、戦争はなくなると考えられていました。つまり、どこか一国が戦争を始めれば、それ以外の国で構成される国連軍が相手となりますから、短期間で国連軍の勝利になる。ということはそのような無謀な戦争にあえて挑戦する国はないだろう、ということで国連の仕組みそのものが「国連の集団安全保障の仕組み」になっていました。この新機構そのものが集団安全保障の仕組みになることに疑問を呈する者は誰もいませんでした。それは始めから自明のこととしていました。

ルーズベルト案（DO案）を一変させた第五一条「集団的自衛権」の挿入

ところが、この八ヶ月後のサンフランシスコ会議で第五一条の「集団的自衛権」の概念が挿入され、DO案が変更されて、現在の国連憲章が出来上がりました。たった一条の挿入というだけでしたが、国連の集団安全保障という仕組みが根本的に変化し、「個別国家の戦争＝違法」という国連の理念が形骸化してしまいました。この点が最も重要な点で後述します。

この間に一九四五年四月一二日にルーズベルトの死がありました。ルーズベルトが生きていれば、そうはさせなかったでしょう。日本国憲法はこのDO案を前提に作られました。現国連憲章はすでに発効していましたが、DO案のように運営されると思われていたのです。これも後述します。

第二次世界大戦で得られたもう一つの偉大な教訓は、自由市場体制の経済的、社会的崩壊が原因で政治不安と過激主義が生まれ、絶望的になった人間は絶望的なことをやるものだということでした。そこで、アメリカとイギリスの作業グループは（一九三〇年代に五ヶ年計画が順調に進んだソ連はまったくこの分野に関心はありませんでした）、国際社会の繁栄と相互依存を高める一方、通貨・株式市場への深刻な脅威を回避するための金融・銀行・通商体制の改善策を模索しました。こうした経済制度の模索は、戦後の安全保障秩序構築の交渉と並行して行われ、それらの社会経済再建策は、のちに設立される国際通貨基金（ＩＭＦ）と世界銀行（当初は国際復興開発銀行、ＩＢＲＤ）となってまとまりました。

ヤルタ会談―国連の拒否権問題

ヤルタ会談で米英は、紛争の当事国となった大国は安全保障理事会で表決を棄権すべきと主張しましたが、ソ連はすべての議題について「大国一致」の原則を貫くよう主張し、再度対立しました。この対立は、結局、手続き問題以外の議題では大国の拒否権を認める方向で妥協が図られました。

すなわち、米英中ソに、イギリスの希望によりフランスを加えた五ヶ国が拒否権を有する安保理常任理事国となるという「五大国一致の原則」が合意されました（ここで拒否権が認められたことは、後に大国が関与した紛争に対して安全保障理事会が機能麻痺に陥る原因となりました）。

この拒否権の問題は、新しくできる国際機関にとって、大きな選択の分岐点でした。

米英は常任理事国が問題の当事国であるときには表決を降りろと主張しましたが、これも現段階では、大国が表決を降りても困ったことになるでしょう。たとえば、米英とソ連が割れて（そのようなことはしょっちゅうありましたが）ことを構えるとそれこそ世界大戦になってしまいますので、そのような場合には「拒否権」で決定しないという選択を取ったのです（現在の世界では拒否権はやむを得ないとも思われますが、問題は決定しないで放置してしまうのも困ったことです。また、拒否権を発動するなら、こちらはこちらの考えでかってにやるとなっても困ったことです。つまり、「拒否権」で拒否された案件をどう処理・解決するかの紛争処理システムが現在の国連にはありません。この新しい社会システム、つまり、拒否権で暗礁に乗り上げた案件を話し合いで処理するシステムを設けることが必要です。レヴィンソンたちは、すべて法廷で裁かれるべきであるとしていました。つまり、戦争をなくすることは、武力解決に替わる法廷解決力の強化が必要です。国連のシステムも絶えず、改革され、進化させていく必要があります）。

《二》サンフランシスコ会議と国際連合の設立

サンフランシスコ会議と国連の発足

一九四五年四月一二日昼食前に永遠的な国際安全保障の仕組み作り（国際連合の構築）に絶えずリーダーシップを発揮してきていたルーズベルト大統領が急死しました。死因は高血圧性脳出血であり、死亡日の血圧は三〇〇／一九〇mmHgでした。一年前から最高血圧は二〇〇mmHg以上でした。当時は高血圧の薬は実験的な報告が出たばかりで、有効な治療法はありませんでした。副大統領のトルーマンが米大統領に昇格しました。

この第二次世界大戦後の世界を先まで見通し（いわば人類の未来を見通して）、このカント的平和機構を構築しようとしていた中心人物がいなくなってしまったことは、これから誕生しようとしていた国連にとって大きな不幸でした。なぜかといいますと、このときの国連憲章原案（DO案）には第五一条の集団的自衛権は入っていませんでした。これが挿入されたのは、後述しますようにサンフランシスコ会議においてでしたが、ルーズベルトが生きていたら、そうはさせなかったでしょう。この第五一条挿入の経緯は国連憲章の解説のところで述べます。

いずれにしても、一九四五年四月二五日から六月二六日にかけて（ドイツ、日本はまだ、戦っていました）、連合国五〇ヶ国の代表がサンフランシスコに集まり、戦後処理と国際平和問題を討議し、国際連合憲章を採択しました（ポーランドが加わり、原加盟国は五一ヶ国となりました）。

国連の集団安全保障制度と平和維持活動

国際連合設立の最大の目的は、有史以来の人類の宿弊ともいうべき戦争を未然に防止することを平和の思想や哲学ではなく、具体的な仕組み（社会システム）として設定することにありました。

そのことは、まず、国際憲章の前文において述べられています。

《国連憲章前文》「われら連合国の人民は、われらの一生のうちに二度まで言語に絶する悲哀を人類に与えた戦争の惨害から将来の世代を救い、基本的人権と人間の尊厳及び価値と男女及び大小各国の同権とに関する信念をあらためて確認し、正義と条約その他の国際法の源泉から生ずる義務の尊重とを維持することができる条件を確立し、一層大きな自由の中で社会的進歩と生活水準の向上とを促進すること並びに、このために、寛容を実行し、且つ、善良な隣人として互に平和に生活し、国際の平和及び安全を維持するためにわれらの力を合わせ、共同の利益の場合を除く外は武力を用いないことを原則の受諾と方法の設定によって確保し、すべての人民の経済的及び社会的発達を促進するために国際機構を用いることを決意して、これらの目的を達成するために、われらの努力を結集することに決定した。

よって、われらの各自の政府は、サン・フランシスコ市に会合し、全権委任状を示してそれが良好妥当であると認められた代表者を通じて、この国際連合憲章に同意したので、ここに国際連合という国際機構を設ける」。

憲章は伝統的な「戦争」という言葉を用いることを避け、国際連盟や不戦条約の欠点を克服しようとしました。国際連盟や不戦条約の段階では、たとえば、「満州事変」など日本は、これは戦争ではない、単なる「事変」であると逃げました。この国際連合憲章では、そうならないようすべて「紛争」としました。戦争意思の表明を伴わず、戦争に至らない武力行使も禁止しようとする趣旨です。また、武力行使のみならず、武力による威嚇も禁止の対象に加えました。武力の行使を背景とした要求やいわゆる砲艦外交を禁止する趣旨です。

この国連憲章の最大の特徴は、自衛以外のいかなる武力行使も禁止していることです。この国連憲章では、国連の集団安全保障制度をあらためて整備・強化し、国連による制裁発動について、安全保障理事会による集権的決定を行うようになっています。

このことは、次の〔第一章　目的及び原則〕の第一条第一項で「平和に対する脅威の防止及び除去と侵略行為その他の平和の破壊の鎮圧とのため有効な集団的措置」と述べられています。

〔第一章　目的及び原則〕

第一条　国際連合の目的は、次のとおりである。

1. 国際の平和及び安全を維持すること。そのために、平和に対する脅威の防止及び除去と侵略行為その他の平和の破壊の鎮圧とのため有効な集団的措置をとること並びに平和を破壊するに至る虞《おそれ》のある国際的の紛争又は事態の調整または解決を平和的手段によって且つ正義及び国際法の原則に従って実現すること。
2. 人民の同権及び自決の原則の尊重に基礎をおく諸国間の友好関係を発展させること並びに世界平和を強化するために他の適当な措置をとること。

3．経済的、社会的、文化的又は人道的性質を有する国際問題を解決することについて、並びに人種、性、言語又は宗教による差別なくすべての者のために人権及び基本的自由を尊重するように助長奨励することについて、国際協力を達成すること。

4．これらの共通の目的の達成に当って諸国の行動を調和するための中心となること。

国連憲章は、この目的を達成するために原則として、紛争の平和的解決義務を設定するとともに（第二条三項）、国際関係における武力による威嚇または武力の行使を禁止しました（第二条四項）。

第二条　この機構及びその加盟国は、第一条に掲げる目的を達成するに当っては、次の原則に従って行動しなければならない。

1．この機構は、そのすべての加盟国の主権平等の原則に基礎をおいている。

2．すべての加盟国は、加盟国の地位から生ずる権利及び利益を加盟国のすべてに保障するために、この憲章に従って負っている義務を誠実に履行しなければならない。

3．すべての加盟国は、その国際紛争を平和的手段によって国際の平和及び安全並びに正義を危くしないように解決しなければならない。

4．すべての加盟国は、その国際関係において、武力による威嚇又は武力の行使を、いかなる国の領土保全又は政治的独立に対するものも、また、国際連合の目的と両立しない他のいかなる方法によるものも慎まなければならない。
5．すべての加盟国は、国際連合がこの憲章に従ってとるいかなる行動についても国際連合にあらゆる援助を与え、且つ、国際連合の防止行動又は強制行動の対象となっているいかなる国に対しても援助の供与を慎まなければならない。
6．この機構は、国際連合加盟国でない国が、国際の平和及び安全の維持に必要な限り、これらの原則に従って行動することを確保しなければならない。
7．この憲章のいかなる規定も、本質上いずれかの国の国内管轄権内にある事項に干渉する権限を国際連合に与えるものではなく、また、その事項をこの憲章に基く解決に付託することを加盟国に要求するものでもない。但し、この原則は、第七章に基く強制措置の適用を妨げるものではない。

こうして、武力行使が許容されるのは、後述するように、原則として、国連の集団的措置（これは国連そのものの制裁であるから当然です。後述）に基づく場合か、憲章が認める個別的・集団的自衛権の場合（第五一条。後述）に限られるものといえます。

つまり、国連憲章は、国連の集団的措置や自衛権の発動以外は、いかなる武力行使も禁止しているのです。それにしては、国連発足以来、七五年を越えましたが、戦争が絶えないのはどうしてか、どうして国連憲章が守られていないのか、それがここでの主な論題であります。

この第二条の第三項、第四項を具体的に実行させるのが、〔第四章　総会〕を含めて、〔第五章　安全保障理事会〕、〔第六章　紛争の平和的解決〕、〔第七章　平和に対する脅威、平和の破壊及び侵略行為に関する行動〕、〔第八章　地域的取極〕と続く国際的安全保障に関わることが規定されている条項です。

以下、章を追って述べることにします。

安保理決議は加盟国すべてに拘束力をもつが、総会の決議は拘束力をもたない

前述しましたように〔第四章　総会〕は、憲章上の問題・事項の討議、また、加盟国の安全保障理事会に対する勧告など、一般的権能が認められています（第一〇条）。これは、総会の権限を拡大することを求めた中小諸国の要求によってサンフランシスコ会議において付加されました。さらに個別に、国際の平和と安全の維持（第一一条）、事態の平和的調整（第一四条）に関しても総会の権限は認められています。

しかし、総会は平和を脅かす「事態について、安全保障理事会の注意を促すことができる」が、安保理が特定の紛争に取り組んでいるときは「総会は、安全保障理事会が要請しない限り、この紛争又は事態について、いかなる勧告もしてはならない」と第一二条一で明確に規定しています。

総会と安全保障理事会の権限の最大の格差を示すことは、安全保障理事会の決議は加盟国すべてに拘束力を持つ、つまり、安保理の決定には加盟国は従わなければならないのに対し、総会の決議は拘束力を持たないことです。

総会と安保理は、さらに開会の時期に大きな違いがあります。総会は普通「通常会期」中に開かれますが、この習慣は次第に確立され、ニューヨークで九月に始まる通常総会には世界の指導者がはせ参じ、その時々に話題になっている問題について演説をするようになりました（きわめて形式的になっています）。

これに対して安保理は、夜間や週末でさえ（事件などが起きれば）直前の通知で緊急に臨時開催されます。これは安保理が国連のいわば行政府であることを示唆しています。

〔第五章　安全保障理事会〕は、安保理の構成、任務と権限、表決と手続を規定しています。

第二三条―安保理は、常任理事五ヶ国アメリカ、ソ連、イギリス、フランス、中国（最初は中華民国、現在は中華人民共和国）と、二年を任期に交替する非常任理事一〇ヶ国で構成されます（最初は六ヶ国でした）。

第二四条―安保理の任務及び権限を規定。

第二五条―全加盟国は安保理の決定のすべてを「受諾し、かつ履行することに同意」する。

国連が現在、安全保障に関して行っている任務のうちで、軍縮に関する規定は第二六条程度で、きわめて不十分であると考えられます。これについては、最後に国連の改革のところで述べます（とくに武器輸出について厳しくすべきです）。

第二六条―世界の人的及び経済的資源を軍備のために転用することを最も少なくして国際の平和及び安全の確立及び維持を促進する目的で、安全保障理事会は、軍備規制の方式を確立するため国際連合加盟国に提出される計画を、第四七条に掲げる軍事参謀委員会の援助を得て、作成する責任を負う。

第二七条―安保理の表決の仕方を規定。「手続事項に関する安全保障理事会の決定は、九理事国の賛成投票によって行われる」―手続事項には常任理事国も拒否権は発動できない。「その他のすべての事項に関する安全保障理事会の決定は、常任理事国の同意投票を含む九理事国の賛成投票によって行われる」――「拒否権」という言葉は出てきませんが、すべての常任理事国の同意が必要ということを意味します。五常任理事国のうちの一ヶ国でも、それは手続問題以上のものだとして決議に反対すれば、否決されるのです（手続問題か、手続問題以上の問題かは微妙であり、常任理事国の意向に左右されます）。

第二八条～第三二条――省略。

〈第六章　紛争の平和的解決〉では、紛争にかかわる当事者（常に国民国家を想定）は、「交渉、審査、仲介、調停、仲裁裁判、司法的解決、地域的機関または地域的取り決めの利用その他の当事者が選ぶ平和的手段による」（第三三条）解決を求めなければならないとされています。つまり、いかなる紛争でも第六章で述べるような平和的手段による解決を求めなければなりません。ここには武力解決（つまり、戦争）は入っていません。武力解決をしてはならないということです。

そのために、安保理は、世界の平和を危うくするようないかなる紛争についても調査する権限を有し（第三四条）、第三五条では、どの加盟国も安保理に動議を出すことができるとしています。そして加盟国は総会に対しても発議できますが、総会はその見解を安保理に送付できるにすぎません。安保理は適切な手続き、あるいは調整の方法を勧告する全面的権限を与えられていますが、法的紛争は通常、当事者によりハーグの国際司法裁判所に付託されなければならないと規定されています（第三六条）。

第三三条から第三五条のことを行っても、当事者が合意に至ることができない場合、その問題は安保理に付託され（第三七条）、安保理は紛争の平和的解決のために独自の勧告を行うことができます（第三八条）。

第六章の紛争の平和的解決は第三三条から第三八条までの六条で終わっています。これで問題が解決すればよいのですが、侵略者または脅威となる国が平和的解決手段を拒否した場合の平和の強制執行に関するものが、第七章です。

〔第七章　平和に対する脅威、平和の破壊及び侵略行為に関する行動〕

では、国連が第六章までの手続きに従って平和的解決を試みても、侵略者または脅威となる国が平和的解決手段を拒否した場合には、どうするかを定めています。

具体的には、前述しましたように、憲章は、紛争の平和的解決義務を設定するとともに（第二条三項）、国際関係における武力による威嚇または武力の行使を禁止しました（第二条四項）。

そのうえで、国際の平和と安全の維持に関する主要な責任をいわゆる五大国を常任理事国とする安全保障委員会に負わせ（第二四条）、さらに、〔第七章　平和に対する脅威、平和の破壊及び侵略行為に関する行動〕において、安全保障理事会に、国際の平和に対する脅威、平和の破壊、侵略行為の認定の権限（第三九条）と、国際の平和と安全を維持・回復するための強制措置の発動の権限（第四一条以下）を与えています。ここが国連憲章の集団的安全保障制度のもっとも重要な点です。

第三九条　安全保障理事会は、平和に対する脅威、平和の破壊又は侵略行為の存在を決定し、並びに、国際の平和及び安全を維持し又は回復するために、勧告し、又は第四一条及び第四二条に従っていかなる措置を取るかを決定する。

まず、第三九条の平和に対する脅威、平和の破壊又は侵略行為の存在を決定するとなっていますが、平和に対する脅威の定義は憲章上なく、その認定には安全保障理事会の裁量が大きく働きます（この点は、平和の破壊、侵略行為についても同じです）。

平和に対する脅威が認定された例には、一九四八年に中東紛争に関して停戦を命じる際に、パレスチナにおける状態が平和に対する脅威を構成するとされました。また、一九六五年に南アフリカのアパルトヘイト政策に関して同国の武器その他の資材の取得について、平和に対する脅威と認定されました。

平和の破壊については、朝鮮戦争の際に、北朝鮮からの韓国に対する武力攻撃が平和の破壊を構成するとされた他、フォークランド紛争やイラン・イラク戦争の際に平和の破壊が認定されました。冷戦後は、イラクのクウェート侵攻についての例があります。

安全保障理事会は侵略行為の認定には慎重であり、朝鮮戦争の際に、総会が中国の行為を侵略に該当すると決定した変則的なものはありますが、安全保障理事会による侵略行為の認定例はみられません（このように、実際に起きた紛争に比して、認定された例が少ないのは、米ソが自同盟に都合の悪い認定には拒否権を発動したからです）。

侵略の定義に関する決議

一九七四年に国連総会は、「侵略の定義に関する決議」を採択しました（総会決議三三一四）。これは、安全保障理事会が侵略を認定する際の指針となる基本的原則を示したものですが、それによると、侵略とは、他国の主権、領土の保全もしくは政治的独立に対する武力行使、または、国連憲章と両立しないその他の武力行使とされ（第一条）、武力による威嚇は含まれていません。

また、武力の先制使用は侵略行為の一応の証拠とされますが、安全保障理事会は、関連状況を考慮して別途決定することができる（第二条）。さらに、具体的な例示として、他国の領土の併合、他国の港や沿岸の武力による封鎖、他国の陸軍、海軍、空軍に対する攻撃、駐留協定違反の基地使用・残留、重大な武力行為を行う武装部隊や不正規兵の派遣、などがあげられています（第三条）。

安全保障理事会は、その他の行為についても侵略の認定をすることができる（第四条）。このように、この決議は、侵略の認定に関して、ある程度詳細な内容を提示する一方、安全保障理事会の裁量権も認めています。

前述しましたように第一に認定し、第二に、安保理は危機的状況を判断し、その解決のための暫定措置を勧告し、「関係当事者がこの暫定措置に従わなかったときは、そのことに妥当な考慮を払い」、どのような手段を用いるかを決定します（第四〇条）。暫定措置は、事態の悪化の防止を目的とするにとどまり、関係当事者の権利や請求権または地位を害するものではありません。こうした暫定措置は、典型的には停戦の要請、兵力の撤退や休戦協定締結の要請であります。

第四〇条　事態の悪化を防ぐため、第三九条の規定により勧告をし、又は措置を決定する前に、安全保障理事会は、必要又は望ましいと認める暫定措置に従うように関係当事者に要請することができる。この暫定措置は、関係当事者の権利、請求権又は地位を害するものではない。安全保障理事会は、関係当事者がこの暫定措置に従わなかったときは、そのことに妥当な考慮を払わなければならない。

第四一条で、安保理は、攻撃する国に対して軍事以外の措置、「経済関係及び鉄道、航海、航空、郵便、電信、無線通信その他の運輸通信の手段の全部又は一部の中断並びに外交関係の断絶を含む」措置を取ることを決定する権限を与えられます。

この第四一条のままでは、国際連盟と大差はなく、これだけではイタリアのエチオピア侵攻時のような、経済制裁の失敗になってしまうこともありえます。そこで、

第四二条　安全保障理事会は、第四一条に定める措置では不充分であろうと認め、又は不充分なことが判明したと認めるときは、国際の平和及び安全の維持又は回復に必要な空軍、海軍又は陸軍の行動を取ることができる。この行動は、国際連合加盟国の空軍、海軍又は陸軍による示威、封鎖その他の行動を含むことができる。

安保理は、軍事以外の措置では不十分と判断したなら、第四二条によって、あらゆる可能な措置を実行する権限を与えられています。

もっとも、国連自身には固有の軍隊がない以上、加盟国からの軍事力の提供を予定する

こととなり、安全保障理事会の要請に基づき特別協定を締結し、それに従い兵力、その他の便益・援助の提供について取り決めることにしています（第四三条）。

この目標達成のために、すべての加盟国は（安保理のメンバーだけでなく）、求められれば、通行権を含め軍事力、支援、設備を提供するよう義務づけられています。そうした貢献は「特別協定」（第四三条）によって交渉するものとしています。通行権を除き、中小国に多大な貢献を期待してはいませんが、国連憲章に調印したどの国も、自分の役割を十分に果たさなければならないことは明白です。

第四五条では、安保理の活動を迅速に展開するために、「加盟国は、合同の国際的強制行動のため国内空軍割当部隊を直ちに利用に供することができるように保持しなければならない」とし、第四六条で「兵力使用の計画は、軍事参謀委員会の援助を得て安全保障理事会が作成する」となっています。

第四五条　国際連合が緊急の軍事措置を取ることができるようにするために、加盟国は、合同の国際的強制行動のため国内空軍割当部隊を直ちに利用に供することができるように保持しなければならない。これらの割当部隊の数量及び出動準備程度並びにその合同行動の計画は、第四三条に掲げる一又は二以上の特別協定の定める範囲内で、軍事参謀委員会の援助を得て安全保障理事会が決定する。

第四六条　兵力使用の計画は、軍事参謀委員会の援助を得て安全保障理事会が作成する。

軍事参謀委員会については、次の第四七条で決められています。軍事参謀委員会のメンバーは「安全保障理事会の常任理事国の参謀総長またはその代表者」に限定され、他の加盟国は、「委員会の責任の有効な遂行のため委員会の事業へのその国の参加が必要であるとき」に限り、委員会と提携するよう承知されるのです。

さらに、安全保障理事会の常任理事国の参謀総長またはその代表者で構成される軍事参謀委員会を設置し、提供された兵力の使用・指揮に関して安全保障理事会に助言・援助を与えることとしました（第四七条）。

そして、第七章の最後の第五一条に問題の集団的自衛権が出てきます。この集団的自衛権は次の国連憲章第八章とも関連していますので、まず、第八章までの国連の集団安全保障制度の全体の説明を終えてから、この憲章第五一条を論ずることにします。

〔第八章　地域的取極《とりきめ》〕では、その活動が国連自体の目的に合致する限りにおいて、国際平和を維持するための地域協定の締結、あるいは存在を認めたものです。

それは地域的機関内で地域の紛争を解決することを奨励し、安保理はそうした手段を、国際安全保障体制を補強するいわば控え壁として利用するかもしれないとしています。

この地域協定には、将来の安全保障は大国の一つが率先する地域グループにより維持されるのが最善だという、イギリスのチャーチルの考えが反映されています。当事国にこそ、近隣諸国の侵略を抑止、あるいは阻止するもっとも直接的な理由があるというのが、彼の考えでした。チャーチルには、国際連盟の加盟国の大半が、遠く離れた地域での平和の侵害（たとえば日本軍の満州侵略）を阻止するために資源を提供するのは難しいと判断したことがありました（第二次世界大戦中、チャーチルは東南アジアの防衛が日本からの攻撃に不備であることはわかっていましたが、余力がなく断念しました）。

この選択肢は大国の「勢力範囲」政策を招くのではないかと懸念していたアメリカ国務長官コーデル・ハル（ルーズベルト大統領のもとで現在の国連の集団安全保障制度を実質まとめ上げたことでノーベル平和賞を受賞しました）でさえ、少なくとも（安保理の監督のもとでの）地域的取り決めは有益かもしれないと考えていたと言われています。

具体的には地域的取極・地域的機関（以下、あわせて地域的機関）に、地域的紛争の解決の任務（第五二条）の他、「強制行動」を取る権限を認めています（第五三条）。しかし、この場合の「強制行動」には国連安全保障理事会の許可を必要とします（第五三条一項）。

そのため、いかなる行動が「強制行動」にあたるかという問題が生じます。

たとえば、経済制裁などの非軍事的措置も「強制行動」に含まれ、その発動には安全保障理事会の許可を必要とするという見解があります。米州機構が一九六〇年にドミニカに対して、六二年にキューバに対してそれぞれ取った措置に対して、旧ソ連は安全保障理事会の許可が必要であるとしましたが、アメリカは許可を要しないという主張でした。

これに対して、軍事的措置は「強制行動」にあたり、その発動のためには許可を必要とします。今日でも、地域的紛争に対処するため地域的機関が平和維持活動を展開する例がみられ、それはむしろ増大していますが（リベリア、グルジア、シエラレオネ、タジキスタンなどについて）、これらも、その任務の内容によっては、強制行動を含みうると考えられるため、安保理の許可なく行うことが許されるかどうかは、問題となります（当然、国連憲章の趣旨から安保理の許可を必要とするとすべきです）。

今日の世界で、地域の安全保障グループを動員する権限があることの有用性は、むしろ高まっているかもしれません（アフリカ連合や東南アジア諸国連合など、有効に働いています）。いまや手を広げすぎた国連は、危機や戦争への対処をその地域の加盟国に請け負わせたいと期待を寄せています（もちろん、常に国連憲章の原則を尊重することを条件にしていますが）。いずれにしても、地域的機関は国際安全保障体制を補強する組織です。

《三》国連を形骸化させた国連憲章第五一条の挿入

さて、そこで憲章第五一条について述べましょう。

第五一条　この憲章のいかなる規定も、国際連合加盟国に対して武力攻撃が発生した場合には、安全保障理事会が国際の平和及び安全の維持に必要な措置をとるまでの間、個別的又は集団的自衛の固有の権利を害するものではない。この自衛権の行使に当って加盟国がとった措置は、直ちに安全保障理事会に報告しなければならない。また、この措置は、安全保障理事会が国際の平和及び安全の維持又は回復のために必要と認める行動をいつでもとるこの憲章に基く権能及び責任に対しては、いかなる影響も及ぼすものではない。

第五一条の集団的自衛権が挿入された経緯

個別的自衛権（自国を防衛する権利）は国連憲章成立以前から国際法上承認された国家の権利であったのに対し、集団的自衛権については同憲章成立以前にこれが国際法上承認されていたとする事例・学説は存在しません。

国連の設立の経緯で述べましたように、一九四四年にダンバートン・オークス会議において採択され、後に国連憲章の基となったダンバートン・オークス提案（ＤＯ案）には、個別的または集団的自衛に関する規定は存在しませんでした（つまり、第五一条も、集団的自衛権という概念も、ルーズベルトの原案にはありませんでした）。

その頃、米州諸国（ラテンアメリカ諸国）などいくつかの国は、第二次世界大戦終了後に、米州機構を中心に武力攻撃に対する相互援助条約を締結し、地域的共同防衛制度を設立することにしていました。

そこで、国連憲章第八章第五三条に定められた〝地域的機関〟に米州機構も名乗りを上げていましたが、その〝地域的機関〟の強制行動（共同防衛）には、安全保障理事会による事前の許可が必要とされることとなりました。ところが、その後、安全保障理事会の表決制度に拒否権が導入され（一九四五年二月のヤルタ会談で、ソ連のスターリンが要請し、チャーチルは反対しましたが、ルーズベルトは妥協しました）、その拒否権によって、〝地域的機関〟の強制行動（共同防衛）に必要な許可が得られなくなる事態が予想されるようになりました（たとえば、この米州機構の集団的自衛権を安保理に申し出てもソ連によって拒否される恐れが生じました)。

そこで、サンフランシスコ会議（一九四五年四月二五日〜六月二六日）におけるラテンアメリカ諸国の主張によって、安全保障理事会の許可がなくても共同防衛を行う法的根拠を確保するために、急遽、集団的自衛権が考え出されて国連憲章第五一条に明記されるに至ったと一般的に説明されていました。しかしこれは表向きの説明であって実際には次に述べるような経緯で、会議の途中で急遽、アメリカの一部の保守主義者によって、第五一条が挿入されました。

この間の事情は、国際法学者・祖川武夫の『国際政治思想と対外意識』(創文社、一九七七年刊)「集団的自衛―いわゆるUS Formulaの論理的構造と現実的機能―」によりますと、概略以下のように記されています。

「国際機構に関する連合国会議」（サンフランシスコ会議）の第三委員会の第四分科委員会は、一九四五年五月九日の第二会合で、いわゆるダンバートン・オークス提案（ＤＯ案）の地域的取り決めに関する部分について、参加諸国代表から提示された修正意見ないし修正案を分析・分類し、可能ならば一つにまとめる作業を行わせるために、一つの小委員会を設けることとしました。

さて、小委員会はさっそくその作業を進め、五月一五日の第四会合で、第四分科委員会に対する「中間報告」を採択しましたが、この報告には「諸修正案の分類表」が付けられていました（表は省略します）。しかし、期待されていた諸修正案の取りまとめは（正確には、取りまとめの可能性の検討は）まだ行われていませんでした。

アメリカ代表が、集団安全保障の世界的組織の創設（つまり、国連の集団安全保障の仕組み）といわゆる全米機構の継続的機能とを両立させるための修正案を練っていて、間もなく提出するつもりであると声明していたので、それとの関連で中南米諸国はその修正諸提案をとりあえず保留しておきました。

他方で早くも同じ五月一五日、アメリカ代表団は、国務長官声明という形で、一つの文書を公表しました。その英文が、いわゆるUS Formulaといわれるものでした。

このいわば予告の文書に続いて、五月二〇日には同じ国務長官声明の形で、二つめの文書が公表されました。この文書は、先の「声明」に基づいて、「会議」の地域的取り決め委員会に翌日には正式に修正・追加の提案がなされることに決まったことを告げていましたが、US Formulaの修文上の改善を図り、現在の国連憲章第五一条とほぼ同じ文章でした。

普通US Formula は、ラテンアメリカ諸国によってもたらされたいわゆる会議の危機に対処して、その紛議を収拾するために考案された解決策であるといわれていますが、果たしてその通りだったでしょうか。この間のことについて、アメリカ合衆国代表団の顧問として「会議」に参加したジョン・フォスター・ダレス（一八八八〜一九五九年）は、五年後の著書『War or Peace』の中で、次のように述べています。

「我々がサンフランシスコに集まったとき、我々は合衆国政府が最近に起こった二つの行動の間の矛盾、調整しがたい矛盾に直面することとなった。一つは、五大国の拒否権を認めたヤルタ会議での決定（一九四五年二月一一日）であるが、この決定をDO原案（一九四四年九月）に合わせて読むと、地域的取極に基づく強制措置は一切、五大国全部の同意を得た安全保障理事会の許可なしには、行われ得ないということになる。それがどういうことを意味するか……。もう一つは、一九四五年二〜三月メキシコ・シティの協定（チャプルテペク協定）は、アメリカの国（南北アメリカという意味）のどれ一つに対する攻撃も他のアメリカ諸国に対する侵略行為とみなされるという原則を定めるとともに、アメリカ諸国の間での侵略行動には兵力の使用を含めて共同の制裁措置を適用する組織的な手続きを確立するところの全米条約を締結することをリコメンドしているのである。このようなダンバートン・オークス＝ヤルタ方式とチャプルテペク方式との間の衝突は、サンフランシスコ会議の途中までは充分に気づかれなかった。それをはっきりと指摘したのは、ラテンアメリカ諸国代表との連絡を主に担当していたネルソン・ロックフェラーである。彼によると、それら諸国代表は、アメリカ諸国の地域的共同行動はおそらくソヴィエトの拒否権に服させられることになるであろうから、チャプルテペクの希望と約束も空しいものになると考えており、そのため、彼らの間には反乱の機運が醸成されつつあるというのである。五月五日（一九四五年）の夕、ロックフェラーはこの事について合衆国代表の一人、ヴァンデンバーグ上院議員と話し合い、そうして後者は、その夜のうちに国務長官ステチニアス宛の手紙を書き取らせ、その中で、アメリカ諸国の地域的アソシエーションにソヴィエトの拒否権から離れて自由に作動することを許すような方途が見つけられなくてはならない旨を極力強調したのである。しかし、問題の解決は容易ではなかった」

ということで、まず合衆国代表団内部の意見の深い対立は、大統領（トルーマン）に請訓し、その指令を得て決定されました。次いで、ソヴィエト代表の同意を勝ちとるために、この期に及んで取引できる材料も持たなかったので、最良の外交マナーからは外れた思い切った手があえて打たれることとなりました。実質的な交渉の相手方ソヴィエトの内諾を得ないまま、五月一五日、国務長官ステチニアスは、ダレスとともに準備した一つの新聞発表を行い、その中で、世間一般に対していわゆるUS Formulaにコミットしてみせたのです。

「この手は成功した。ソ連代表は、最初は、我々が公然と提唱した案を受諾することを拒否したが、結局は屈したのである（ダレスの言葉）」

他方―最も肝心な―ラテンアメリカ諸国の代表たちとの折衝はどうしたのでしょう。ダレスは、ホテル・フェアモントのペントハウスでの会合のことについて、次のように語っています。

「彼らは、我々の提案した章句にまったく満足したわけではなかった。彼らにとって、collective self-defense（集団的自衛権）の二語がそんなに大きな問題を解決できるなどと信じることは困難だったのである。彼らは、憲章の中でチャプルテペク協定にはっきり言及すること、そのようにして安全保障理事会の拒否権にしばられるコントロールから彼らを特別に外すということの方を強く望んでいた。しかし、ホテル・フェアモントでの会合のあとでは、彼らは我々のUS Formulaに同意することになった。この会合で、（ともに合衆国代表団のメンバーであった）コナリー、ヴァンデンバーグ両上院議員が、チャプルテペク協定で目論まれていた全米条約を早期に達成することを、合衆国の名誉にかけて、誓ったからである」

このようにして国連憲章第五一条の集団的自衛権が登場してきたことを述べて、国際法学者・祖川武夫は、いわゆるラテンアメリカの危機とUS Formulaによる解決という経過は、むしろ次のように理解できると述べています。

「アメリカ合衆国の当時の政策を規定していたものは、初期冷戦政策であって、東欧解放地域問題を経て、やがて原爆投下作戦にはっきりと露呈されてくるところの一貫した対ソ戦略でした。中南米諸国が紛争の平和的処理に関して地域システムの優先性を確実に保障するために具体的に細かく提案したものはほとんど顧みられず、US Formulaとして現れた解決方式は、実に地域的取極とは本来無縁な、軍事技術的に立った諸提案のうち、構造においてもっとも単純な、それだけ効果においてもっとも破壊的なフランス（及びトルコ）の提案に拠っていたのです。

アメリカ合衆国の対ソ政略が、一般的機構の枠組作りの中で、ラテンアメリカ諸国の地域主義の持つ何ほどかの正当性を僭称しながら、フランスなどの強力な軍事的主張を梃子にして、アメリカ合衆国自らの政策を貫徹させたのです。フランスは「安全保障理事会に届け出た救助条約が規定している緊急措置は（安全保障理事会の許可なしに）行いうる、措置は速やかに安全保障理事会に報告すべきものとする」と提案していました」

以上、サンフランシスコ会議の舞台裏でアメリカ合衆国がすでに始まっていた対ソ戦略の一環として、のちに反共の闘士といわれるジョン・フォスター・ダレス（のちのアイゼンハワー大統領のときの国務長官）などが暗躍して、トルーマン大統領の指示を受けて、第五一条の集団的自衛権を挿入しました。これによって、国際連合の集団安全保障制度の概念は、国連を創設したルーズベルトやコーデル・ハルなどの意図（DO原案）とは大きく顛倒《てんとう》したものとなりました。

このようなことで、国際憲章第五一条の個別的自衛権と集団的自衛権が挿入されましたが、個別的自衛権とは、（いわば個人の「正当防衛」のようなもので）「自国が他国からの武力攻撃に対し、実力をもってこれを阻止・排除する権利」であり、各国とも個別的自衛権を保持していると以前から国際法上固まっていました。これに対し集団的自衛権については、国連憲章第五一条ではじめて出てきたもので、定義も明確ではありませんでした。

集団的自衛権の学説

現在では、この国連憲章第五一条の集団的自衛権については、祖川武夫の『国際法と戦争違法化』（信山社出版、二〇〇四年刊）を参考に解釈しますと以下のようになります（三つの学説があるとしていますが、一つは明らかに個別自衛権ですので、それを除いて二つとして説明します）。

①集団的自衛権の一つの考え方は、図一〇のように、X国がY国に対して武力攻撃を行った場合、Y国は個別的自衛権を行使できるようになります。その一方で、被害国でないZ国は、Y国に支援を与えることができ、X国に対して武力を行使することが許されると考えることです。

たとえば、国際法学者ハンス・ケルゼン（一八八一～一九七三年）は、「いやしくも集団的自衛権が意味を持つとすれば、それは、武力攻撃を受けた国が自らを防衛することを意味するだけでなく、支援に駆けつけた他国も武力攻撃を受けた国を防衛することを意味する」と述べています。

この定義によりますと、集団的自衛権を行使するのはどこの国でもよいことになります。

ただ、ケルゼンに言わせれば、こうした集団的自衛権は組織されたものであるので、実効的なものにするためには、武力攻撃の発生以前に、集団防衛の取り決めが必要であり、それがなければ、まったくの幻想に終わることになると述べています（つまり、事前に同盟などの関係がなければなりません）。

②もう一つの考え方は、死活利益を防衛する権利です。つまり、図一〇のように、X国がY国に対して武力攻撃を行ったとして、Z国がY国に死活利益を有する場合に、Z国の死活利益を害するX国の武力行使をZ国に対する武力攻撃とみなし、X国に対して武力を行使することが許されると考えることです。他国への攻撃が自国の死活問題となる関係とは、

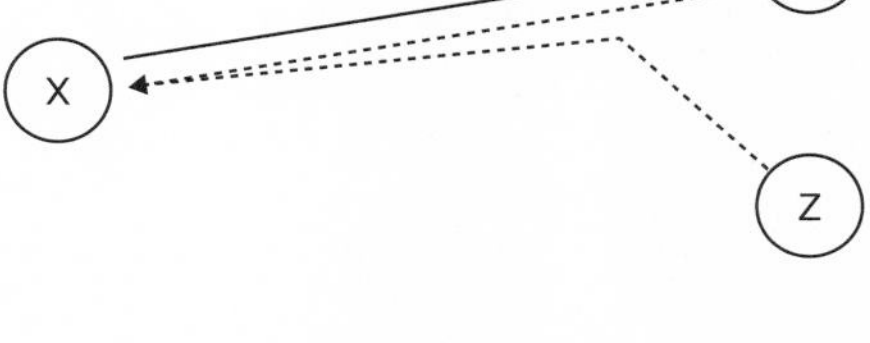

図一〇　集団的自衛権の学説

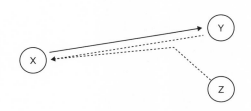

同盟関係ではなく、保護国、属国のような関係となるでしょう。この考え方は、我が国の通説でもありました。

このように、集団的自衛権に関しては二つの学説があるようですが、国際司法裁判所（ＩＣＪ）の判例から（ニカラグア事件の判例など、あまり多くはありません）、集団的自衛権の概念規定を行ってみます。

まず、①の要件として、「武力攻撃の被害国は、武力攻撃を受けているという認識を形成し宣言しなければならない」。さらに、「武力攻撃の被害国であるとみなす国家が、援助の要請をしない場合、集団的自衛権の行使を認める法規則は存在しない」と述べ、第二の要件を明らかにしています。つまり、集団的自衛権の場合には、被害国が武力攻撃について宣言し、かつ援助の要請を第三国に行うことが必要であるとしています。

結論として、ＩＣＪは、「武力攻撃の被害国である国家が援助の要請を行わなければならないという要件は、当該国家が、武力攻撃を受けていることを宣言しているべきであるという要件に追加される要件である」としています。つまり、被害国が宣言を行い、援助の要請を行う限り、どこの国であっても、集団的自衛権が行使できるということになります。

集団的自衛権は、結局、①と②の場合ですが、いずれにしても、原則として、他者を防衛する権利、つまり他衛権であるとみなされるようになっています。何でもない他者を防衛することはないから、①、②のZ国とY国は同盟関係か、宗主国と属国などのような関係にある場合が多いことになります（たとえば、Y国が日本、Z国がアメリカとみなしますと、①の場合は日米安保による同盟関係となり、②の場合はアメリカが日本の宗主国、日本はアメリカの属国というような関係になるでしょう）。

個別的自衛権と集団的自衛権の厳密な要件

ここで憲章第五一条に返って述べましょう。

第五一条　この憲章のいかなる規定も、国際連合加盟国に対して武力攻撃が発生した場合には、安全保障理事会が国際の平和及び安全の維持に必要な措置をとるまでの間、個別的又は集団的自衛の固有の権利を害するものではない。この自衛権の行使に当って加盟国がとった措置は、直ちに安全保障理事会に報告しなければならない。また、この措置は、安全保障理事会が国際の平和及び安全の維持又は回復のために必要と認める行動をいつでもとるこの憲章に基く権能及び責任に対しては、いかなる影響も及ぼすものではない。

国連憲章第五一条は次のような要件を規定しています。第一に、第五一条にあるように、武力攻撃の発生という実質的要件、第二に、安全保障理事会が必要な措置を取るまで行使できるという時間的要件、第三に、安全保障理事会への報告という手続的要件です。こうした要件は、個別的自衛権と集団的自衛権に共通の要件です。

国連憲章第五一条では明記されていませんが、それ以外に、必要性と均衡性という二つの要件が慣習法上課されています。

均衡性とは、自衛のための行動は、武力攻撃を撃退するために必要な限度内に限られ、かつ、攻撃行為と均衡を失するものであってはならないというもので（均衡性の原則）、カロライン号事件以来確立された要件です。従って、軽微な攻撃に対して大規模な軍事行動を起こしたり、攻撃を撃退した後、逆に相手国の領土に侵入・占領したりして、これを併合するようなことは自衛の限度を越えたものであって許されません。

カロライン号事件とは、一八三七年にイギリス領カナダで起きた反乱に際して、反乱軍がアメリカ船籍のカロライン号を用いて人員物資の運搬を行ったため、イギリス軍が越境してアメリカ領内でこの船を破壊した事件で、自衛権の概念を確立した上で重要でありますが、ここでは省略します。

以上のようなことから、第五一条の（個別的）自衛権問題を整理すると、次のようになります（以下、有斐閣『国際法〔第五版〕』松井芳郎、二〇〇七年刊）によります）。

第一に、自衛権を行使できるのは「武力攻撃」に対してであります。単なる権利侵害や義務違反に対して自衛権を行使することはできません。自衛権行使の対象となる武力攻撃とは、武力行使のうち「もっとも重大な諸形態」のものを指し、「それほど重大でない諸形態」のものに対しては、自衛権ではなく、「均衡のとれた対抗措置」を取ることができるにとどまります（国際司法裁判所［ＩＣＪ］のニカラグア事件判決。戦前の満州軍などがちょっとした武力衝突からすぐ、自衛権の侵害であるとして一二時間の最後通牒を発して、時間切れを狙って大陸で新たな戦争を連発していきました）。国連憲章第二条四に違反する武力行使のすべてが自衛権行使の対象になるわけではないのです。

他方、自決権（民族自決権。自衛権ではない）の確立に伴い、植民地本国の武力行使による抑圧行為は違法な武力攻撃にあたり、植民地人民の解放闘争は自衛権の行使にあたると考えられるようになりました。

なお、私的な武装集団によるテロ攻撃を理由として他の国家や国家領域に対して自衛権を行使できるのは、武力攻撃に相当するほどの重大性を有する武力行使（テロ攻撃）を他国に対して実行する武装集団がその国により、またはその国家のために、派遣されるか、当該武力行使（テロ攻撃）に対してその国が実質的に関与している場合だけです（侵略の定義決議第三条）。

第二に、自衛権は、武力攻撃が現に行われているか、あるいは今まさに行われようとしている場合に限って、個別国家の判断に基づく武力行使を認めるという急場の例外的な権利でありますから、相手の攻撃を見越して先に攻撃する先制自衛や予防的自衛は許されません。武力攻撃がいったん終息したのちに、それに対する報復や再発防止を目的として武力を行使するのも自衛権の行使とは言えません。これらの場合には、国連の集団安全保障制度に訴えることが可能であり、個別国家の判断に基づく武力行使を認めなければならない緊急の必要性が存在しないからです。

九・一一テロ事件以来、アメリカのブッシュ政権は、脅威が確実であれば攻撃の時間と場所が不確かであっても先制的に行動するという「先制攻撃戦略」を採用し（ブッシュ・ドクトリン）、アフガニスタン攻撃やイラク攻撃を実行してきましたが（後述します）、そのような戦略と行動は、現代国際法が達成した戦争・武力行使の違法化を根底からくつがえすものと言えます。

第三に、憲章五一条には明記されていませんが、カロライン号事件以来確立した要件として、自衛のための行動は、武力攻撃を撃退するために必要な限度内に限られ、かつ、攻撃行為と均衡を失するものであってはなりません（均衡性の原則）。したがって、軽微な攻撃に対して大規模な軍事行動を起こしたり、攻撃を撃退した後、逆に相手国の領土に侵入・占領したりして、これを併合するようなことは自衛の限度を越えたものであって許されません（前述の九・一一テロ事件によって、アメリカのブッシュ政権が、アフガニスタン攻撃を開始し国家を破綻させてしまったのは均衡性を欠くものでした。イラク攻撃でイラクを破綻させたのは、九・一一テロ事件を起こしたアルカイダとも関係がなく、憲章第五一条とまったく関係のない、違法戦争であったといえます。後述します）。

《四》米ソ冷戦時代の戦争

国連の集団安全保障制度を空洞化させたアメリカ的（ソ連的）集団安全保障制度

アメリカは、さっそく一九四七年九月二日にこの国連憲章第五一条を利用して、アメリカ及び中南米の二一ヶ国、合わせて二二ヶ国の間で、全米相互援助条約という安全保障条約を結びました。チャプルテペック協定の発展したものであり、リオ・デ・ジャネイロにおいて署名され、翌年一二月三日発効しました。国連憲章に規定する集団的自衛権に基づいて相互援助ないし共同防衛を組織化するというものでした。

次は一九四九年にできた北大西洋条約機構（NATO）でした。北大西洋条約第五条は、いずれかの締結国に対して武力攻撃が行われた場合には、「各締約国が、国際連合憲章第五一条によって認められている個別的又は集団的自衛権を行使して、北大西洋地域の安全を回復し及び維持するために、兵力の使用を含めてその必要と認める行動を、個別的に及び他の締結国と共同して直ちに執ることによって、右の攻撃を受けた一以上の締約国を援助する」と規定しています。これでは国連の集団的安全保障制度が出る幕がどこにもありません。国連に諮ることなく、実質、アメリカの意向によって、アメリカ的集団安全保証制度によって、すべて処理されるようになったのです。

北大西洋条約機構（NATO）ができると、ソ連も、これに対抗した共同防衛体制であるワルシャワ条約機構（WTO）を第五一条の集団的自衛権に基づいて構築しました。結局、この第五一条の集団的自衛権が拡大解釈されて、NATOやWTOになってしまったのです。

安保理事会では常任理事国が拒否権を持っていますから、常任理事国やそれに支持された国（つまり、常任理事国の同盟国）による自衛権行使の主張が否認されることはありません。つまり、五人の警察官に世界の安全保障を任せようとする本来の国連の趣旨が全く裏切られて、その逆、人類古来の恐怖心につけ入って、寄らば大樹の影と拒否権を持った万能の五人（実際には米ソの二人、将来は米ロ中の三人かもしれません）の警察官に世界の他の国々がすり寄っていって同盟の形成を促進することになってしまいました（本書では取り扱いませんでした原水爆の核の傘もあり、それが同盟化を促進することになりました。原水爆の廃絶問題については拙著の『人類はこうして核兵器を廃絶できる　核兵器廃絶へのシナリオ』〔幻冬舎、二〇二二年一一月刊〕に詳述しています）。

同盟国にとってはこれほど頼りがいのある警察官はいませんが、それから外れた国（非同盟国）にとっては、危険な暴力団のボスと映っています。第二次世界大戦後、独立した多くの国々が第三世界（非同盟諸国）を形成しましたが、それも結局、切り崩されて米ソの同盟に吸収されていきました。それに外れた国が核武装などをしようとするのは当然と言えば、当然です。

こうして国連の集団安全保障制度は、できた瞬間から、その基盤を掘り崩され、第二次世界大戦前の勢力均衡の世界に逆戻りしてしまったのです。つまり、ルーズベルトらが緻密に練り上げた戦争放棄の仕組みである国連の集団安全保障制度は、実質的に同盟国の安全保障だけを図るアメリカ的（あるいはソ連的、将来は多分、中国的）集団的自衛権に取って代わられたのです。しかも質《たち》が悪いことには、彼らはそれを国連の集団安全保障制度と言って世界の人々を惑わせているのです。つまり、羊頭狗肉《ようとうくにく》です。

アメリカは、南北アメリカでは全米相互援助条約、ヨーロッパでは、北大西洋条約機構を作ったのに引き続き（ソ連はそれに対抗してワルシャワ条約機構を形成しました）、アジアでも反共陣営の強化を図り、一九五〇年に米タイ軍事協定、五一年に米比相互防衛条約、太平洋安全保障条約（オーストラリア、ニュージーランド、アメリカ）、日米安全保障条約を結び、朝鮮戦争終結後の一九五三年には米韓相互防衛条約、五四年には米華（台湾）相互防衛条約を結びました。さらに、インドシナ休戦協定成立後の五四年には東南アジア条約機構（SEATO）、五五年には中東条約機構（METO）を結成し、集団防衛体制を固めました。

なお、東南アジア条約機構（SEATO）の参加国はアメリカ、イギリス、フランス、オーストラリア、ニュージーランド、タイ、フィリピン、パキスタンであり、中東条約機構（ＭＥＴＯ）の参加国は、イラク、トルコ、パキスタン、イラン、イギリスでした（アメリカはオブザーバー参加でしたが、アメリカはこの機構には軍事・経済的援助を行いました）。

これだけの同盟関係、同盟条約を結んでおけば、どんなことでもアメリカは世界中で「アメリカ的集団的自衛権」の発動という名目で介入できました。アメリカは拒否権を持っていますから、第五一条の自衛権の制約、たとえば攻撃があろうとなかろうと、短期間であろうと無期限であろうと、報告しようとしまいとどうでもできました。

いったん、根っこのところで、知恵（悪知恵）を出して、方向を変えると、民主国家であろうと、独裁国家であろうと、官僚が統治しているのは同じですから、その後は次々と知恵（悪知恵）が積み重ねられ、どうにも止まらないことになってしまうことは、いままでの歴史で縷々述べてきたことです（「創造と模倣・伝播の法則」）。

国連憲章第五一条の集団的自衛権もその道を歩むことになり、米ソ冷戦はこの「国連によって認められた集団的自衛権」を隠れ蓑にして、どうにも止まらなく進行し、国連本来の集団安全保障制度を失墜させてしまい、地球上を核ミサイルで覆ってしまいました。

国際連合の集団安全保障制度が軌道に乗っていれば、人類は国家間の戦争には終止符が打たれたはずでした（二〇世紀後半は植民地が独立する時期でもありましたので、独立戦争や国内の内戦などが増えたことはやむを得ないとしても）。しかし、この時期（米ソ冷戦期）にも相も変わらず、戦争が多発しました。

戦後、最も多く戦争をした覇権国家アメリカ

それでは第二次世界大戦後の七五年間で、最も多く戦争し、最も多く国連憲章違反を繰り返した国はどこでしょうか。

それは、実はアメリカでした。アメリカは建国以来二三五年間で四一回（五年に一回）の戦争を行っていますが、第二次世界大戦後、二〇一一年までの六八年間で三二回の戦争・武力行使を行っています（二年に一回）。前述しましたように国連憲章は自衛以外の戦争・武力行使を禁止しています。国連憲章第五一条は「この憲章のいかなる規定も、国際連合加盟国に対して武力攻撃が発生した場合には、……をとるまでの間、個別的または集団的自衛の固有の権利を害するものではない」となっていますが、二年に一回の割合でアメリカに戦争・武力行使をしかけた国があったのでしょうか。実は超大国アメリカに戦争をしかけたのは戦前の日本しか、まだありません。すべてアメリカからしかけています。

アメリカは、第二次世界大戦終結後から冷戦終結までの時期も、冷戦終結後からも、戦争や武力行使を頻繁に繰り返してきました。覇権国のゆえんといわれています。また、アメリカ憲法で「議会による宣戦布告」を義務づけながら、第二次世界大戦の対日・対独を最後に、「議会による宣戦布告」が実行された戦争はありません。あとで国際憲章違反を問われないように宣戦布告はしなくなったのです。

第二次世界大戦終結・国連設立以後のアメリカの戦争・武力行使の事例は表一のように三二件ありますが、このうち国連安保理の承認がある戦争・武力行使は、一九五〇〜一九五三年の朝鮮戦争（ソ連が欠席で安保理決議が成立した変則的なものでした）、一九九一年の湾岸戦争（第一次イラク戦争）、一九九二〜一九九四年のソマリアへのPKFの派遣、一九九四〜一九九五年のハイチへのPKFの派遣、二〇〇三年のリベリアへのPKFの派遣、二〇〇三年のハイチへのPKFの派遣でした（以上六件）。PKFの四件は当然国連の要請によるもの、それ以外の二件は国連の決議による制裁行動でした。それ以外のあとの二六件は国連の言う「自衛」戦争（憲章第五一条のように攻撃を受けた場合だけ反撃できる）でもありませんでした。つまり、他の二六件、八一％はすべて自分から攻撃をかけた国連憲章違反でした。

表一　第２次世界大戦後のアメリカの武力行使

◎①1950年6月～1953年7月、朝鮮戦争
②1858年7月～1958年10月、1958年のレバノン派兵
③1961年4月、キューバ侵攻・ピッグス湾事件
④1961年11月～1973年3月、ベトナム戦争
⑤1965年4月～1966年7月、ドミニカ共和国派兵
⑥1970年4月～1970年6月、カンボジア侵攻
⑦1971年2月～1970年6月、ラオス侵攻
⑧1982年8月～1984年2月、レバノン派兵
⑨1983年9月～1984年4月、ニカラグア空爆（国際司法裁判所で国連憲章違反の判決）
⑩1983年10月、グレナダ侵攻
⑪1986年4月、リビア空爆
⑫1988年7月、イラン航空機撃墜事件
⑬1989年12月、パナマ侵攻
◎⑭1991年1月～1991年3月、湾岸戦争
◎⑮1992年12月～1994年3月、ソマリア派兵（国連のPKFの派遣）
⑯1993年1月、イラク空爆
⑰1993年6月、イラク空爆。
◎⑱1994年9月～1995年3月、ハイチ派兵（国連のPKFの派遣）
⑲1995年8月～1995年9月、ボスニア・ヘルツェゴビナ空爆
⑳1996年9月、イラク空爆
㉑1998年8月、スーダン空爆
㉒1998年8月、アフガニスタン空爆
㉓1998年12月、イラク空爆
㉔1999年3月、コソボ空爆
㉕2001年2月、イラク空爆
㉖2001年10月～現在も継続中、アフガニスタン戦争
㉗2003年3月～、イラク戦争
㉘2003年4月、イラクの占領統治開始。
◎㉙2003年2月～2003年6月、ハイチ派兵（国連のPKFの派遣）
◎㉚2003年8月～2003年9月、リベリア派兵（国連のPKFの派遣）
㉛2007年1月、ソマリア空爆
㉜2011年3月、リビア攻撃

（◎国連の制裁行動とPKO、つまり合法的な６件）

アメリカは外交政策において、アメリカ政府・議会の多数派の目的と、政治的、経済的、軍事的な利益を追求することに都合が良いと判断した場合には（つまり、国益のためには）、非民主・独裁政権を支援することもありました（現在もそうしています）。アメリカ政府は武力行使の目的として、いつでも自由・民主主義・人権などを掲げていますが、それは名目だけで実際には民主国家の支援に徹しているわけではありません。アメリカの都合によって（あるいは大統領の都合によって）、戦争・武力行使を行っていて、名目はいつでも「自由と民主主義、人権など人類の普遍的価値」となっているのです。そのアメリカの同盟国もおうむ返しのように「自由と民主主義、人権など人類の普遍的価値のために」と言うように訓練されているのです。それが国民国家としての国益になるからです。

新たに加わった国際連合平和維持活動

このように、国連はできましたが、国連の戦争防止という機能はほとんど実現できなくなってしまいました。そのため、国連ができても戦争は絶えませんでした。その国連に、国連の当初の目的に入っていなかったのですが、途中から追加されたものがありました。それがＰＫＯです。戦争を後始末する機能の追加でした。

国際連合平和維持活動（ＰＫＯ、Peacekeeping Operations）は、紛争において平和的解決の基盤を築くことにより、紛争当事者に間接的に紛争解決を促す国際連合の活動です。ＰＫＯに基づき派遣される各国軍部隊を平和維持軍（ＰＫＦ、Peacekeeping Force）といいます。

一九四七年一一月、国連総会は国連パレスチナ問題特別委員会が提出したパレスチナ分割決議案（パレスチナを分割してアラブ人国家とユダヤ人国家を創設し、エルサレムを国際管理下におくというもの）を承認する決議を採択しましたが、同決議はパレスチナ・アラブ人にもアラブ諸国にも受け入れられませんでした。その後、同決議に基づき一九四八年五月にイスラエルが独立を宣言したところ、これを認めない周辺アラブ諸国がイスラエルに宣戦を布告し、第一次中東戦争が勃発しました。

安保理は同月決議五〇を採択し、休戦を呼びかけ、一九四八年六月に和平監視のために送られた軍事監視団が国連休戦監視機構（ＵＮＴＳＯ）で、これがＰＫＯの第一の例となりました。

次の例が、一九四九年のインド・パキスタン停戦後にカシミールへ派遣された事実調査・監視団（ＵＮＭＯＧＩＰ、国連インド・パキスタン軍事監視団）でした。

一九五五年にエジプト軍とイスラエル軍がガザ地区で衝突し、イスラエルはシリア国境の戦略要地を攻撃しました。翌年には、ナセルによるスエズ運河の国有化、イスラエルの侵攻、英仏によるエジプトへの軍事介入へと発展しました。いわゆる「スエズ危機」の発生です。常任理事五ヶ国のうち二ヶ国（イギリス、フランス）がその紛争に深くかかわっており、安保理は麻痺状態に陥りました。

このとき、カナダのレスター・Ｂ・ピアソンの提唱によって、第一次国際連合緊急軍（ＵＮＥＦ Ｉ）が創設され、危機を鎮圧しました。これが国際連合平和維持活動の元となりました。これにより、ピアソンは一九五七年にノーベル平和賞を受賞し「国連平和維持活動の父」と呼ばれています。

こうして、青いヘルメットをかぶった軽武装の監視部隊や国境警備部隊のイメージが一般的に認められた国連軍の典型となり、平和維持活動の原型が確立したのです。その後、地味ではありますが、国連は国連平和維持活動（ＰＫＯ）を続けていますが、省略します。

《五》国連設立の趣旨を戦後七〇年堅持した日本

前記のように国連憲章第五一条に集団的自衛権が挿入され、国連の集団的安全保障制度が空洞化されて、世界では第二次世界大戦後も戦前と同じように戦争が絶えなかったのですが、ここに国連設立の本来の趣旨（これは人類の進むべき道を示しています）を踏まえて、自国憲法で集団的自衛権を容認しないで、第二次世界大戦後一度も戦争に巻き込まれることがなかった国がありました。それは日本でした。以下に人類史上、希有な事例となった日本国憲法と国連憲章の関係を述べることにします。

日本国憲法制定の経緯

国際連合憲章は、一九四五年四月二五日から六月二六日にかけてのサンフランシスコ会議で連合国五一ヶ国の代表によって採択されたことは述べました。このときドイツは降伏していましたが、日本は沖縄戦が終わった頃でした。

一九四五年八月一四日に日本はポツダム宣言を受諾して降伏しました。

一九四五年八月三〇日には連合国軍最高司令官ダグラス・マッカーサーが厚木に到着し、直ちに総司令部（GHQ）を設置し、日本に対する占領統治を開始しました。

マッカーサーの最初の仕事は、戦争犯罪人の究明とその逮捕及び処分でした。トルーマン大統領が、極東委員会（日本の占領政策を決める米ソ英など一一ヶ国からなるGHQの上部機関）やアメリカ世論は、日本の軍国主義、とくに天皇制に対して厳しくなってきていることを伝えてきていました。

日本に詳しいマッカーサーは、ここで天皇制に手をつけると大変なことになることはわかっていました。むしろ天皇制に則って統治した方がうまくいくと考えていましたが、アメリカでだんだん厳しくなっていく天皇の戦争責任論をどうしたらうまく説明したら良いかと思案していました。

一九四五年一〇月五日、東久邇宮内閣は総辞職し、一〇月九日に幣原喜重郎《しではらきじゅうろう》内閣が成立しました。同一一日、幣原首相が新任の挨拶のためマッカーサーを訪ねた際、マッカーサーは口頭で「憲法の自由主義化」の必要を指摘しました。

幣原内閣は、松本烝治《じょうじ》・国務大臣を委員長とする憲法問題調査委員会（松本委員会）を設置して、憲法改正の調査研究を開始しました。松本委員会では、調査会（小委員会）

は一五回開催され、一九四六年一月九日に松本委員長の「憲法改正私案」を提出しました。その「憲法改正四原則」の概要は次の通りでした。

①天皇が統治権を総攬するという大日本帝国憲法の基本原則は変更しないこと。
②議会の権限を拡大し、その反射として天皇大権に関わる事項をある程度制限すること。
③国務大臣の責任を国政全般に及ぼし、国務大臣は議会に対して責任を負うこと。
④人民の自由及び権利の保護を拡大し、十分な救済の方法を講じること。

他方、松本委員会による憲法改正の調査活動が進むにつれ、国民の間にも憲法問題への関心が高まりました。松本委員会の動き、各界各層の人々の憲法に関する意見なども広く報道され、政党や知識人のグループなどを中心に、多種多様な民間憲法改正案が発表されました。しかし、その多くは松本委員会案を含めて大日本帝国憲法に若干手を加えたものであって、大改正に及ぶものは少数でした。はたして、これで日本がポツダム宣言受諾のときに国際的に約束した事項が果せるといえるかどうか疑問でした（前述しました極東委員会や厳しいアメリカ世論などを納得させることができるか懸念されました）。

つまり、ポツダム宣言を受諾した（国際社会に約束した）のですから、当然、以下のような点は、新憲法に反映されなければならないことでした。

①軍国主義を排除すること。
②民主主義の復活強化へ向けて一切の障害を除去すること。
③言論、宗教及び思想の自由並びに基本的人権の尊重を確立すること。

GHQは、当初、憲法改正については過度の干渉をしない方針でした。しかし、GHQは、一九四六年の年明け頃から、松本委員会や民間の憲法改正草案に注目しながら、一月中は、憲法改正に関する内部の準備作業を続け、日本政府による憲法改正案の提出を待つ姿勢を取り続けました。

マッカーサーは、天皇制を残すことと軍国主義復活の懸念をどう説明するか、思いあぐねていました。一九四六年一月二四日にマッカーサーは幣原首相と会談したとき、「天皇制を残すといつまた日本が軍国国家になってしまうかもしれないとアメリカ人は心配しているんだ」と言ったところ、幣原は個人的な意見としながらも（その前の一二月、幣原は風邪で倒れ、病床でつくづく考えていました）、「日本人はみな、もう戦争はこりごりだと思っています。軍隊を持たなければ戦争をすることもないでしょう」と皇室の護持と戦争放棄の考えを幣原の側からマッカーサーに述べたとされます。

マッカーサーはできたばかりの国連のことも、その集団安全保障制度の仕組みももちろん知っていたのでしょう（多分、この時点では憲章第五一条の集団的自衛権がどう運用されるようになるかまではわからなかったと思われます）。そうか、国連の集団安全保障の仕組みの中で最初に憲法を持つ日本を戦争放棄させ、平和国家にさせる、これなら「天皇制を残してどうして日本がまた軍国国家にならないと言えるのか」といきり立っているアメリカ内外の連中を説得することができるし、極東委員会のうるさ方も黙らせることができるとマッカーサーは考えました。

一九四六年二月一日、「憲法改正要綱」（松本試案）がGHQに提出される前に、毎日新聞が「松本委員会案」なるスクープ記事を掲載しました。政府は直ちに、このスクープ記事の「松本委員会案」は実際の松本委員会案とは全く無関係であるとの談話を発表しました。しかし、この記事を分析したGHQのホイットニー民政局長は、それが真の松本委員長私案であると判断し、また、この案について「極めて保守的な性格のもの」であり、世論の支持を得ていないこともわかりました。

そこでGHQは、このまま日本政府に任せておいては、極東委員会の国際世論（特にソ連、オーストラリア）から天皇制の廃止を要求される恐れがあると判断し、GHQが草案を作成することを決定しました。その際、日本政府からGHQに「受け容れ難い案」を提出された後に、その作り直しを「強制する」より、その提出を受ける前にＧＨＱから「指針を与える」方が、戦略的に優れているとも分析しました。

一方、内閣は一九四六年一月三〇日から二月四日にかけて連日臨時閣議を開催して松本私案を審議し、二月七日、松本は「憲法改正要綱」（松本試案）を天皇に奏上し、翌八日に説明資料とともにＧＨＱへ提出しました。この「憲法改正要綱」は内閣の正式決定を経たものではなく、まずＧＨＱに提示して意見を聞いた上で、正式な憲法草案の作成に着手する予定でした。

二月三日、マッカーサーは、ＧＨＱが憲法草案を起草するに際して守るべき三原則を、憲法草案起草の責任者とされたホイットニー民政局長に示しました。これが「マッカーサー・ノート」でした。その三原則の内容は以下の通りでした。

①天皇は国家の元首の地位にある。皇位は世襲される。天皇の職務及び権能は、憲法に基づき行使され、憲法に表明された国民の基本的意思に応えるものとする。

②国権の発動たる戦争は、廃止する。日本は、紛争解決のための手段としての戦争、さらに自己の安全を保持するための手段としての戦争をも、放棄する。日本はその防衛と保護を、今や世界を動かしつつある崇高な理想に委ねる。つまり、本来の国際連合の安全保障

制度に任せる。日本が陸海空軍を持つ権能は、将来も与えられることはなく、交戦権が日本軍に与えられることもない。

③日本の封建制度は廃止される。貴族の権利は、皇族を除き、現在生存する者一代以上には及ばない。華族の地位は、今後どのような国民的または市民的な政治権力をも伴うものではない。予算の型は、イギリスの制度にならうこと。

マッカーサーは当初、自衛権（個別的自衛権）の放棄も意図していたので、「マッカーサー・ノート」では、「日本は、紛争解決のための手段としての戦争、さらに自己の安全を保持するための手段としての戦争をも、放棄する」としていましたが、ＧＨＱ原案の作成にあたった運営委員会の法律家らが自衛権（個別的自衛権）の否定は不適当だといったので（個別的自衛権はすでに第二次世界大戦前から認められていたし、国連憲章でも認められているので）、その点は改められて、「マッカーサー（ＧＨＱ）草案」では、自衛権（個別的自衛権）は最初から認められていました。それは、マッカーサー・ノートでついていた「even for preserving its own security」（自己の安全を保持するための手段としての戦争をも）が「マッカーサー（ＧＨＱ）草案」ではなくなっていますので、米側の意図は自衛権（個別的自衛権）を認めていたのは確かです。しかし、次のように「マッカーサー（GHQ）草案」では、自衛権（個別的自衛権）については明示されてはいなかったので、後述するような問題が起こったのです。

「マッカーサー（GHQ）草案」の第二章　戦争の廃棄

第八条 国民の一主権としての戦争は之を廃止す他の国民との紛争解決の手段としての武力の威嚇又は使用は永久に之を廃棄す

陸軍、海軍、空軍又は其の他の戦力は決して許諾せらるること無かるべく又交戦状態の権利は決して国家に授与せらるること無かるべし

この「マッカーサー（GHQ）草案」では自衛権（個別的自衛権）を保持しているとも、保持していないとも記されていないのでわかりません（古来、個別的自衛権を持つことは当然でしたので、わざわざ書かなかったのでしょう）。当時、この草案について、GHQと折衝した者もこの点を確かめなかったようです。その時点では、日本側もわからなかったようですが、のちにアメリカでは公文書などが公開されたので、また、マッカーサーも後年の回想録の中で憲法九条は自衛権まで放棄したものではないと述べているので、憲法第九条は最初から「自衛権あり」でよかったのです。

確かに、この二つの文章の関係がよくわからず、のちの芦田試案の「前項の目的を達す

るために」を入れると、文章としてはよくわかるようになりましたが、これでも自衛権（個別的自衛権）を認めているかどうかはわかりません。

当時の官僚が国連憲章を知らなかったわけではないでしょうが、自衛権との関連をアメリカに尋ねなかったようです。尋ねればGHQは自衛権は認められると答えたでしょう（確かめて、個別的自衛権は当然あるとなれば、日本側もそれがわかるように修文したでしょう）。そのような意味で、芦田修正には、文意を明確にするという点で意味がありましたが、アメリカ側は、もともと自衛権ありと思っていたので、そのような修正があっても何も言わなかったのでしょう。

日本ではその後、（自衛権はないという考えから、なにがしかの自衛権が本来あるという説に）自衛権の解釈を変えたという説が出てきましたが、日本国憲法のこのような作成の経緯から最初から「自衛権（個別的自衛権）はあった」ので、この憲法は最初から解釈変更の必要はなかったのです。

この三原則を受けて、GHQ民政局には、憲法草案作成のため、立法権、行政権などの分野ごとに、条文の起草を担当する八つの委員会と全体の監督と調整を担当する運営委員会が設置されました。二月四日の会議で、ホイットニーは、全ての仕事に優先して極秘裏に起草作業を進めるよう民政局員に指示しました。起草にあたったホイットニー局長以下二五人のうち、ホイットニーを含む四人には弁護士経験がありました。

しかし、憲法学を専攻した者は一人もいなかったため、日本の民間憲法草案（特に憲法研究会の「憲法草案要綱」）や、世界各国の憲法が参考にされました。もちろん、数年前に国連憲章の原案を作った国務省職員とも連絡を取ったでしょう。民政局での昼夜を徹した作業により、各委員会の試案は、二月七日以降、次々と出来上がりました。これらの試案をもとに、運営委員会との協議に付された上で原案が作成され、さらに修正の手が加えられ、二月一〇日、最終的に全九二条の草案にまとめられ、マッカーサーに提出されました（つまり、一週間で仕上げたということになります）。

マッカーサーは、一部修正を指示した上でこの草案を了承し、最終的な調整作業を経た上で、二月一二日に草案は完成しました。マッカーサーの承認を経て、二月一三日、いわゆる「マッカーサー草案」（GHQ原案）が日本政府に提示されました。

この「マッカーサー草案」は、先に日本政府が二月八日に提出していた「憲法改正要綱」（松本試案）に対する回答という形で示されたものでした。提示を受けた日本側、松本国務大臣と吉田茂外務大臣は、GHQによる草案の起草作業を知らず、この全く初見の

「マッカーサー草案」の手交に驚きました。

「マッカーサー草案」では、天皇の地位が「象徴」となるなど、政府部内では受け入れを巡り賛否が割れました。「マッカーサー草案」を受け取った日本政府は、二月一八日に、松本の「憲法改正案説明補充」を添えてGHQに再考するよう求めました。これに対してホイットニー民政局長は、松本の「説明補充」を拒絶し、「マッカーサー草案」の受け入れにつき、四八時間以内の回答を迫りました。

二月二一日に幣原首相がマッカーサーと会見し、「マッカーサー草案」の意向について（ポツダム宣言受諾で日本は現憲法の骨格を了承していると）確認しました。そこでのマッカーサーの発言について「元帥曰《いわ》く。『天皇の問題については、自分は諒承《りょうしょう》しているが、南と北とから、反対がある。天皇を象徴とする憲法を承認するというは、日本の為に望ましいと思う。』」「南とは豪州、ニュージイランド、北とはソ連だろう」との幣原首相のメモがありました。

幣原首相は、二二日午前の閣議で事実上の受け入れを決定し、同日午後、幣原首相は天皇に事情説明の奏上を行いました。その面談した際の天皇の発言を示すメモが、憲法学者の故宮沢俊義・東大教授のノートに記されていました（のちに幣原首相から宮沢が聞きながらメモしたのでしょう。二〇一七年五月三日の朝日新聞）。

宮沢ノートには、「陛下に拝謁して、憲法草案（先方から示されたもの）を御目《おめ》にかけた。するとと陛下は『これでいいじゃないか』と仰せられた。自分はこの御一言で、安心して、これで行くことに腹を決めた」と幣原はこのときの様子を記していました。

その後、日本では（現在でも）、現日本国憲法はアメリカの押しつけであり、自主憲法を制定すべきだということを述べている者がいますが（多分、その論点は主として天皇制と第九条でしょう。のちに結党された自由民主党はこの理由で自主憲法の制定を党是としていると言われています）、これは以上のような経緯で、確かに、一週間で日本案（松本案）と大きく異なるGHQ案が出てきたので（また、マッカーサーが時間をかけて日本案とGHQ案との解説をしなかったので）、押しつけられたという印象があったかもしれませんが、日本が受諾したポツダム宣言を無条件受諾したときに、その内容の骨格（天皇制の民主化と非軍国主義と基本的人権）は日本が国際社会へ約束したことです。このとき、大日本憲法の枠組みを余り変えない日本案では、国際社会が（具体的には極東委員会やアメリカ上院など）許さなかったでしょう。

一九四六年二月二六日の閣議で、「マッカーサー草案」に基づく日本政府案の起草を決定し、作業を開始しました。草案は三月二日に完成しました。三月四日、松本国務大臣は、草案に「説明書」を添えて、ホイットニー民政局長に提示しました。

GHQは、日本側係官と手分けして、直ちに草案と説明書の英訳を開始しました。英訳が進むにつれ、GHQ側は、「マッカーサー草案」と「三月二日案」の相違点に気づき、松本とケーディス民政局行政課長の間で激しい口論となりました。徹夜の逐条折衝が開始されました。成案を得た案文は、次々に首相官邸に届けられ、三月五日の閣議に付議されました。閣議は、確定案の採択を決定して「三月五日案」が成立、午後五時頃に幣原首相と松本国務大臣は宮中に参内して、天皇に草案の内容を奏上しました。

翌三月六日、日本政府は「憲法改正草案要綱」を発表し、マッカーサーも直ちにこれを支持・了承する声明を発表しました。日本国民は、翌七日の新聞各紙で「三月六日案」の内容を知ることとなりました。国民にとっては突然の発表であり、またその内容が予想外に「急進的」であったことから衝撃を受けたものの、おおむね好評でした。

三月二六日、国語学者の安藤正次博士を代表とする「国民の国語運動」が、「法令の書き方についての建議」という意見書を幣原首相に提出しました。これから口語化作業が開始され、四月五日に終わりました。

四月一〇日、衆議院議員総選挙が行われました。この総選挙は大日本帝国憲法下（帝国議会）での最後の総選挙であり、また、第二次世界大戦敗戦後、及び男女普通選挙制度を採用して初めての選挙となりました。

ＧＨＱは、この選挙をもって、「三月六日案」に対する国民投票の役割を果たさせようと考えました。しかし、国民の第一の関心は当面の生活の安定にあり、憲法問題に対する関心は第二義的なものでした。

四月二二日に幣原内閣が総辞職し、五月二二日に第一次吉田内閣が発足しました。

五月二九日、枢密院は草案審査委員会を再開しました（六月三日まで、三回開催）。六月八日、枢密院の本会議は、天皇臨席の下、第二読会以下を省略して直ちに憲法改正案の採決に入り、美濃部達吉・顧問官を除く起立者多数で可決しました。

これを受けて政府は、六月二〇日、大日本帝国憲法第七三条の憲法改正手続に従い、憲法改正草案を衆議院に提出しました。

この憲法改正草案の衆議院における審議の過程で、憲法改正草案第九条について、芦田修正と呼ばれる修正が行われました。最初に衆議院に提出された第九条の内容は、次のようなものでした。

第九条　国の主権の発動たる戦争と、武力による威嚇又は武力の行使は、他国との間の紛争の解決の手段としては永久にこれを抛棄《ほうき》する。

陸海空軍その他の戦力の保持は許されない。国の交戦権は認められない。

一九四六年七月二七日、衆議院・帝国憲法改正案小委員会（芦田均委員長）において（以下、二〇二〇年五月二日NHK／ETV特集『義男さんと憲法誕生』より）、福島県選出の社会党議員・鈴木義男が「軍備を皆棄てるということはちょっと泣き言のような消極的な印象を与えますから先ず平和を愛好するのだと云うことを宣言しておいてその次に此の条文を入れようじゃないか」と提案しました。そこで、各派から、様々な文案が示され、これらを踏まえて、芦田委員長が次のような試案（芦田試案）を提示しました。

日本国民は、正義と秩序とを基調とする国際平和を誠実に希求し、陸海空軍その他の戦力を保持せず、国の交戦権を否認することを声明する。

前項の目的を達するため国権の発動たる戦争と武力による威嚇又は武力の行使は、国際紛争を解決する手段としては、永久にこれを放棄する。

芦田試案について、委員会で懇談が進められ、一項の文末の修正や一項と二項の入れ替えをすることがまとまりました。芦田委員長は、これらの議論をまとめて案文を調整し、最終的に次のように修正することを決定しました（現憲法第九条です）。

第九条１　日本国民は、正義と秩序を基調とする国際平和を誠実に希求し、国権の発動たる戦争と、武力による威嚇又は武力の行使は、国際紛争を解決する手段としては、永久にこれを放棄する。

２　前項の目的を達するため、陸海空軍その他の戦力は、これを保持しない。国の交戦権は、これを認めない。

なお、この憲法第九条と国連憲章の関係ですが、鈴木義男は、それに先立つ一九四六年六月の帝国議会衆議院本会議で以下のように発言しています。

「今日は世界各国団結の力に依って安全保障の途《みち》を得る外ないことは世界の常識であります。加盟国は軍事基地提供の義務があります代わりに、一たび不当に其の安全が脅かされます場合には、他の六十数箇国の全部の加盟国が一致して之を防ぐ義務があるのである。

我々は消極的孤立、中立政策等を考えるべきでなくして飽くまでも積極的平和機構への参加政策を執るべきであると信ずるのであります」

一九四五年六月に設立された国連の当初の加盟国は五〇ヶ国ばかりでしたから、「他の六十数ヶ国の全部の加盟国が一致して」というのは、不当国家以外は一致して事に当たるということですから、国連の安全保障制度（ルーズベルトの意図）本来の仕組みをよく理解した上での発言であり、前述しました国連憲章第五一条の集団的自衛権による同盟主義的安全保障など毛頭考えていないことがわかります。

また、「加盟国は軍事基地提供の義務がありますす代わりに」と言っているのは（まだ、日米安保条約などありません。現在の安保条約による基地提供のことではなく）、国連憲章第四五条と第四六条で、全ての加盟国は安保理の決議が履行されるよう援助を与えなければならないことを指しているのでしょう。

さらに、（社会党・共産党は戦争放棄・非武装中立であると批判されることがよくありましたが、そうではなく）、「積極的平和機構への参加政策を執るべきである」ということは、国連憲章第四二条の国連による不当国に対する武力行使も含めて（いずれ独立したらでしょうが）、国連に積極的に参加すべきであると言っています（ここには個別的自衛権は意識されていると思います。第二次世界大戦で三一〇万人もの犠牲者を出した直後であっても、この国連のためには積極的に参加すべきであると言っています。ここに終戦直後の日本人の世界平和を希求する積極的な心情が読み取れます。

この一九四六年の帝国議会衆議院本会議や帝国憲法改正案小委員会（芦田均委員長）の議論は、当時の世界の情勢と将来を見通して日本国憲法第九条を審議したのですから、第九条の真意を示すものとして尊重されるべきです（当時の国民を代表する政治家が消極的に、アメリカから押し付けられて、いやいやながら現憲法を受け入れたとは考えられません。みな新しい日本を再び作り出そうという意気込みを持っていたようです）。

（ところが、二〇一四年、安倍首相は「積極的平和主義」を掲げて、二〇一四年、憲法第九条の解釈を変更する閣議決定をしましたが（後述）、まったく、意味は反対で、アメリカ的集団的自衛権、つまり、同盟主義に積極的参加しようというものにすり替えてしまいました。「人類の進むべき道」に逆行するものでした。この道を進む限り、人類は戦争から脱出することはできません。）

なお、一九四六年七月の衆議院・帝国憲法改正案小委員会（芦田均委員長）において、鈴木義男は、「生存権はもっとも重要な人権です」と、一九世紀までの憲法の体裁だけでなく（自由権）、二〇世紀になってから出てきた各国の憲法のような社会権の重要性を説き、憲法第二五条の「すべての国民は、健康で文化的な最低限度の生活を営む権利を有する。国は、すべての生活部面について、社会福祉、社会保障及び公衆衛生の向上及び増進に努めなければならない」を追加修正させました。また、憲法一七条の国家賠償請求権や第四〇条の刑事補償請求権なども追加させました。いずれも現在非常に重要な憲法条文となっています（いずれも、その後の日本あるいは世界の動向を見通した適切な政治見識で当時の政治家レベルの高さがうかがえます）。

このように、のちの自由民主党は、「日本国憲法はGHQに押し付けられた憲法であり、自主憲法を作る」ことを党是としていますが、決してそのようなことはなく、当時、各政党も政府案をよく検討し、積極的に追加修正していたことがわかります（以上、二〇二〇年五月二日NHK／ETV特集より）。

これらの修正について、GHQ側からは何ら異議もなく、成立に至りました。原案と芦田修正案との違いは、第二項に「前項の目的を達するため」という一文が加えられことにより、これが第二項のしばりになっています。「前項の目的を達するため、……保持しない。……これを認めない」となっていて、国連憲章でも認められている自衛権（個別的自衛権）については何も述べていませんが、当然のこととして別途それは日本は持っていると解することができます。

つまり、戦争、威嚇、武力の行使は、国際紛争を解決する手段としては、……放棄する。この目的を達成するため（国際紛争を解決する手段としては）、戦力は保持しない。交戦権は認めない。（しかし、我が国が攻撃されたときには、自衛はする）ということになり、（他国から侵略などされたときに）自国を守ることについては、（当然であるから）書いてないのです。

後に第九条解釈をめぐる重要な争点の一つとなり、芦田の意図などについても論議の的となりました。芦田本人は自衛権が別途あることを意識して「芦田修正」をしたと言っています。

衆議院は六月二五日から審議を開始し、八月二四日、若干の修正を加えて圧倒的多数（投票総数四二九票、賛成四二一票、反対八票）で可決しました（この圧倒的多数で可決したという事実は重いことです。アメリカに押しつけられた憲法という意識があれば、これほどの賛成票は得られなかったでしょう。当時の日本人は心からこの憲法で良いと思ったのでしょう）。

続いて、貴族院は一九四六年八月二六日に審議を開始し、一〇月六日、若干の修正を加えて可決しました。翌七日、衆議院は貴族院回付案を可決し、帝国議会における憲法改正手続は全て終了しました。

帝国議会における審議を通過して、一〇月一二日、政府は「修正帝国憲法改正案」を枢密院に諮詢《しじゅん》しました。一〇月二九日、枢密院の本会議は、天皇臨席の下で、「修正帝国憲法改正案」を全会一致で可決しました。

同日、天皇は、憲法改正を裁可しました。一九四六年一一月三日、日本国憲法が公布されました。同日、貴族院議場では「日本国憲法公布記念式典」が挙行され、宮城前では天皇・皇后が臨席して「日本国憲法公布記念祝賀都民大会」が開催されました。このときの昭和天皇による日本国憲法公布の勅語を次に記します。

「本日、日本国憲法を公布せしめた。

この憲法は、帝国憲法を全面的に改正したものであつて、国家再建の基礎を人類普遍の原理に求め、自由に表明された国民の総意によつて確定されたものである。即ち、日本国民は、みづから進んで戦争放棄し、全世界に、正義と秩序とを基調とする永遠の平和が実現することを念願し、常に基本的人権を尊重し、民主主義に基いて国政を運営することを、ここに、明らかに定めたものである。

朕は、国民と共に、全力をあげ、相携へて、この憲法を正しく運用し、節度と責任を重んじ、自由と平和とを愛する文化国家を建設するやうに努めたいと思ふ」

三一〇万人の犠牲者を出したことに大きな責任を感じていた昭和天皇も、この日本国憲法には心よりお喜びになりました。

一九四六年一一月三日、三一〇万の同胞を犠牲にした太平洋戦が終わって一年ばかり、天皇が代表して述べられたように、日本国民の大部分は、真に「みづから進んで戦争放棄し、全世界に、正義と秩序とを基調とする永遠の平和が実現することを念願し」、「民主主義に基いて国政を運営すること」を誓ったのではないでしょうか。このとき、この日本国憲法をアメリカに押しつけられたとか、いずれ独立したら、この手で自主憲法に変えてやろうと思っていた者がどれほどいたのでしょうか（一部、戦前の軍国主義者、国家主義者はいたと思いますが、国民の大部分はそうでなかったと思います）。

この平和主義の憲法を守ることによって、また、世界も国連憲章によって運営されれば（このときは、まだ、憲章第五一条の「集団的自衛権」によって、国連が形骸化されるとは誰も思ってもいなかったので）、本当に日本も世界も平和になって、第二次世界大戦で犠牲となった三一〇万人の同胞にこたえることができると思ったのでしょう。

日本国憲法の自衛権問題の発生

最初の憲法問題に返ります。日本国憲法第九条は、最初から、自衛権ありきでしたが（もちろん、個別の自衛権ですが）、この時点で（憲法制定のとき）、日本は国連憲章第五一条でいう集団的自衛権というのは全く想定していなかったことは確かです。なぜなら、国連憲章第五一条に集団的自衛権が挿入された経緯で述べましたように、アメリカの為政者の一部が対ソ戦略上、この集団的自衛権を利用して国連の集団安全保障制度を形骸化してしまうようなアメリカ的集団自衛権の同盟条約を表立って締結していくのは、一九四七年九月二日の全米相互援助条約がはじめてであったからです（もちろん、国連憲章第五一条には集団的自衛の権利のことも書かれていますから、日本もわかっていたでしょうが、それは米州機構の例のような場合と了解して、それは何ら日本とは関係のないことと思っていたのでしょう）。

（そのうちに、憲法問題が発生して）なぜ、政府が（個別的）自衛権ありと明確に答えなかったのかは疑問でありますが、多分、まだ、ＧＨＱの占領下にあり、独立するまでは、連合国の国際世論を気にして明確にしない方が得策と考えたのかもしれません。

この第九条をめぐって、のちに、以下のような説が対立するようになり、その後、日本を二分するような大騒動になりました。以下自衛権と言っているのは、個別的自衛権のことです。

①自衛権放棄説―憲法九条は自衛権を放棄しているとする説で、自衛権が武力の行使を伴うことは不可避であり、日本国憲法の下では自衛権は放棄されているとみなす説です。

②自衛権留保説―自衛力なき自衛権説（非武装自衛権説）で、憲法九条は自衛権を放棄してはいないが、軍事力を伴わない手段に限られるとする説です。本説では国際法上において国家固有の権利として認められている自衛権は放棄されてはいませんが、憲法九条第二項により「戦力」や「武力」を用いた自衛権の行使は禁じられていると見るのです。

③自衛力による自衛権説（自衛力肯定説・自衛力論）―憲法九条は自衛権を放棄しておらず、「戦力」に至らない程度の必要最小限度の実力（自衛力・防衛力）の範囲において自衛権が認められるとする説です。日本政府の見解（公定解釈）はこの立場を一貫して取っています（これまで述べましたように、これが妥当でしょう）。

④自衛戦力による自衛権説（自衛戦力肯定説）―憲法九条は自衛戦争のための「戦力」を

保持することを否定していないとする説で、憲法上、自衛戦争は放棄されておらず、そのための「戦力」を保持することも許容されているとみなす説です。本説は憲法上、自衛目的のための「戦力」の保持は可能であり、伝統的な「自衛権」の概念が憲法上も維持されると見る点で他の説とは異なります。なお、政府見解（公定解釈）は前述したように③の「戦力に至らない程度の必要最小限度の実力」は保持できるが「戦力」は保持できないとしているので自衛戦力肯定説とは異なります。

以上のように、いろいろな説が出て、途中で憲法解釈が変わったという人がいますが、日本国憲法第九条は③のもともと自衛権ありきだったのです。

日本の具体的な自衛力（個別的自衛権）の範囲

我が国で憲法上問題となったのは、もっぱら個別的自衛権で、集団的自衛権については、あまり議論がありませんでした。

日本国政府の見解は、一貫して、憲法第九条二項前段の「前項の目的を達するため」の交戦権は全面的に否認されているが、交戦権とは区別される自衛行動権（自衛権の行使として自国に対する急迫不正の武力攻撃を排除するために行われる必要最小限度の実力を行使する権利）については憲法上否認されていないとされました。

政府見解では我が国が自衛権の行使として我が国を防衛するため必要最小限度の実力を行使することのできる地理的範囲は、必ずしも我が国の領土、領海、領空に限られるものではなく、自衛権の行使に必要な限度内で公海・公空に及ぶとしています。

また、武力行使の目的をもって自衛隊を他国の領土、領海、領空に派遣することは、一般に自衛のための必要最小限度を超えるものであって、憲法上許されないが、我が国に対して急迫不正の侵害が行われ、その侵害の手段として我が国土に対して誘導弾等による攻撃が行われた場合に、その攻撃を防ぐのに必要最小限度の措置をとること、たとえば誘導弾等による攻撃を防御するのに、他に手段がないと認められる限り、誘導弾等の基地を叩くということは、法理的には自衛の範囲に含まれることも可能であるとしています。

政府見解では性能上専ら他国の国土の潰滅的破壊のためにのみ用いられる兵器については、いかなる場合においても、これを保持することが許されないとし、例えばＩＣＢＭ、長距離戦略爆撃機、攻撃型空母については保有することが許されないとしています。

憲法第九条のもとでの集団的自衛権について

この第九条の文章の中で、国連憲章第五一条の集団的自衛権も認めるかどうかですが、まず、個別的自衛権が触れられていないことと同じように集団的自衛権も触れられていません。したがって、集団的自衛権がこの文章で認めるか、認めないかは、当時（憲法作成時）、誰も考えたこともなかったのは確かです。

日本政府の公式見解は「憲法第九条の下において許容されている自衛権の行使は、我が国を防衛するため必要最小限度の範囲にとどまるべきものであると解しており、集団的自衛権は認められないとして来ました。また、日米安保条約は、当初から、集団的自衛権に基づく集団防衛条約でしたが、日本政府は憲法第九条が国連憲章第五一条の集団的自衛権を認めていないと解していました。

日米安保条約では、共同防衛は「日本国の施政の下にある領域における、いずれか一方に対する武力攻撃」が発生した場合にのみ発動されることになっており（第五条）、アメリカ本土や日本領域外にあるアメリカ艦船が攻撃されても、共同防衛の義務は発生しないことになっています。

日米安保条約がこのように変則的な共同防衛を規定したのは、日本の憲法第九条が集団的自衛権を認めていないと解されているからです。日本領域内にあるアメリカ軍が攻撃される場合の共同防衛は、日本にとっても個別的自衛権の行使となりますが、アメリカ本土や日本領域外にあるアメリカ軍艦船が攻撃された場合の日米共同防衛は（日本政府見解のように）、日本にとっては集団的自衛権の行使となり、憲法違反になると考えられるからです。

このように、日本国政府は、七〇年近く「集団的自衛権を行使することは、その範囲を超えるものであって、憲法上許されない」としてきました。七〇年も経てば、それはもう、一種の社会規範となって定着しています。国連憲章がその規定通りに集団安全保障制度が実施されていないのであれば、日本政府は国際社会に働きかけて、国連憲章の厳密なる実施を求めるなり、憲章の改正を働きかけるなりすべきであります（二〇一二年一二月に発足した第二次安倍内閣は憲法第九条の解釈を変えることによって、国連憲章第五一条の集団的自衛権を認めるようにしようと、二〇一四年七月一日に日本国憲法第九条の集団的自衛権の行使を容認する閣議決定を行いました。しかし、憲法改正はしていません）。

《六》国連の機能が発揮されたゴルバチョフ時代

正常に機能し始めたゴルバチョフ時代の国連

ルーズベルトが描いた国連は人さえ得れば、うまく機能するということを証明する、束の間の時期がありました（人によって、国際法の運用が変わるのではなく、そのようなときに問題点を指摘して国際法を、この場合には国連憲章を改正して具体的な社会システムに定着させておく必要がありました）。ゴルバチョフがソ連の指導者になってから、国連の活動は一変しました。

ゴルバチョフは自由化政策を推進し、一九八七年以降、冷戦の雪解けが始まってからは、国連の派遣活動が増えていきました。そして、国連、安全保障理事会、事務総長室はこの雪解けの恩恵を受けて活況を呈するようになりました。ゴルバチョフが、ソ連政府は国連に今や協力を惜しまない、それどころか国連の地位を向上させると、言うようになったからです。国連が本来の姿を取り戻したのです。

この大国の変化が安全保障理事会にもたらした影響は絶大で、常任理事五ヶ国は、かつてなかったような協力のもとで次々に議題に取り組んで、国連憲章に定められた所期の役割を果たしたばかりでなく、事務局に対してもはるかに多くの要請をし、承認する平和維持活動も増えていきました。

ソ連は今や地域紛争の解決を助けるために積極的に重要な外交的役割を果たそうとし、第三世界の紛争から冷戦の影響を取り除こうとしました。常任理事国が練り上げ、事務総長の「仲裁」任務によって交渉された安保理決議は、一九八八年にイラン・イラク戦争に終止符を打ちました（国連イラン・イラク軍事監視団ＵＮＩＭＯＧ）。

事務総長はまた、その翌年アフガニスタンからのソ連の撤退を交渉し、モスクワ政府の面目を立て、国連アフガニスタン・パキスタン仲介ミッション（ＵＮＧＯＭＡＰ）は、兵力一〇万を超えるソ連軍のアフガニスタン撤退を監視し、移行期のあらゆる苦情を処理しました。

同じ時期、アンゴラからのキューバの撤退とナミビアの独立も、安全保障理事会の監視のもとで行われました。国連ナミビア独立移行支援グループ（ＵＮＴＡＧ）はナミビアの独立を首尾よく監督しました。

湾岸戦争と国連の本来の機能の復活

一九九〇年八月、イラクによるクウェート侵攻が起きました。サダム・フセインが国連憲章を知らなかったわけではないでしょうが、米ソの状況（ソ連は国内問題で崩壊の危機にありました。アメリカは以前のイラン・イラク戦争でイラクを支援してくれていました）、アラブ諸国の反応、世界の世論などに関して、多くの見込み違いをしたのは明らかでした。

クウェート侵攻は明らかな侵略戦争でした（国連憲章は「自衛」戦争［紛争］しか認めていません。あとは国連が行う制裁行為［国連憲章第四二条］だけです。つまり、侵略戦争は国連憲章違反です。これは国連憲章第七章に定められた安全保障理事会による軍事行動承認の典型的事例に該当するものでした。ソ連が欠席したため朝鮮半島危機で発動された例はありましたが、これはそれ以上に完璧な侵略の例でした）。

国連憲章の紛争解決の方法をもう一度述べますと、**［第六章 紛争の平和的解決］**としては、第三三条〔平和的解決の義務〕→第三四条〔調査〕→第三五条〔提訴〕→第三六条〔調整の手続と方法の勧告〕→第三七条〔付託の義務と勧告〕→第三八条〔合意による付託〕→そして、ここより**［第七章 平和に対する脅威、平和の破壊及び侵略行為に関する行動］**へと移り、第三九条〔安全保障理事会の一般的権能〕→第四〇条〔暫定措置〕→第四一条〔非軍事的措置〕─安全保障理事会は、その決定を実施するために、兵力の使用を伴わないいかなる措置を使用すべきかを決定することができ、且つ、この措置を適用するように国際連合加盟国に要請することができる。この措置は、経済関係及び鉄道、航海、航空、郵便、電信、無線通信その他の運輸通信の手段の全部又は一部の中断並びに外交関係の断絶を含むことができるとなっています。とやるべきことはやって、それでもダメであれば最後に軍事的措置に至ることになります。これだけやれば、もはややることはやったのです。国連は問題を解決しなければなりません。

第四二条〔軍事的措置〕─安全保障理事会は、第四一条に定める措置では不十分であろうと認め、又は不十分なことが判明したと認めるときは、国際の平和及び安全の維持又は回復に必要な空軍、海軍又は陸軍の行動をとることができる。この行動は、国際連合加盟国の空軍、海軍又は陸軍による示威、封鎖その他の行動を含むことができる。その手続きが第四三条から第五〇条までに記されています。

一九九〇年八月、イラクのクウェート侵攻が起きると、国連はその集団安全保障制度に則って、イラク制裁の決議を連発し（前述の憲章の手続きにしたがって）、多国籍軍の武力行使を容認するなど、問題解決のために大きな役割を果たしました。国連は軍事行動

（戦争）をすることが目的ではありません。イラクが国連の警告にしたがって、クウェートから撤退していれば、湾岸戦争にはならなかったのです。これは冷戦時代にはみられなかったことでした。

ゴルバチョフは国内の改革に手一杯であり、中国は国連加盟国間の明らかな侵略に関わる問題にめったに拒否権を行使できず、イギリスとフランスはアメリカ（ブッシュ大統領［父親］政権）に同調しました。一九三〇年代の満州（日本の満州侵略）か、エチオピア（イタリアのエチオピア侵略）か、ラインラント（ドイツの非武装地帯進駐）かというところでしたが、国際連盟と違って、今度の国際連合には実行力がありました（フセインは国連も結局、国際連盟と同じように大したことはできないだろうと読んでいたのでしょう）。

安全保障理事会は、イラクの侵攻を同日午後のうちに糾弾し、その後数ヶ月にわたり、最初は経済制裁、次に海上封鎖、最後に武力行使と、前述した国連憲章の手順を踏んで一一件の決議を採択しました。軍事参謀委員会は名目のみの存在になっていましたが、このときはソ連と中国は各決議に賛成し（経済制裁には同意しましたが武力行使には参加しませんでした）、対イラク攻撃は事実上アメリカ主導の多国籍軍によって行われ、アメリカの攻撃能力が連合軍の軍事力の大半を占めていました（これは国連決議がある実質、国連の多国籍軍となりました。朝鮮戦争のときの変則的な国連軍を除けば、はじめての実質的な国連軍でした。後述するイラク戦争のときも多国籍軍と称しましたが、このときは安保理の決議がなかったので、いわばアメリカの私兵集団だったといえます。今後の国連改革で述べますが、ここは国連憲章に則って、軍事参謀委員会を発足させ、正式な国連軍を組織して万全の体制で憲章違反国に対処すべきでしょう）。

この湾岸戦争のその後の展開については省略しますが、このとき多国籍軍はイラク軍をクウェートから駆逐し、そこでブッシュ大統領（父親）は、深追いをしないで戦闘を中止しました。これも侵略国に侵略を中止させれば良いという国連憲章の集団的自衛権の趣旨に則ったものでした。

このように国連の集団安全保障制度は、安保常任理事国が協力さえすれば、十分その安全保障の機能を発揮することがわかりました。国連の集団安全保障制度の機能が米ソ冷戦によって大きく低下してしまっていましたが、ゴルバチョフが新思考外交を始めて国連に協力するようになってから、国連の集団安全保障制度の本来の機能が回復されました。

このように世界中で発生する紛争（戦争）を国連憲章の紛争処理の手続きにしたがって処理していけば、紛争（戦争）は早い段階で消し止めることができるのです。違反国に加担する国はなく、戦争は短期間で終了し、違反国も違反事項を改めれば、復活も早くなるのです。このあとのブッシュ（息子）時代のアフガン戦争やイラク戦争のように破綻国家にしなくてすみます。

冷戦後に急増した平和維持活動・平和執行活動

ゴルバチョフの時代に冷戦が終わり、安全保障理事会が本来の機能を回復しました。冷戦後の大きな特徴の一つは国連の再生であったといえます。この冷戦終焉の前後から一九九一年のソ連崩壊までの数年間は、米ソの協調が実現しました。

しかし、米ソ冷戦の終焉は、冷戦という厚い氷に閉ざされていた各国の不満を解凍させることにもなりました。冷戦時代に封印されていた多くの問題がいっせいに勃発し、国連はその対応に追われるようになりました。とくに、冷戦の終焉の頃から一段と活発化したものに、国連平和維持活動（ＰＫＯ）がありました。アフリカ、中東が多いことがわかります。

ＰＫＯが初めて創設された一九四八年から一九七八年までに、一三のＰＫＯが送られました。それから一九八八年までは一件もなかったのですが、冷戦も終わりに近づいた一九八八年からは、図一一のように一九九八年までの一〇年間で三四のＰＫＯが送られました。

　このように国連の平和維持・平和執行活動が急増し、国連は世界の平和を取り戻すために、縁の下の力持ち、地道な努力を重ねていました。冷戦の終了は、ソ連の協力もあって、国連が本来の機能を発揮しつつあり、世界平和の見通しに明るいきざしが見え始めていました。しかし、覇権国家アメリカの一極体制になったら、アフガン戦争やイラク戦争のように、再び国連がないがしろにされる時代に逆戻りすることになりました。

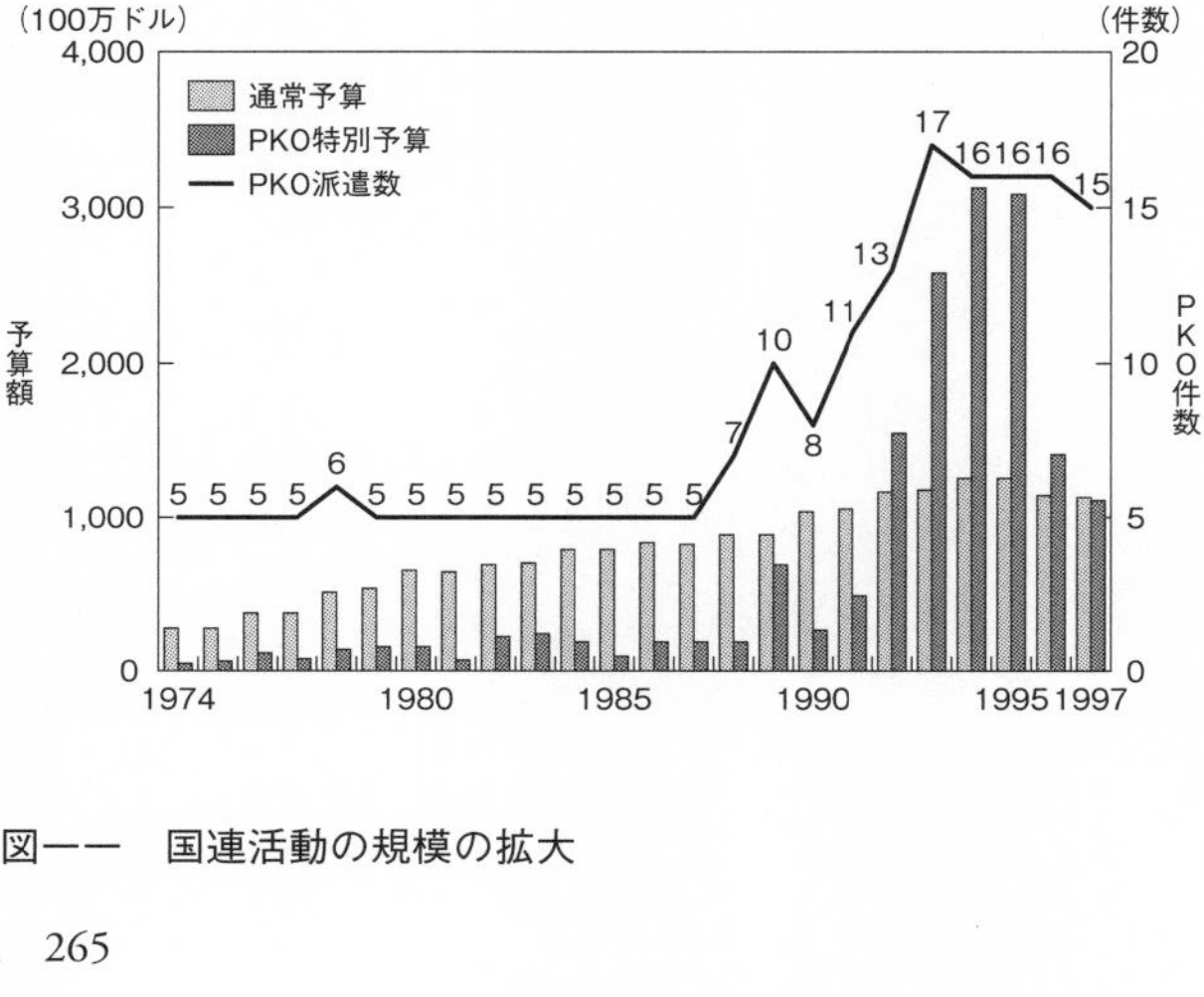

図一一　国連活動の規模の拡大

第六章　冷戦終結とアメリカ一極体制

《一》アメリカ単独主義の復活—アフガニスタン戦争・イラク戦争

一九九一年にソ連が崩壊し、アメリカが単独で世界の超大国になり、名実ともにアメリカは一極の覇権国家になりました。

アメリカ同時多発テロ事件の勃発

二〇〇一年九月一一日、アルカイダの自爆パイロットたちが、ニューヨークの世界貿易センタービルに突っ込み、アメリカ同時多発テロ事件が発生しました。世界中は、国家による侵略という脅威とはまったく異なった脅威、テロへの脅威に遭遇したことを痛感しました。

一二日、アメリカのジョージ・W・ブッシュ大統領（息子）はテロに対する闘いを宣言しました。ラムズフェルド国防長官はウサマ・ビンラディンが容疑者であり、また単独の容疑者ではないと発言しました。

また同日、安保理で国際連合安全保障理事会決議一三六八が全会一致で採択されました。

この決議は九月一一日のテロ攻撃を「国際の平和及び安全に対する脅威」と認め、「テロリズムに対してあらゆる手段を用いて闘う」というものでした。また前段には「個別的又は集団的自衛の固有の権利を認識」という言葉があり、これは同日にＮＡＴＯが北大西洋条約に基づき、集団的自衛権の発動を決定する根拠となりました（このテロの実行者は私的な集団・アルカイダであり、アフガニスタンという国家ではないことに注目すべきで、国連安保理決議もあくまでアルカイダに対してでした）。

この後、アメリカはアフガニスタンのタリバン政権にビンラディンらの引き渡しを要求しました。しかしタリバンは引き渡しに応じませんでした。

九月一八日、ブッシュ大統領は武力容認法に署名しました（つまり、ブッシュは国連安保理に諮ることなく、アメリカが単独でアフガニスタンのタリバン政権に武力を発動することを決めました）。九月二一日、ラムズフェルド国務長官はアフガニスタンの北部同盟と共同して作戦に当たることを発表しました。また欧州連合外相会議も全会一致で攻撃を支持しました。

九月二八日、国際連合安全保障理事会決議一三七三が採択され、国連加盟国にテロリズムの防止と制圧に緊急に協力することが要請され、テロ組織への援助は禁止されました。

アメリカはこの間に協力する国々と連合を組み、攻撃の準備に入りました。これらの国は有志連合諸国と呼ばれました。有志連合諸国は「不朽の自由作戦」という統一作戦名で、アフガニスタンを含むテロ組織勢力地域への作戦を実行することにしました。これは国際連合憲章に定められた国連軍ではなく、国連憲章第五一条によって定められ、事前に国連決議を必要としない集団的自衛権の発動によるという論理でした。

国連憲章第五一条は、「攻撃を受けた場合には」、個別的、集団的自衛を有するが、いろいろな条件が付いています。この場合、テロはありましたが、その後、アメリカが再度攻撃される恐れはなかったので、自衛という論理には無理がありました。また、連続テロを行ったのはアルカイダであり、アフガニスタンのタリバン政権でありませんでした。しかし、事前に国連決議を必要としない集団的自衛権を行使するという論理は米州機構、EU、そして日本を含む同盟国と一部の法学者に広く認められました（米側陣営だけの論理で国連安保理の決議ではありませんでした）。

あくまでテロ攻撃に対しては自衛権は発動できないという見解の法学者もおり、いろいろな議論がありました。自衛権は自衛の範囲、攻撃を受けた攻撃との均衡性など、いろいろ制約があることは述べました。とくにテロ攻撃を行ったのは、タリバン政権自体ではなく、その庇護下にあるアルカイダでした。この場合、タリバン政権という国家に攻撃を行うのは正当かという問題もありました。また、テロに対しその国家を全面攻撃するという均衡性の点でも問題がありました。

アメリカとその同盟国はこのような議論に対して、①安保理決議一三六八及び一三七三はテロ組織援助禁止を規定しており、タリバン政権のアルカイダへの援助は問題がある、②タリバン政権は一九九六年以来、安保理決議一二六七及び一三三三によるアルカイダ引き渡しの要求を再三拒否しており、実質的な共犯関係にある、③友好関係原則宣言では、テロ組織の育成を禁じており、タリバンの行為はこれに当たる、④一一月一四日に定められた国際連合安全保障理事会決議一三七八は「タリバン政権を交代させようとするアフガニスタン国民の努力を支援」するとあり、タリバン政権の打倒を明確に支持している、というものでした。

これに対し、否定する意見（第五一条の自衛権を発動できない）としては、①タリバン政権は兵站支援や武器供与を行ったにすぎず、直接攻撃を行っていない、②一テロ組織の行動をタリバン政権の責任とするのは問題がある、③政権崩壊に至るというタリバン政府が受ける結果は、自衛権の要件である均衡性要件を欠く（連続テロに対して、一国家に対する全面攻撃によって政権を崩壊させるのはやり過ぎ）、というものでした。

国際司法裁判所で裁判をやっていないのでわかりませんが、多分、判例から見て国連憲章第五一条の自衛権の範囲を逸脱していたのでしょう（連続テロ事件は悲惨な事件ではありましたが、テロ犯をかくまっているアフガニスタンに出かけていって、自衛戦争をしかけるということに無理があるでしょう）。

しかし、後述しますように、安保理は結局、このアメリカなどの有志連合諸国の武力行使を追認することになりました。このように安全保障を担う国連の中心機関である安保理が、世界で最強であることは確かでありますが一加盟国であるアメリカの追認機関に過ぎないことになってしまうことは好ましいことではありませんでした。

アフガニスタン戦争（紛争）

二〇〇一年一〇月七日、ブッシュ米大統領（息子）がテレビ演説で、アフガニスタンを「テロ支援国家」と認定し、先制的自衛権（国連憲章では「先制的」自衛権などは認められていません）のためとして米英軍を中心にアフガニスタンへの武力行使を開始することを発表しました。軍事行動にはカナダ、オーストラリア、フランス、ドイツも参加し、領空通過などで四〇ヶ国以上が協力すると表明しました。直ちにB-二、B-五二など戦略爆撃機や空母からの攻撃機、艦艇からの巡航ミサイルなど多数の兵器でタリバン支配地域への空爆が開始されました。

アフガン攻撃は、アメリカの「テロ組織に対する自衛権の発動」として行われたものであり、攻撃を事前に容認する国連決議はありませんでした。これは国際連合憲章に定められた国連軍ではなく、国連憲章第五一条によって定められ、事前に国連決議を必要としない集団的自衛権の発動によるという論理でした（集団的自衛権の発動は、第五一条では「攻撃を受けた場合には」となっていますが、テロ攻撃をその攻撃であるとみなせば、すべてのテロ攻撃集団のもとの国あるいはその庇護国に対して戦争をしかけて良いことになりますので、この場合、自衛権の発動も論理的に無理で、国連憲章違反です。アメリカに同調して、兵を送った国々も国連憲章違反です）。

日本の小泉純一郎首相は、ブッシュ政権の方針をいち早く支持し、一〇月「テロ対策特別措置法」を制定し、航空自衛隊輸送機による国外輸送、海上自衛隊艦艇によるアメリカ海軍艦艇への燃料補給を開始しました。

アメリカ本土からの爆撃機の他、空母から発着する戦闘機や攻撃機、ミサイル巡洋艦からの巡航ミサイルが使用され、また無人偵察機が実戦で初めて活躍しました。バーレーン司令部も活用され、クウェートやインド洋のディエゴガルシア島の米軍基地からも航空機を飛ばして攻撃しました。またインド洋にはフランスの空母シャルル・ド・ゴールが展開し、空爆の支援にあたりました。

アメリカ軍を中心とする圧倒的な軍事力によってタリバン政権勢力は粉砕され、主たる戦闘は約二ヶ月の短期間で終結し、タリバン政権は消滅しました。対テロ作戦の継続のため、なおもアメリカの陸軍と空軍の計二万人が駐留を続けました。

一二月七日、北部同盟軍がタリバンの重要拠点カンダハールを制圧しました。アフガニスタン国内のタリバンの大部分は消滅し、戦争終結とみられました。残党掃討のための空爆や進攻は継続されました。以降のカブール周辺の治安維持活動は、国際治安支援部隊（ＩＳＡＦ）が担うこととなりましたが、以後のアフガニスタンの復興事業は省略します。

アフガニスタン戦争からイラク戦争へ

ブッシュ大統領（息子）は、アフガニスタン戦争に引き続いて、イラク戦争を起こすことになりました。これにはブッシュ・ドクトリンが大きく関係していたようです。

ブッシュ・ドクトリンとは、二〇〇二年一月二九日のブッシュ大統領の一般教書演説での「悪の枢軸」発言、同年五月一日の国防大学演説におけるＭＡＤ（相互確証破壊戦略）体制の終焉宣言などを経て、八月一五日の国防報告で明確に確立されたアメリカの新戦略でした。その考え方にはネオコンの思想が色濃く反映されていました。

ネオコンとはアメリカにおける新保守主義（ネオコンサバティズム）の略称ですが、古くからの保守主義（共和党が多い）に対して、一九七〇年代から独自の発展をして、共和党政権時のタカ派の外交政策姿勢に非常に大きな影響を与えるようになりました。父のブッシュ大統領のときにも、多くのネオコンが閣僚になっていましたが、大統領が抑えていて主流派にはなれませんでした。

二〇〇一年に登場した息子のブッシュ政権は、先代ブッシュ政権の思想・人脈をそっくり受け継いでいましたので、父親時代のネオコンが数多く仲間入りし（リチャード・チェイニー副大統領、ポール・ウォルフォウィッツ国務副長官、ジョン・ボルトン国際連合大使、リチャード・パール国家防衛政策委員長など）、大統領の側近グループを形成していました。前述した二〇〇一年九月一一日の同時多発テロ事件とその後のアフガン戦争まで、実質、ネオコンが取り仕切っていました。

そして、先代時代の非主流派が今度は主流派となってブッシュ・ドクトリンの新戦略思想を作り出したのでしょう。

さて、そのブッシュ・ドクトリンですが、二〇〇二年八月一五日の国防報告の「V.我々や我々の同盟国と友好国を敵が大量破壊兵器で脅かすことを阻止する」では、以下のように記されています。

ならずもの国家には先制攻撃も辞さず（ブッシュ・ドクトリン）

「……ならずもの国家とテロリスト達が、新たな深刻な課題を引き起こしている。こうした現在の脅威のどれも、ソ連が我々に対して配備した破壊的な力とは比べものにならない。しかし、こうした新たな敵の性質と動機、今までは世界の最強国にのみ許されていた破壊力を持とうという彼らの決断、そして、我々に対して大量破壊兵器を使う可能性が増していることが、今日の安全保障環境をさらに複雑に危険なものとしている。

（中略）

アメリカの国益を守るため、テロリスト及びテロ支援国家に対し、必要に応じて自衛権に基づく先制攻撃を行いうるというもので、ブッシュ大統領の「世界はアメリカ側につくのか、テロ側につくかのいずれかだ」という言葉がその性格をよく表している。
何世紀にもわたって、国際法は、国家に対して差し迫った攻撃の危険がある場合には、その危険を引き起こす武力から自衛するための合法的な行動を取るために、みすみす攻撃を受けるのを待つ必要はないと認識してきた。法学者や国際的法律家は、先制攻撃の合法性の条件を差し迫った脅威の存在に置いてきた。それは、多くの場合、攻撃準備のために陸海空軍を目に見える形で動員、配備することである。
我々は、差し迫った脅威という概念を、現在の敵の能力と目的に適合させなくてはならない。ならずもの国家とテロリストたちは、通常の方法によって我々を攻撃しようとはしていない。彼らは、そのような攻撃は失敗することを知っている。その代わりに、彼らはテロ行為に頼る。また、彼らが大量破壊兵器の使用に頼る可能性もある。こうした兵器は、たやすく隠し、密かに運び、警告なしに使うことができる。（中略）
合衆国は、我々の国家安全保障に対する強力な脅威に対抗するために、先制行動の選択肢を長らく保持してきた。脅威が大きければ大きいほど、行動しないことの危険性が高まる。そして、たとえ敵の攻撃の時間や場所に関して不確かな要素が残っているとしても、我々を守るために、先を見越した行動を取らざるを得なくなる。我々の敵による敵対行動を出し抜いたり防いだりするために、合衆国は、もし必要ならば、先制的に行動する。（中略）我々の行動の目的は、常に、合衆国及び我々の同盟国と友好国に対する具体的な脅威を取り除くことである。我々の行動の理由は明確で、軍事力はじゅうぶん評価でき、大義は正しい」

以上が二〇〇二年八月一五日の国防報告の一部です。

国連憲章第五一条は、「攻撃を受けた場合」にだけ自衛の権利を認めており（第二次世界大戦後、アメリカはそれをほとんど守ってはいませんでしたが）、それが国際紛争の歯止めになっていましたが、アメリカは自分で開発した兵器によって、自国が危なくなったと言って、ついに、国連憲章をまったく反故にして「先制攻撃」もやるというのです。

テロリストは「伝統的な抑止力の概念は、理不尽な破壊と罪のない人たちを標的にする戦術を公言している敵のテロリストには通用しない」と言いますが、もともと「理不尽な破壊と罪のない人たちをもすべて殺戮してしまう核兵器」を生み出したのはアメリカではなかったのか。ヒロシマとナガサキでその理不尽な破壊と罪のない人たちを標的にしたのはアメリカではなかったのか。そのような核兵器を廃絶するためにアメリカは何をしたというのか。核兵器は、毒ガス、生物兵器、化学兵器、地雷（これらはジュネーブ協定違反で禁止されていますが）どころではないジュネーブ協定違反の最たる兵器ではないか。即刻、この「理不尽な破壊と罪のない人たちをもすべて殺戮してしまう核兵器」を国連で禁止すべきなのに（一九四五年以来、要請されていますが、アメリカの反対で禁止されていません。二〇一七年、国連総会で核兵器禁止条約が成立しましたが、アメリカは参加しません）、それを棚上げにして、その兵器を世界中に数万（現在は数千）のオーダーで配備しているのはアメリカ自身ではないか。

人間の命は、ならずもの国家の人間も、アメリカ人も同じです。「テロリストのいわゆる『戦士たち』は殉死を求め、テロリストのもっとも有効な防御は国家を持たないことだからだ」といっていますが、強力な武器で追い詰め、空爆を繰り返せば、国家は持てなくなるし、殉死も覚悟して戦うテロリストにならざるを得ないのが人間ではありませんか。アメリカは、命を捨ててでもと思う人間の気持ちを一度でも考えたことがあるか。「理不尽な破壊と罪のない人たちを標的にする戦術」というが（これを奨励するわけではないが）、「理不尽な破壊と罪のない人たちを何万、何十万と殺傷する兵器」をこの世に送り出して、しかも数万基（数千基）も世界中に配備し、人類の未来に恐怖を与え、時が経つにつれて

（核保有国が増え）恐怖が増大している現実を作り出しているのはどこの国か。これこそ文明の顚倒《てんとう》ではないでしょうか。

人類の長い歴史は必ず、（『自然の叡智　人類の叡知』で縷々述べましたように）それが自分（自国）に返ってくることを示しているのではないでしょうか。「先制攻撃」で相手を抹殺すれば直ちに「先制攻撃」の応酬が始まることになるのではないでしょうか。

以上のようなブッシュ・ドクトリンの流れを見ますと、ブッシュ大統領（とネオコンの仲間たち）は、先代ブッシュ大統領のときに湾岸戦争で前科がある「ならずもの国家」の一つイラクをかなり早くから、先制攻撃の対象にしていたようです。

具体的にブッシュとネオコンのお仲間は、次のようにしてそれをやりました。

米英の見切り発車

二〇〇二年一一月八日、イラクに武装解除遵守の「最後の機会」を与えるとする国連安保理決議一四四一が全会一致で採択されました。これは、イラクが武装解除義務の重大な不履行を続けていると判断し、さらなる情報開示と査察の全面受け入れを求めたものでした。

これに対してイラクも重大な局面にきていると考え四年ぶりに査察を受け入れました。また、同決議の第三項が定めるところに従い、イラクは武器申告書を査察団に提出しました。これは一万二〇〇〇ページにのぼる膨大な文書でした

二〇〇三年一月九日、武器査察を行った国連監視検証査察委員会（ＵＮＭＯＶＩＣ）のハンス・ブリクス委員長とＩＡＥＡのモハメド・エルバラダイ事務局長は安全保障理事会に調査結果の中間報告を行いました。この中で、大量破壊兵器の決定的な証拠は発見されていないものの、昨年末に行われたイラク側の報告には「非常に多くの疑問点」があり、申告書には「矛盾」があるとしました。また、ハンス・ブリクス委員長は英米などからの情報の提供を歓迎するとも述べました。英米はこの時期、イラクが国連決議に反しているとの指摘を公の場で行っていました。

アメリカの国務省長官、コリン・パウエルはアメリカが査察団に対して情報提供を行うことを表明し、二〇〇三年二月五日に、イラクが大量破壊兵器を隠し持っていることを示す証拠をアメリカ側が国連安保理にて提示しました。しかし、このパウエル報告において重要な情報源として高く評価され、引用されていたイギリス政府による報告書が、実は最新の情報ではない、イラクの研究を行うアメリカの大学院生の一九九一年の論文からのか

なり長い無断引用を含んでおり、パウエルは後に（イラク戦争後に）「私の生涯の汚点であり、報告内容はひどいものだった」と認めることになりました（つまり、アメリカはイラクに対する戦争［武力行使］をやめるのではなく、何らかの理由をつけて、この際、攻撃しようと思っていたとしか思えない行動を取っていました）。

三月七日、国連監視検証査察委員会（ＵＮＭＯＶＩＣ）は二度目の中間報告を行いました。アメリカは査察が不十分であるとして、攻撃に関する決議採択を行おうとしましたが、フランスは査察期限の延長を求めました。アメリカはフランスが拒否権を発動した場合でも賛成多数の実績を残すために、非常任理事国に根回しを行いました。アメリカ、イギリスに加え、この時点で理事国ではない日本は、態度が不明確な非常任理事六ヶ国に決議賛成の根回しを行いましたが、最終的に米英日などの根回しは失敗し、安保理では、反対多数で仏が拒否権を発動する必要なく、新決議案が否決される見通しとなりました。

当時の理事国一五ヶ国のうち、イラク攻撃に賛成表明したのはアメリカ、イギリス、スペイン、ブルガリアの四ヶ国だけでした。フランス、ロシア、中国、ドイツ、シリア、チリ、パキスタン、メキシコ、カメルーン、アンゴラ、ギニアの一一ヶ国は反対または棄権の見込みとなりました。決議案は採決されませんでしたが、結果的に見ると、この時点でのアメリカのイラク攻撃に正当性はないと安保理各国は判断しており、国連の安全保障に関する仕組みはうまく機能していたと考えられます。

アメリカは、今度は安保理で否決の結果が残ることを恐れて裁決を避け、三月一七日（アメリカ標準時間）に、ブッシュ大統領がテレビ演説を通じて、イラクに対して四八時間以内にサダム・フセイン大統領と側近、家族の国外退去などを要求する最後通告を出しましたが、イラクはこれを無視しました（国連決議なしであるから、これはアメリカの私的な武力行使［戦争］となり、国連憲章違反でした）。

フセイン大統領の方は、捕縛後に語っていたことは、大量破壊兵器は破棄して持っていなかったが、周辺諸国との関連で全く持っていないことがわかるのは不利であるので、持っているように装っていたと本音を述べていました。また、この時点で本気でブッシュが攻撃してくるとは思っていなかったとも述べていました。

イラク戦争の開始

結局、アメリカは攻撃に関する決議採択を避けて（逆に言いますと国連の攻撃決議なしで、というより、現時点での攻撃反対の国連の意向を無視して、実質、アメリカの独断で）、イラク攻撃を開始しました。同じ多国籍軍といっていますが、湾岸戦争時とはもちろん（このときはフセインの明らかな侵略戦争でした。国連決議を得ていました）、アフガニスタン戦争時とも異なり（同時連続テロに対する自衛戦争という理由？）、イラク攻撃の「正当性」を国連でも世界に対しても、「納得」させないで（あとでわかったことですが、でっち上げて）、そそくさとアメリカとその取り巻き国との集団軍を組んでイラク攻撃に移ったのです。

米英が主張した開戦事由にはいろいろありましたが、その一つに「フセインとアルカイダが協力関係にある可能性がある」というものがありました。これについては、まったく、証拠はなく、ブッシュはアメリカ国民の連続多発テロに対する怒りをアフガンからイラクに関連づけて利用しようとしたのです。現在でも連続多発テロからアフガン、イラク問題が起きたと思っている人がアメリカにも世界にも多くいますが、当時からアメリカ国内にもフセインとアルカイダとの関連には疑問視する専門家が多かったのです。イスラムといっても、フセインのバース党は世俗主義であり、アルカイダは極端なイスラム原理主義で、相容れない敵対関係にあります。明らかな捏造でした。

アメリカ国民も、アルカイダとイラクが関係なければ、イラク攻撃にあれほど熱狂してブッシュ支持をしなかったでしょう。一番騙されたのはアメリカ国民でした。つまり、国民国家を作ったのは戦争であると述べましたが、国家は強ければ、いつでも戦争をしたがるのです（いつでも隠された理由を秘めてです）。

二〇〇三年三月一七日、先制攻撃となる空爆を行った後、ブッシュ大統領はテレビ演説を行い、四八時間以内にフセイン大統領とその家族がイラク国外に退去するよう命じ、全面攻撃の最後通牒を行いました。しかし、フセイン大統領は徹底抗戦を主張して応えなかったため、二日後の三月一九日に予告通り、イギリスなどと共に「イラクの自由作戦」と命名した作戦に則って、攻撃が開始されました。以後の戦争は省略します。

アメリカの有志連合軍は、イラク全土を一ヶ月強というすさまじい速さで占領し、二〇〇三年五月一日、ブッシュ大統領は「戦闘終結宣言」を行い、連合軍は圧倒的勝利をもってイラクへの攻撃を終了ました。イラクはアメリカ軍のバグダッド進攻によるフセイン政権崩壊以降、国連安保理決議一四八三に基づいてアメリカ国防総省人道復興支援室及び連合国暫定当局（ＣＰＡ）の統治下に入って復興業務が行われることとなりました。

大量破壊兵器はなかった

戦闘が一段落すると、この戦争の主目的であった大量破壊兵器の捜索が始まりました。前述しましたように、大量破壊兵器の保有に関しては国際連合大量破壊兵器廃棄特別委員会（UNSCOM）のリッター主任査察官、IAEAのエルバラダイ事務局長（肩書きはいずれも当時）らは当初から否定的でしたが、今度はイラク政府に邪魔立てされることなく、どこでも捜索ができるはずでした。

イラク国内に入ったアメリカ軍は、全力を尽くして大量破壊兵器の捜索を行いました。また、国際連合監視検証査察委員会（UNMOVIC）も現地入りし捜索を行いました。しかし必死の捜索にも拘わらず新たな大量破壊兵器は発見されず、二〇〇四年九月一三日にパウエル国務長官は「見つからないだろう」と捜索断念を明らかにしました。二〇〇四年一〇月にはアメリカが派遣した調査団が「イラクに大量破壊兵器は存在しない」との最終報告を提出しました。

フセイン政権とアルカイダとは関係がなかった

大量破壊兵器の存在とともに、もう一つの論点、「フセインとアルカイダが協力関係にある」についても（これが九・一一連続テロ事件との唯一のつながりでしたが）、そのようなことはなかったことがわかりました。

二〇〇八年三月、国防総省は正式に「フセインとアルカイダの関係を示す決定的証拠はない、認められるのはパレスチナ武装勢力とアルカイダの関係のみ」とする報告書をまとめました。結局、イラク戦争もまったく、根拠のない戦争だったことがわかりました。でも、誰もその責任を問わない。誰もその責任を問われない。何もなかったのに国家を破綻させられ、地下に潜っていたフセイン大統領は引きずり出されて死刑にされてしまいました。こういうことを民主主義国家でも起こすことを心しておかねばなりません。覇権国家であるからでしょうが、そのようなことが起きないように社会システムを組み込む必要があります（国連改革で述べます）。

アメリカは民主主義国家か

それは国連憲章第五一条をいかに拡大解釈しても、「自衛」とは見なしえない行動でした。フランス、ドイツをはじめ世界の多くの国々にいる批判者にとって、これはテロリズムそのものと同じくらい（本当は比較にならないほど大きい）重大な問題に思われました（これだけ強大な軍事力を持った国が、いったん、軍事力を発動すれば、どんな国でも気にくわなければ確実に瓦解させることができるからです)。アメリカ(二〇〇三年)は、世界の他の国々の軍事費すべてを合わせた額に相当する軍事費を、ただ一国で使っていました(これ自身を異常と思うべきです。カントは常備軍を持つだけでその国は良からぬことを考えていると疑われると言っています。地球社会に一緒に住むのですから他人(他国)を心配させるようなことは慎むべきです)。今やアメリカは、議会の後押しがあれば(戦争の決定権は議会にありますが、実際には宣戦布告しないで攻撃を開始しています)、アメリカ政府は文字通り思うがままの行動を取れることを意味していました。

この度のイラク戦争でも、本元である国連の集団安全保障制度が頼りにならないものになってしまいました。冷戦が終わってゴルバチョフの時代、国連の機能が回復したのも、束の間、アメリカ一極時代になるとアメリカはアフガニスタン戦争、イラク戦争と国連本来の集団安全保障体制を無視する行動を取りました。アメリカは一体国連を何と考えているのでしょうか。欧米日はひとくくりで民主主義国、先進国といいますが、国際法、国連に対する考えが大きく異なっているのではないでしょうか。

はたしてアメリカは民主主義国家であるのでしょうか。アメリカ政府高官(パウエル国務長官など）は、イラク戦争の前に国連やテレビの前でいくつかの証拠を上げてイラク政府は大量破壊兵器（とくに核兵器）はほぼ確実に存在するはずだと説明していました。あの証拠はいったい何であったかが問題となりました。アメリカ政府は大量破壊兵器に関するCIAの情報に誤りがあったことが原因であるとし、議会で調査が行われる事態となりました。CIAはれっきとしたアメリカ政府の機関です。しかし、でっち上げがありました。CIA長官はネオコンでした。

ベトナム戦争の時も、開戦の決めてとなったトンキン湾事件（一九七一年六月のいわゆる「ペンタゴン・ペーパーズ」）はCIAの捏造であったことはアメリカ国民だけでなく、世界中に知れ渡ったことでした。なぜ、アメリカはそれを防ぐ手立てをほどこさないのですか。覇権国家はその程度はいいということですか。国家機関もコントロール下にない。これで民主国家ですか（日本でも戦前、関東軍の特務機関がたびたび鉄道爆破事件などをでっち上げ、それが結局、満州事変や日中戦争に至らせました。それとまったく同じではないですか）。

イギリスなどアメリカに追従した多国籍軍は、国連憲章第五一条の集団的自衛権を発動したつもりでしょうか。集団的自衛権の論理で言うとイギリスはアメリカと同盟しています。そのアメリカがイラクから攻撃を受けたなら（これもどれほど致命的な攻撃であるかによりますが）、イギリスがイラク攻撃しても良いことになるでしょうが（それも攻撃に見合う程度という条件がありますが）、アメリカはイラクから全く攻撃を受けていませんでした。

逆に（アメリカはもちろんですが）イギリスがイラク攻撃したのは国連憲章違反であったことになります。国連憲章第五一条の集団的自衛権の論理にも全く則っていません。つまり、先制的自衛権の発動であったのです。それも、大量破壊兵器がなかったのですから、誤って先制的自衛権を発動したことになります。民主主義の本家といわれるイギリスもアメリカの「先制的自衛権」に乗せられて、とんでもないことをしでかしました。

しかも当時のブレア首相が開戦前に「フセイン政権が生物化学兵器の使用を決定した場合、四五分以内に配備できる」という報告書を提出し、アメリカの武力行使を積極的に支持していましたが、この情報もでっち上げだった可能性があり、自殺者まで出ていました。ブレア首相は「国民を騙した」として支持率が急落し、任期を残しての早期退陣に追い込まれました（辞任したのは当然ですが、一国を破綻させて「すみません。私辞めます」で済む話ではありません）。

デンマークのイエンスビュ国防相も開戦前に「大量破壊兵器問題をめぐる報告書」を提出してイラク戦争を支持したため辞任を余儀なくされました。また、ポーランドのクワシニエフスキ大統領は「アメリカに騙された」と批判し、日本の久間章生防衛相も「大量破壊兵器があると決めつけて、戦争を起こしたのは間違いだった」と発言しました。オーストラリアのブレンダン・ネルソン国防相に至っては、「原油の確保がイラク侵攻の目的だった」と開き直る発言をして批判を浴びました。小泉首相は、ノーコメントでした。日本では責任を問う声もあまり起きませんでした。つまり、覇権主義国家には「みんなで渡れば恐くない」という追随同盟国家が群がるということです。

このように強いボスに理屈はどうあれすり寄っていく同盟主義国に国際法を語る資格があるのでしょうか。長い人類の歴史を見ると、ボスもいずれは落ち目になっていきます。野生のゴリラ社会のボスの運命と同じように。人類社会がボスの交代ごとに嵐がおとずれていいのでしょうか。もはやアメリカは国連憲章第五一条を語って、アメリカ的集団安全保障体制にすり替えて七五年になります。覇権国家が七五年も違反をやるとそれが国際法になってしまうことを恐れます。次の覇権国家がそれを当然として受け継ぐからです。二〇二〇

国際法、国連憲章を人類社会の不動の社会システムにしなければなりません。

年代にも覇権の交代期が迫っています。覇権の交代がどうあろうと、人類の進むべき道を確立する、それが国際法であり、国連憲章ではなかったのではないでしょうか。少なくとも欧米日、先進国はその程度の歴史観は持っていたのではないでしょうか。欧米日先進国が国際法、国連の先鞭をつける、そうすれば自ずとこの社会システムはこの地球の人類社会に定着し、今後、どの国が超強大国家になっても、覇権国家や同盟国家などという概念は消滅してしまうものではなかったのではないでしょうか。

独立調査委員会の調査でイラクの関与がハッキリと否定され、ブッシュ大統領自身もそれ（フセインとアルカイダは無関係であったこと）を認めたにも拘わらず、二〇〇五年三月の世論調査では、アメリカ国民のまだ約六〇%が「イラクはアルカイダを支援していたと思う」と答えていました。それほどフセイン政権と九・一一連続テロを行ったアルカイダとはさも関係があるというような宣伝がされていたのです。

逆にいうとブッシュ政権は九・一一連続テロを利用して前述したようにブッシュ・ドクトリンの「ならずもの国家」イラクを取り除いたことになります。また、先制的集団的自衛権の発動の実験もやったのです（大失敗でしたが。これでアメリカが卑劣な国家だということが世界中に知れ渡りました）。結局、一番騙されたのはアメリカ国民でした。

イラクと九・一一同時連続テロ事件と関係がなければ、アメリカ国民はイラク戦争に賛成はしなかったでしょう。とにかく国民国家は敵対国を悪く言って、国民に反感を持たせて、やがて戦争を始めるというのも古来の常套手段で、（ベトナム戦争の教訓も生かされず）今のアメリカでもまったく変わっていないことがわかりました（二〇一七年に大統領となったトランプはフェイクの連発で、またまたアメリカ国民だけでなく、世界中を混乱に陥れることになりました）。

その後のアフガニスタン――世界最悪の困窮国家になった

二〇〇一年一二月二二日にはカルザイを議長とする暫定政府とアフガニスタン暫定行政機構が成立し、その後、二〇〇二年六月に緊急ロヤ・ジルガ（議会）が開催され、暫定行政機構に代わり、カルザイを大統領とするアフガニスタン・イスラム移行政府が成立しましたが、二〇〇五年後半からタリバンを中心とした武装勢力が南部各地で蜂起し、米英軍などと交戦し始めました。二〇〇九年一月に就任したオバマ大統領はアメリカ軍を逐次、増派していましたが、二〇〇九年一二月、三万人規模のアメリカ軍を翌年の夏までに追加派兵し、この増派でアフガン駐留米軍は一〇万人規模に達しました。ところが、激しくなったアメリカ軍の軍事作戦に巻き込まれて死亡する民間人が急増し、戦闘が激しい地域を中心に反米思想が定着して、逆にタリバンを勢いづかせる結果となりました。

以後の戦闘状況は省略しますが、二〇一六年一〇月五日、アフガニスタンの復興支援を協議する「アフガニスタン支援国際会合」がブリュッセルで開かれ、国際社会が二〇一七年から二〇年までの四年間で総額一五二億ドル（約一兆五七〇〇億円）を支援するとの共同宣言を採択しました。会議には日本を含む七五ヶ国と二六の国際機関が参加しました。主要なドナーの日本は二〇〇一年以降に計七〇〇〇億円を拠出しています（ボスの不始末はいつも「黙々と」追随同盟国が負担し、国連が処理することになっています）。

国際援助がアフガン政府予算の半分以上を占めていて、援助の多くは治安分野に使われていますが、治安部隊三〇万人の力が及ぶのは国土の約五四％にすぎません。前線に給料や物資が届かず、部隊の投降や武器の横流しが相次いでいます。犠牲者が多いため、当局は部隊の被害規模を公表していません。

長期化した紛争は難民を生み続けています。国連高等弁務官事務所（ＵＮＨＣＲ）の集計では、国外に逃れた難民の数は二〇一八年時点で約二七〇万人と、シリアに次いで二番目に多くなっています。国内難民も二〇一九年八月時点で約二二万人います。

このような状態で、二〇一七年にオバマ大統領からトランプ大統領に替わりました。二〇一七年八月、トランプは、アメリカ軍を増派し、空爆を強化しました。二〇一八年七月になると、「押してダメなら引いてみな」と、今度はトランプは、アメリカ軍撤退を目指してタリバンと単独で和平協議を開始しました。アフガニスタン政府を入れなければ和平になりません（トランプはいつでも関係国と協議することなく単独行動です。二〇二〇年の大統領選を考え、アフガン和平を自分の成果にしたいのだと言われました。くるくる猫の目のように、というか、大統領が替わるたびにアメリカの方針も変わります。ベトナム戦争も五代の大統領二〇年間、結局、和平もしないでアメリカ軍は逃げ帰りました）。

今回も撤退を急げば、アフガン政府は後ろ盾を失い、地上戦で優位なタリバンの発言力が強まることは避けられません。停戦交渉がタリバン主導で進めば、タリバンと反タリバン軍閥勢力との内戦も勃発しかねません（最近のアメリカ軍の一方的なシリア撤退の例があります。イラクでもそうでした）。現在のアフガン政府もアメリカ軍に対し、そうしたリスクを抑え、タリバンの政治参加を促す「安全弁」としての役割を期待しています。

二〇一九年九月二日、アメリカ政府でアフガニスタン和平を担当するカリルザード和平担当特使は、アメリカとタリバンとの和平合意案が「まとまった」と公表したところ（九回目の協議が中東カタールで終わりました)、首都カブールでは、外国人が多く暮らす居住区でタリバンによる爆破テロが起き、アメリカ兵一人を含む一二人が死亡、一一九人が負傷しました。

トランプ大統領は、あわてて、二〇一九年九月七日、アフガニスタンの反政府勢力タリバンとの和平協議を「中止した」とツイッターで表明しました。ツイッター一つで翻弄されるアフガン国民の苦しみはいかばかりでしょう。

二〇二〇年一一月の大統領選挙にトランプにかろうじて勝ったバイデンは、二〇二一年四月、(トランプ政権がタリバンと一方的に締結していた撤退協定を踏襲して)連続テロ事件から二〇周年になる二〇二一年九月一一日に予定通りすべてのアメリカ軍をアフガニスタンから撤退させると発表しました(ベトナム戦争や朝鮮戦争と同じように和平もしないで逃げ帰るのでしょうか)。

以上のようなことで、(アメリカがいつものように、すべてをほったらかして逃げ帰ってしまうことも困りますが)まだ、アフガニスタンの和平の見通しは全く立っていません。アメリカにとって、弱小の国家を崩壊させることは簡単ですが(一ヶ月でアフガニスタンは崩壊しました)、二〇年経ってもそれを再建する目途どころか、ますます混乱、国民は世界最悪の状態に陥ってしまいました。

アフガニスタンは国家予算の約七割を国際支援に依存しています。国民の三分の二は、一日二ドル以下で生活しており、ＩＭＦの統計によりますと、二〇一三年時点のアフガニスタンのＧＤＰは二〇七億ドルです。一人当たりのＧＤＰでは六七九ドルとなりますが、この数値は世界平均の一〇％未満であり、アジアの中で最も低いものです。失業率も高く、ネパールなどと同じように四〇％を超えています。識字率も大きく落ち込みました。国家を崩壊させることはいかに大きな犯罪であるかを覇権国家アメリカ（国民を含めて）は知るべきです。また、安易に国連憲章第五一条の集団的自衛権の発動だとしてアメリカ私兵軍に兵を送った同盟国も反省すべきです。

一九七九年のソ連軍のアフガニスタン侵攻から数えても四〇年になります。ソ連の後はアメリカにアフガニスタンは翻弄され、この四〇年間、一時も安らぐときはありませんでした。破壊、空爆、破壊、空爆の連続でした。世界最低のどん底の生活に落とされてしまいました。かつてのアフガニスタンは『人類の叡知　自然の叡知』でも記しましたように、豊かではありませんでしたが、紛争などもあまりなく平和に暮らしていました。

アフガニスタン人が旧ソ連人やアメリカ人に何をしたというのでしょう。旧ソ連やアメリカの国民もアフガニスタン人を知っているわけでも、恨みを持っているわけでもありません。結局、大国、覇権国家の政治家が自分の都合で（国益の名目で、つまり、産軍複合体の利益のために）、やらなくてもよい介入（戦争）をしているのです。彼らが火をつけて、大火になって消せなくなって、逃げ帰ってほっかむりをしている、それを繰り返しているのです（アフガニスタン人は四〇年間の不信に固まっています）。その後のイラクも同じ状況になっていますが、省略します。やはり、第三者が心から彼らの立場になって、和平・再建案を提案するしかありません。国連しかありません（二〇二一年八月末、バイデン政権は、アフガニスタンから一方的に兵を引き上げ、予想通りタリバンが全土を掌握し、再びアフガニスタンを混乱のどん底に落としてしまいました）。

《二》今後、予想される紛争（戦争）

世界を不安定化させた一極時代のアメリカ

ブッシュ大統領は、二〇〇三年五月一日の「戦闘終結宣言」によって、圧倒的勝利でイラクへの攻撃を終了しましたが、アフガニスタン戦争と同じように、イラクと講和したわけでも、停戦協定を結んだわけでもなく、いわばアメリカが国連加盟の独立国家イラクを転覆させ、一方的に終結を宣言したに過ぎませんでした。イラク軍やイラク政府が地下に潜ってテロを繰り返しました。二〇〇三年八月にはバグダードの国連事務所が爆破され、セルジオ・デメロ国連事務総長特別代表らが殺害され、国連チームは撤収するに至りました。

テロはイラク国内だけではありませんでした。ブッシュのアフガン、イラク侵攻はテロを世界中に拡散させることになりました。二〇〇二年一〇月一二日のバリ島爆弾テロ事件、二〇〇三年のカサブランカ、インドネシア、トルコなどでのテロ事件、二〇〇四年三月一一日のアルカイダによるスペイン列車爆破事件、二〇〇四年九月一日のチェチェンのベスラン学校占拠事件、二〇〇五年七月七日にロンドン同時爆破事件が起きました。それ以後もエジプト、インドネシア、インド、アンマンでもテロ事件が続きました。

戦争が大きな不幸をもたらすことは歴史的に自明のことでしたが、いったん戦争で国家をつぶすと簡単には再生できないことがアフガニスタン戦争やイラク戦争で再び明らかになりました。フセインは初等教育にも力を入れていて、湾岸戦争前に九割あったイラクの識字率も、イラク戦争、続く混乱のなかで五割を下回っているといわれるようになりました。ブッシュ大統領は日頃イラクを民主化すると大見得を切っていましたが、結局、イラクを命（治安）も教育も保障されない破綻国家にしてしまいました。これではイスラム世界がアメリカを信用しなくなるはずです。

二〇一一年一二月一四日、アメリカのオバマ大統領は、ノースカロライナ州フォートブラッグ陸軍基地でイラクからの帰還兵を前に「イラク駐留アメリカ軍の撤退」を宣言しました。

しかし、その後もテロが頻発し、イラクの治安は決して回復したわけではありませんでしたが、マッチポンプのアメリカ軍はいつものように（ベトナム戦争と同じように）見切り発車でイラクから逃げ帰りました。この権力の空白（弱体化したイラク政府）を狙ってＩＳがイラクからシリアにまたがる「イスラム国家」を建国し、世界の不安定化に拍車をかけました（それは省略します）。

原因別に見た冷戦後の戦争・紛争

冷戦後はイデオロギーの対立というよりも、民族・宗教などの対立による内戦が世界各地で頻発するようになり、形態はかつての伝統的な戦争よりも複雑多様化しています。

とくにイスラム原理主義や民族主義によるテロが先進国を悩ませ、それに対する報復戦争や内戦が起きる事態となっています。

冷戦後の戦争・紛争を原因別に見ますと以下のようになります。

①領土と利権をめぐる戦争・紛争

領土問題を戦争に発展させないために、国連は国際法によって、一国が他国の領土を武力によって占有すること、つまり、侵略戦争を禁じています。前述しましたように本来の国連は自衛のための戦争と国連が行う制裁のための戦争以外をすべて禁じています。このように戦争によって、領土のやり取りを本当に禁じようとしたのはルーズベルトのＤＯ案のみで、現在の国連、つまり、アメリカ的集団的安全保障の仕組みではそれが実現されていません（アメリカ的集団安全保障、つまり同盟主義の集団安全保障の仕組みでは、対立勢力の同盟ができますので、原理的に戦争はなくなりません）。

領土問題は当事国同士での外交で解決されるのが望ましいのですが、当事国間で解決することが困難な場合には、国際司法裁判所（ＩＣＪ）への付託ができます。もっとも国際司法裁判所への付託は、紛争当事国の一方が拒否すれば審判を行うことができず、つまり強制管轄権はありません（ここに現在のＩＣＪの問題点があります。国連改革で後述します）。ただし、双方の当事国が義務的管轄権受託宣言を事前に行っている場合には例外的に付託されます。後述しますように、第二次世界大戦後、七五年間の領土問題はほとんど未解決で残っています。印・パ、イスラエル・パレスチナ、中国・台湾問題、日本も尖閣・竹島・北方四島など、世界中に多くの領土問題が残っています。これらは国連を改革して人類の叡智で解決するしかありません。人類社会は、まだ、未完成で多くの国際法、国際ルール、国際的な社会システムを創造して問題の解決にあたらなければなりません。七五年前の国連の発足とともに「すべての武力行使」（国連軍、自国自衛権以外は）は禁じられていますので、この原則をまず、実現するしかありません。

②宗教に根ざした戦争・紛争

中世の世界は宗教が支配する世界で、宗教の違いは紛争のもと（原因）になりました。それは一六四八年に終わった三〇年戦争以降、人類（といってもヨーロッパ世界でのことですが）は宗教の違いで争うことをやめにしました（国別の国益で争うようになりました）。

しかし、今でも時に、宗教の違いは人と人を分かち、刃を交わらせる要因ともなります。だが、当たり前の話ですが、現代では、隣人が異教徒であるというだけで銃を取ることはほとんどありません。宗教抗争とみなされる紛争の背景を探ると、そこには政治的な不平等や経済的格差などの理由があります。たとえば、パレスチナ・イスラエル問題では一番最初の国連決議で明らかに少数派のユダヤ人に大きな土地、多数派のパレスチナ人に小さな土地という不公平な配分をしたことに対する人間としての怒りがあります。

これをその後もアメリカはまじめに（当初の国連決議に）正そうとしていません。人間のとくに領土に関する正当性の要求は武力では解決できないものがあります。イスラエルの肩を持つアメリカが仲裁しようとしても、仲裁がうまくいくはずがありません。国連などの第三者の心からの調停が唯一これを解決に導きます。

また政治家が自らの行動の正統性（または正当性）を裏づけるため宗教を利用する場合も見受けられます。たとえば、クウェートに侵攻したイラクのサダム・フセイン大統領は、湾岸戦争時、（明らかな侵略でしたが）国連の決議に基づき侵攻してきたアメリカを中心とした多国籍軍を前にして「ジハード（聖戦）」を宣言してイラクの侵略戦争を正当化しようとしました。

このように今では純粋な宗教戦争というものはあまりありません。しいて分類すると表向きは宗教戦争になるというものです。

③民族（＋宗教）が憎しみ合う戦争・紛争

民族はよく血統とか、人種とかが（種はすべて同じですが）同じ人間だと思われていますが、そうではありません。確かに民族は長い時間をかけて醸成されるものですが、民族もまた歴史の中で作られた一つのアイデンティティに過ぎません。人は○○民族に生まれるのではなく、○○民族になるのです。

「長い時間をかけて」といっても、『自然の叡智　人類の叡知』で述べましたように八万五〇〇〇年前にアフリカを出て世界に分散したホモ・サピエンスの一部族集団が現在の世界の七八億人になったのですから、それぞれが○○民族といっても、ほんのこの間（一万年前）から、それを主張するようになったようなもので、そこに本質的な違いがあるわけではありません。みんな大部分の期間（数百万年）、狩猟漁労の移動生活をしてきたのです。『自然の叡智　人類の叡知』で見てきましたように、せいぜい一万年前から農畜産業を開始し、一定地域に共同の生活を営むことにより、言語、習俗、宗教、政治、経済などの各種の文化内容の大部分を共有し、集団帰属意識を持つようになってからです。

そして、民族間に「統治する―統治される」「抑圧―被抑圧」という関係が構造的にできていったから問題となったのです。現在でも「抑圧―被抑圧」の関係があるところでは、民族運動が起こるのです。旧ユーゴスラビアの分裂は典型的な「抑圧―被抑圧」による民族紛争でした。チトー大統領は、民族対立が起きないようにいろいろ配慮していましたが、チトーが亡くなって、ミロシェヴィッチ大統領が露骨なセルビア人優遇政策を始めてから、分裂が起き始めました。

もちろん、民族差別の極限はヒトラーのユダヤ人大量虐殺（ホロコースト）ですが、それだけではなく、歴史上、民族対立と悲劇がたくさんありました。どのようになると（すると）、民族対立が起きるか、それは歴史をひもとけばわかります。

この問題の解決は「抑圧―被抑圧」の関係の解消しかありません。差別、抑圧―被抑圧をなくする、これが民族紛争を解消する唯一の方法でしょう。国連などの中立機関が「自治区」や「連邦制」などをもっと柔軟に導入して、民族間の「差別」や「抑圧―被抑圧」を解消するような方策を提案することも必要でしょう。国家というのは、帝国支配の誕生以来、あるいは一九世紀以来の国民国家意識で民族的に統一されていることが強国であるという古い観念を持っていて、無理をするようですが、実際には、もっと「自治区」や「連邦制」などを多用して、気楽に生きても何ら問題はありません。そのような国は世界中にたくさんあり、見習うべきです。

④独立をめぐる紛争

独立戦争とは、国家の支配下にある地域が独立を目的として起こす戦争のことです。独立戦争は、第二次世界大戦後のアジア・アフリカの諸国が欧米の植民地から独立するときに多数起きました。国際連合ができて民族自立が叫ばれましたが、ヨーロッパの植民地所有国は第二次世界大戦後も植民地を維持しようとしたため、(第一次)インドシナ戦争やインドネシア独立戦争など、独立要求運動が武力闘争から戦争に発展したものであり、その点で既存の政権の奪取を目的とするクーデターや、同一の主権国家内での政治体制の変革を目的とする革命とは異なるものでした。

現在では、植民地からの独立はだいたい終わったとみられており、冷戦後はずっと減ってきています。

この冷戦後にはソ連が崩壊し、ソ連から一六の国が独立しました(ロシアを入れなければ一五の国が独立しました)。また、ユーゴスラビア内戦によって、六つの国が独立しました。チェコスロバキアが平和的にチェコとスロバキアに分かれて独立しました。以上の三ケースは冷戦終了にかかわる特殊な例といえるでしょう。

現在でも独立を要求している地域がないわけではありません。国家の支配する領土において、特定の地域の住民が分離・独立を要求する運動を起こす場合、その動機にはさまざまな要素が考えられますが、その根底には、差別、抑圧―被抑圧があるようです。このような問題にも国連のような第三者機関が相談に乗って解決策（自治権とか連邦制の導入など）を提案することが必要でしょう。

⑤政治の支配権をめぐる内戦状態の国・地域

最近は国家間の戦争は減ってきていますが、内戦が増えています。

内戦とは、国家の領域内で対立した勢力によって起こる、武力紛争を指します。「内戦」と「内乱」は同義に用いられることも多く、厳密な区別はありません。その原因にはいろいろありますが、やはり、その根底には、差別、抑圧―被抑圧があるようです。これも国連などが相談に乗って解決策を提案するしかないでしょう。テロや内戦が激しくなっている原因の一つに安価で大量の武器の存在がありますので、国連で武器輸出の規制を強化することも重要でしょう。

現在の紛争・戦争と将来、紛争になる恐れのある事項

次に現在進行中の紛争・戦争、あるいはこのまま放置すると将来紛争・戦争になる恐れのあるものなどをここでは項目を記すにとどめます（それぞれの経緯と解決の方向につい

ては『自然の叡智　人類の叡智』に記しています）。この中には第二次世界大戦の終了時に発生し、現在まで七五年も続いているものもあります（インド・パキスタンのカシミール問題、イスラエル・パレスチナ問題など）。米ソ冷戦で大国が拒否権の応酬で問題をこじらせ、そのままほったらかしにした問題など、だんだん未解決の問題がたまってきていて、ざっと数えてみますと三二件にもなります。今後、地球温暖化などで地球環境が厳しくなるとこのような紛争の原因を抱えた地域はますます不安定化しますので、これを解決する手段が早急に必要です。国連改革のところで述べます。

《西アジア・中東地域》

二〇〇一年の同時多発テロ事件以降、アフガニスタン戦争、イラク戦争などで、アメリカがテロとの戦い、中東の民主化などの名目で介入し始めてから、中東はますます不安定化してしまいました。イラク戦争後、アメリカが手を引き始めたところに、ロシアが失地回復と進出し始めましたが、これも混乱に拍車をかけるだけで（武器輸出を増やし問題を大きくしているだけです）、不安定化はますます進行しています。

これまでの国民国家の枠は崩壊しかけています。欧米やロシアの戦争や軍事干渉に加えて、それに対抗する内戦やテロの蔓延が国家の解体や破綻を促進したのです。

アラブ各国の弱体化・不安定化によって、アラブ圏やアラビア半島に対する域外からの干渉と影響力が強まっています。アケメネス朝帝国にさかのぼる歴史をもちシーア派の総本山のイランとスンニ派のカリフを戴いたオスマン帝国の継承者たるトルコが勢力を拡大させようとする動きを見せ、イランはロシアと手を組みました。トルコはロシア機撃墜でプーチンとの敵対に追い込まれましたが、ロシア製武器の購入などでロシアとの全面的な対立は避けています。イランとアラブの盟主サウジアラビアは対立を深めています。

そのようなところへ、二〇一七年から「アメリカ第一」「イスラエル第一」を掲げて、中東に返ってきたのがトランプ大統領で、覇権国家アメリカの軍事力、経済力を笠に着て、将来の中東和平のビジョンや構想とは縁遠い、行き当たりばったりの露骨な「武器ビジネス」の思い付き外交で、中東をかき回し始めました。これがあと四年続くと中東は混乱の極みに達すると危惧されましたが、二〇二〇年一一月の大統領選挙でバイデンがかろうじてトランプに勝ちました（今やアメリカの民主制そのものが危惧されています）。トランプのやったことは、二〇〇〇年代のブッシュ（息子）大統領がアフガニスタン戦争やイラク戦争で混乱させた中東にさらに、過去の歴史的経緯や国際法などを無視して（というか知らないで）混乱をもたらしました。バイデンはまず、トランプによってもたらされた中東の混乱の修復を図ろうとするでしょうが、もはや、アメリカにその力と信用がないように思われます。今、アメリカにとって、そして人類にとって、もっとも大事なことは武力ではなく、国際法の原則に返る、国連憲章の原則に返ることではないでしょうか。それをアメリカが主導してくれることがもっとも人類にとって未来への希望を抱かせることではないでしょうか。

人類は、一〇〇年前の一九二〇～一九三〇年代に次々と登場した全体主義の歴史を振り返って、今、何が中東に必要か真剣に考えなければなりません。

①イスラエル・パレスチナ紛争（宗教、領土）
②レバノン紛争（宗教）
③アルメニア・アゼルバイジャンのナゴルノ・カラバフ紛争（宗教、領土）
④トルコ、シリア、イラク、イランの四ヶ国にまたがるクルド人問題（宗教、領土）
⑤ギリシャ系のキプロス共和国とトルコ系の北キプロス（宗教、領土）
⑥アフガニスタン戦争のその後
⑦イラク戦争のその後

⑧シリア内戦（宗教、長期独裁）
⑨イエメン内戦（長期独裁、宗教）
⑩イスラム国の樹立と崩壊（宗教、領土）
⑪サウジアラビアとイランの対立（宗教）

《アフリカ地域》

チュニジアのジャスミン革命（長期独裁）から始まった「アラブの春」とは、二〇一〇年から二〇一二年にかけてアラブ世界において発生した、前例のない大規模反政府デモを主とした騒乱でした。チュニジアから始まり、エジプト、ヨルダン、リビア、イエメン、バハレーンなど中東・アフリカの広範囲で反政府蜂起が拡大し、いくつかの国では政権の交代がありました。シリアでも市民のデモや抗議運動にアサド政権は徹底的な武力弾圧をとりましたが、それが深刻な内戦へと発展していきました。そして二〇一四年には、元アルカイダ系のイスラム過激派組織ＩＳＩＬがシリアとイラクの国境をまたぎ台頭し、「イスラム国（ＩＳ）を樹立し、この地域を深刻な事態に陥れました。

「アラブの春」革命に共通するのは長期独裁が続いている国で、各国で長期独裁政権に対する国民の不満が爆発し、数々の政変や政治改革を引き起こすことになりましたが、テロの増大や無政府状態になるなど混乱が広がり、保守層の巻き返しが起き、一〇年経って、結局、終わってみると政権交代が成功裏に実現したのは最初のチュニジアだけで、他は巻き返されて独裁政権に先祖返りしたり、多くの外部勢力の干渉により激しい内戦に発展し、シリア内戦、イエメン内戦、リビア内戦のように現在も混乱が続いているところもあります。

①ベン・アリー政権の崩壊と民主体制への移行（長期政権、アラブの春で唯一成功）
②エジプト革命と軍事政権の再来（宗教、長期独裁）
③リビア内戦（長期独裁政権、内戦）
④無政府状態になったソマリア（内戦）
⑤スーダン・南スーダンの紛争（宗教、領土）とダルフール問題（民族）
⑥南スーダンの派閥争い（内戦）とスーダン・南スーダン国境紛争（石油）
⑦エチオピアとエリトリアの国境紛争（領土）
⑧西サハラとモロッコ（領土、独立）
⑨不安定なコンゴ民主共和国（民族、内戦）

⑩チャドの宗教対立から軍の派閥抗争（宗教、内戦）

《アジア地域（西アジア・中東を除く）》

①インド・パキスタンのカシミール問題（宗教、領土）
②中印国境問題（領土）
③南北朝鮮問題（領土）
④中国・台湾問題（領土）
⑤国際法に違反する中国の南シナ海軍事基地（領土）
⑥日本・中国との尖閣列島問題（領土）
⑦日本・韓国との竹島問題（領土）
⑧日本・ロシアとの北方領土問題（領土）

《ヨーロッパ地域》

①コソボの独立問題（セルビアの自治州、独立）
②ロシアのクリミア併合とウクライナ東部内戦（領土＋内戦、民族）

《南アメリカ》

①ベネズエラ（内戦の危惧）

《三》劇症型地球温暖化・パンデミック（人類の三〇年エネルギー転換作戦）

劇症型地球温暖化の危機

地球温暖化問題については、二〇一五年一二月に「パリ協定」がまとまり、産業革命前からの世界の平均気温上昇を「二度未満」に抑える、さらに平均気温上昇「一・五度未満」を目指すということで、二〇二〇年から一九六ヶ国で取り組むことになっています。

さらに二〇一八年一〇月、ＩＰＣＣ（国連気候変動に関する政府間パネル）は特別報告書を発表し、二度未満の目標を一・五度未満の目標へと、より厳しくすべきだとし、気温上昇を一・五度未満に抑えるためには、温室効果ガスの排出量を二〇三〇年までに二〇一〇年比約四五％削減、二〇五〇年前後には正味ゼロに達する必要があるとしました。しかし、二〇二〇年に各国が自己申告した目標値を合計しても、とてもこの目標値に遠く及ばないといわれています。

地球温暖化問題は地球大気中の温室効果ガスの蓄積量によって決まりますので、一旦、温暖化しますと半永久的にその温暖化が継続します。人類にとっては一度きりのやり直しのきかない問題であり、しかも地球全体で（人類全体で）目標を達成しないといけない前代未聞の難問です。そのためパリ協定では途上国などに対する技術援助、資金援助の重要性が強調されていて、年間千億ドル（約一一兆円）を下限として、二〇二五年までに新たな定量的な全体の目標を設定することを決定しています。

ところが、最近、地球温暖化は国連のＩＰＣＣやパリ協定が想定するより、さらに速く、より厳しくなるという劇症型地球温暖化の恐れが出てきました。二〇一八年八月、独ポツダム気候影響研究所などが公表した「ホットハウス・アース説（温室化した地球）」がそれです。

その説によりますと、温暖化によりアマゾンの熱帯雨林が縮小したり、北極の永久凍土や南極の海氷が融けたりすると、熱帯雨林や永久凍土や深海底に貯蔵されていた二酸化炭素やメタンが大気中に放出され始め、気温がさらに上昇する、すると他の転換要素がドミノのように次々と活性化されていき、さらに高温になっていく、こうしたドミノ現象は、一度始まってしまうと、（人力で）止めることはほとんど不可能であり、結局、ホットハウス・アースが現実のものとなり、地球は人が住める場所ではなくなってしまうというのです。

この論文では、平均気温が二度上昇すると、重要な転換要素が活性化され（論文では一〇の自然現象が挙げられています）、ホットハウス・アース現象により世界の平均気温は産業革命前と比べて四～五度高くなるとしています。

ここに挙げられた一〇の自然現象は、夏季の北極と南極における海氷の減少による気温の上昇、北極と南極の氷床の減少、シベリアなどの永久凍土の融解、世界中で頻発する「消えない」山火事など、いずれもすでにそれと思われる現象が起こっています。すでにシベリアの凍土地帯では数年前から、メタンが放出された大きな穴や傾いた建物などの報告があります（二〇一七年四月、ロシア・ヤマル半島の永久凍土が融け、メタンガスの圧力が地中で高まって爆発した直径数十メートルの穴）。

報告書の共同執筆者でポツダム気候影響研究所の所長を務めるハンス・ヨアヒム・シェルンフーバーは、「気温が二度以上高くなると、今は気温上昇を防いでくれている自然（地球）システムが大量の炭素発生源へと変わり、地球が産業革命以前から四～五度高い気温になる〈不可逆な道〉を歩み始めてしまうが、その閾値《しきいち》が二度なのか、三度なのか、項目によっても異なるので、今のところわからない。二度を超えればいつ起きるかもしれないから、とにかく、一刻も早く、二酸化炭素の排出をゼロにするべきである」（『日本版ニューズウィーク』二〇一八年九月一八日号）と述べました。

四～五度の上昇となると、食料生産など人類は壊滅的な状態になると予測されています。『地球温暖化戦争』（新潮社。著者グウィン・ダイヤー。二〇〇九年一一月刊）には、戦略国際問題研究所（CSIS）と新アメリカ安全保障センター（CNAS）が二〇〇七年一一月に共同発表した地球温暖化の予測を記しています。このCSIS/CNAS報告書において、四～五度の気温上昇というのは第二のシナリオに相当するもので、劇症型地球温暖化と称しています（ゴア副大統領の国家安全保障問題担当補佐官のレオン・フュースが担当）。

それによりますと、現在世界の穀倉となっているアメリカについては、「まずアメリカ合衆国だ。カリフォルニア中央部のセントラルバレーは、シエラネバダ山脈とロッキー山脈を覆う雪が融けてしまったことで、かつては夏場の給水を担っていた河川が水量不足に陥り、農業は実質的に消滅している。南西部の主要都市は、劇的かつ永続的な水不足に直面している。ミシシッピー川以西のハイプレーンズは降雨量が急速に減少したため、巨大な「オガララ帯水層」から汲み上げる灌漑用水への依存がいっそう高まり、地下水の枯渇時期がさらに早まることになる。

南東部の諸州は悪天候に常時見舞われるようになる。沿岸地帯にくらす人々は、連邦政府が住民保護のために展開する公共事業によって当初は恩恵を受けるものの、そうした試みはやがて失敗に終わる。……」と記しています。

アジアについても、「ヒマラヤ山脈とチベット高原に端を発するアジアのすべての河川(インダス、ガンジス、ブラマプトラ、サルウィン、メコン、長江)は当初、氷河や積雪が融けることから数十年にわたり洪水に見舞われるけれど、融けるべき氷河と積雪が消滅したあとは、特に夏場の数ヶ月間、水量の激減に苦しむことになる。その結果、インド亜大陸では食料と水をめぐる国境紛争が発生し、それぞれに核兵器を保有するインドとパキスタンは、インダス川の水をめぐって戦争の危機に直面する(この地球上で灌漑農地が最も連続して広がる地域は、パキスタン領内のインダス川下流域だが、インダス川とその支流の水源はインド領内にあるのだ)。インドの民主主義体制は、こうした緊急事態の中で崩壊するかもしれない」

中国については、「流れる河川の水量が低下すると、その影響は華南一帯の食料生産だけでなく、三峡ダムのような中国の野心的水利発電プロジェクトにも及ぶことになる。北東モンスーンが弱まり、華北平原の穀物生産が減少し、また沿岸の工業地帯が海水面の上昇と強まる暴風雨にさらされて、深刻な打撃を受ける。中国の独裁政権は、ぐらついた政権基盤をうち固めるため、大衆の怒りを外に向けようとし、台湾、日本、さらにはアメリカに対してまで非難の言葉を浴びせるかもしれない」と記しています。

他の地域は省略しますが、いずれでも深刻な食糧不足が起き、世界中で紛争（戦争）が頻発し、避難民が国境に押し掛けるようになることを予測しています。劇症型地球温暖化問題は、地球大気中の温室効果ガスの量を一定値以下に抑え込まなければならず、七八億人すべてにかかわる「オール・オア・ナッシング」（ともに生き残るか・ともに滅びるか）の問題であるといえます。

つまり、人類はこのような劇症型地球温暖化を防ぐためには、この三〇年間でパリ協定の仕組み以上の速度と規模で全地球の化石エネルギーで賄われている社会システムを全面的に再生可能エネルギーで賄われる社会システムに「大転換」するという第二次世界大戦などとは比較にならない長期の大作戦を展開しなければなりません。しかし、これはすべてを破壊する戦争ではなく、地球の全社会システムを再生する「グローバル・サンシャイン・ルネッサンス」作戦です。

新型コロナ・パンデミックの恐怖

地球温暖化が劇症化する可能性が高まり、その具体的防止策が急がれていましたが、二〇一九年一二月から新型コロナ・パンデミックが発生し、たちまち世界中に蔓延しました。発生以来、一年半経った二〇二一年一〇月末には、米ジョンズ・ホプキンス大学の統計によりますと、世界の感染者数は二億四六〇四万人、死者数四九九万人となっていて、現在も拡大の一途をたどっています。先進国や中国でワクチン接種によって拡大防止の目途が立った国もありますが、大部分の国や地域ではワクチン取得に時間がかかり、まだ、かなりの時間が必要であると思われます。

その間にすでにより伝染力の強いと思われる変異ウイルスが数種類発生し、一度伝染した地域にも、また、伝染する可能性が出てきています。

前述しましたシベリアの永久凍土の融け始めた側壁から採った土壌サンプルを検査したところ、モリウイルスという未知のウイルスが発見され、生物の細胞に入ると一二時間で一〇〇〇倍になり、細胞を突き破って周りにひしめき合った強力なもので、WHOへ対策を求める意見書が送られたということです。新たな感染症の流行をもたらす可能性が高く、永久凍土はパンドラの箱であるとのことです。

また、ブラジルでは二〇二〇年に約二〇万件の山火事が発生しましたが、多数の野生動物が保護されました。このような野生動物から人類に感染するウイルスが発見されていて、ここからも感染症発生のリスクが高まっているということです。

このように、劇症型地球温暖化問題と新型ウイルス問題が結びつく恐れも出てきています。

人類は、世界人口七八億人が一体となって短期間に新型ウイルスを防止できるシステムを確立しないと、一部の国や地域で新型ウイルスを克服しても、他の国や地域に感染者が残っていると再びそこから変異ウイルスが流行し始める恐れがあり、人類はウイルス・パンデミックから抜け出せなくなる恐れがあります。そのような意味でパンデミックも人類共通の「オール・オア・ナッシング」（ともに生き残るか・ともに滅びるか）の問題であるといえます。

《四》覇権の交代期に入った米中――米中冷戦の恐れ

ちょうど今から一〇〇年ほど前の一九世紀末から二〇世紀初めに、英独の覇権の交代期があったことは、第三章の帝国主義時代のところで述べました。その時期には世界は欧米列強の合従連衡があり、不安定になり、第一次世界大戦、二〇年間の戦間期、そして第二次世界大戦という結果になりました。

早くも、二〇〇一年一月一四日にはアメリカ紙のワシントン・ポストにおいてアメリカ政界の重鎮であるヘンリー・キッシンジャー元国務長官が「米中は冷戦を避けなければならない」と述べ、米中が冷戦状態に入りつつあると警鐘を鳴らす記事が掲載されました。キッシンジャー元国務長官は米中が冷戦状態に入った場合、「核拡散や環境、エネルギー、気候変動など、地球規模で解決が必要な問題について、国際的に（米中の）どちらにつくかの選択を迫られることになり、各地で摩擦が発生する」と述べていました。

東アジアでの米中の確執

第二次世界大戦後、一九四七年三月、アメリカのトルーマン大統領は、トルーマン・ドクトリンを発表して、対ソ冷戦を開始しましたが、そのトルーマン・ドクトリンとは一言でいえば、ソ連やソ連の同盟国（中国、東欧、ベトナム、北朝鮮、キューバなど）を共産主義（社会主義）を防ぐという名目のもとに「封じ込める政策」でした。このアメリカの封じ込め政策は東アジアでも取られました（このように歴史的に覇権国家はそれに挑戦してくる国あるいは同盟に大義名分をつけて［レッテルを貼って］自陣営の同盟を作り出してきたのです）。

一九四九年秋には、アメリカにとって衝撃的な事件が立て続けに起こりました。まず九月末にはソ連が公式に原爆の保有を認めました。また、一〇月一日には中華人民共和国（中国）の建国が宣言されました。

アメリカ（トルーマン政権）は、中国革命後のアジア政策の見直しを行い、一九四九年一二月末に国家安全保障会議（ＮＳＣ）文書四八号としてまとめ、アチソン国務長官がその骨子を翌一九五〇年一月に首都ワシントンにあるナショナル・プレス・クラブの演説で公表しました。

そこでは、図一二（327ページの第一列島線と同じ）のように、太平洋地域におけるアメリカの防衛ラインをアリューシャン列島から日本を経て、沖縄、フィリピンに至る線に求めました。つまり、トルーマン政権の共産圏封じ込め政策の東アジア版でした（ヨーロッパでの共産圏封じ込め政策の境界は西欧と東欧を分ける鉄のカーテンでした）。

この図を見せながら、アチソンが、「アメリカが責任を持つ防衛ラインは、フィリピン―沖縄―日本―アリューシャン列島までである。それ以外の地域は責任を持たない」と発言し（これを「アチソンライン」といいました）、韓国と台湾を含めませんでした。これは、アメリカの国防政策において太平洋の制海権だけは絶対に渡さないという意味であり、韓国、台湾も当然、このラインの内に入っていました。このラインは、この当時、アメリカ軍が実際に駐留している地点を結ぶものであったので、そこには韓国と台湾が除外されていたのです（この時は韓国、台湾にはアメリカ軍は駐留していませんでした）。その点、アチソン演説では舌足らずでした。

北朝鮮の金日成はこれを「アメリカによる西側陣営の南朝鮮（韓国）放棄」と一方的に受け取り、ソ連のスターリンの了解をとり、中国の毛沢東の支持を得て、一九五〇年六月から朝鮮戦争を始めたことは『自然の叡智　人類の叡智』の第一六章の「米ソ冷戦と米ソ代理戦争」で述べました。

ところで、このアチソンラインを持ち出したのは、アメリカはその後、ずっとこのアチソンラインを冷戦が終結（一九八九年）した現在まで維持していることを言おうとしたのです（これが現在の南シナ海問題にまで尾を引いているのです。国際問題は過去の歴史を踏まえて論じなければなりません、南シナ海問題が突然出てきたのではありません。歴史は相手国の立場に立って考えますと相手のこともよく理解でき、相互理解が進み、問題解決の糸口が出てきます。戦後、七五年も封じ込めれば、必ずそれを突き破ろうとする力が働きます。これは軍事の作用・反作用の法則です）。

ソ連はブレジネフの一九七〇年代に、大軍拡を行いましたが（これがソ連崩壊の遠因になりましたが）、とくに、太平洋への核原潜（ＳＬＢＭ）の進出に力を入れました（核運搬方法には爆撃機、ＩＣＢＭ、核原潜の三方式がありますが、核原潜は位置を探知されずアメリカにもっとも近づけるので、ソ連の多数の核原潜はアメリカにもっとも大きな脅威となりました。現在、北朝鮮がＳＬＢＭ開発の段階に入ったようです）。

この辺の事情を守屋武昌（元防衛事務次官）は、「新ガイドラインは対中メッセージ」（「Voice」ＰＨＰ研究所）の中で概略次のように述べています。新ガイドラインとは、二〇一五年四月二七日に、日米安全保障協議委員会（二＋二）で了承された新たな「日米防衛協力のための指針」（いわゆる「ガイドライン」）です。このように日米安保条約は今や対中国の日米軍事同盟になっています。

「ソ連は樺太、千島列島、カムチャツカ半島に陸・海・空の基地を配備していましたが、これらの基地への補給は、ソ連が極東に持っている不凍港であるウラジオストクから物資を運んでいました。

だが不凍港が一つしかないことは、ソ連軍の泣き所となりました。ウラジオストクから太平洋に出るには、図一二のように、宗谷海峡か津軽海峡か対馬海峡を通らなければなりません。陸上、海上自衛隊は各海峡に監視部隊を置いて二四時間見張っています。出て行った船は必ず戻ってきます。自衛隊は各海峡からどんなソ連船が出て行って、何日で戻ってきたかを監視し地道な情報収集を続けました。それは国際法で三海峡上空を飛行せざるを得ないソ連の戦闘機や爆撃機を監視する航空自衛隊のレーダーサイトも同じです。このデータを分析することによってソ連の艦船、航空機の作戦能力を把握できたのです。

ソ連は決して口にしませんでしたが、自衛隊が積み上げたデータは、ソ連の極東の軍事力を推し量る重要な情報となっており、アメリカはこの情報を常時得ていました。

①ソ連軍艦艇・軍用機の洋上進出を扼す役割を果たした日本の地形

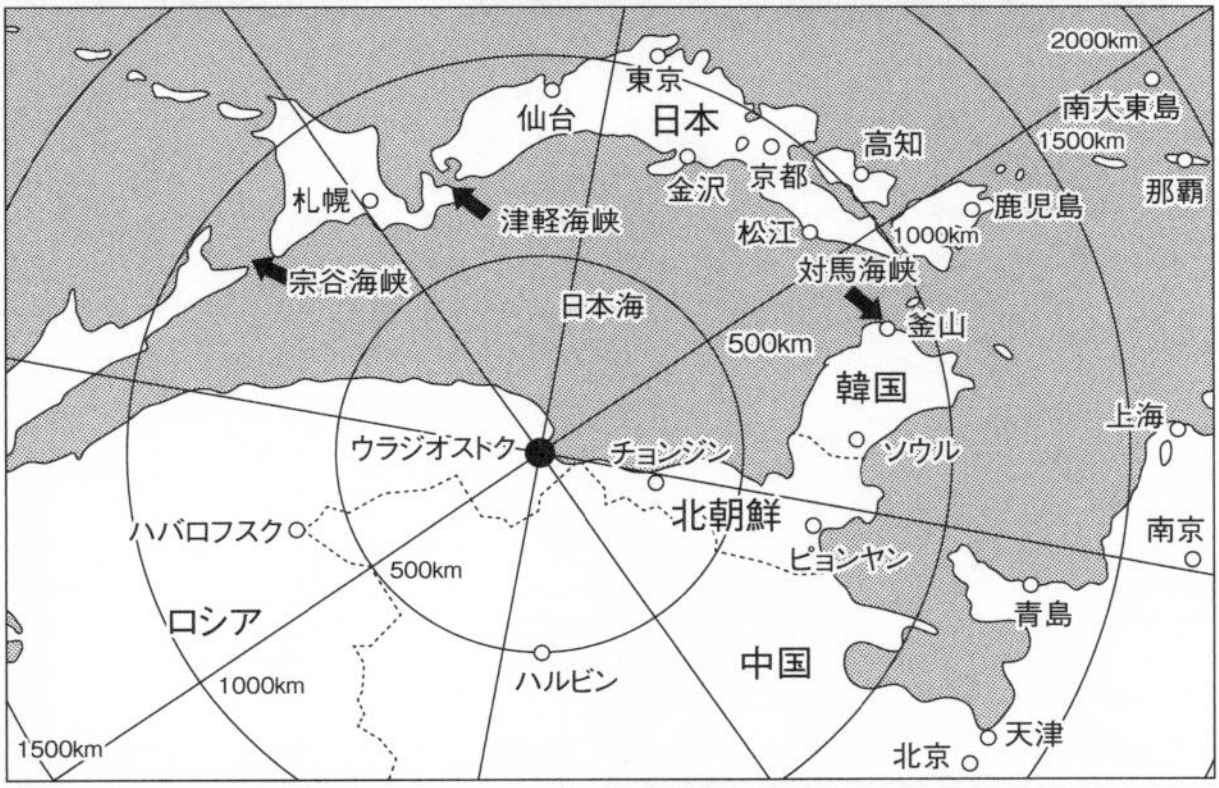

②第一列島線・第二列島線防衛構想

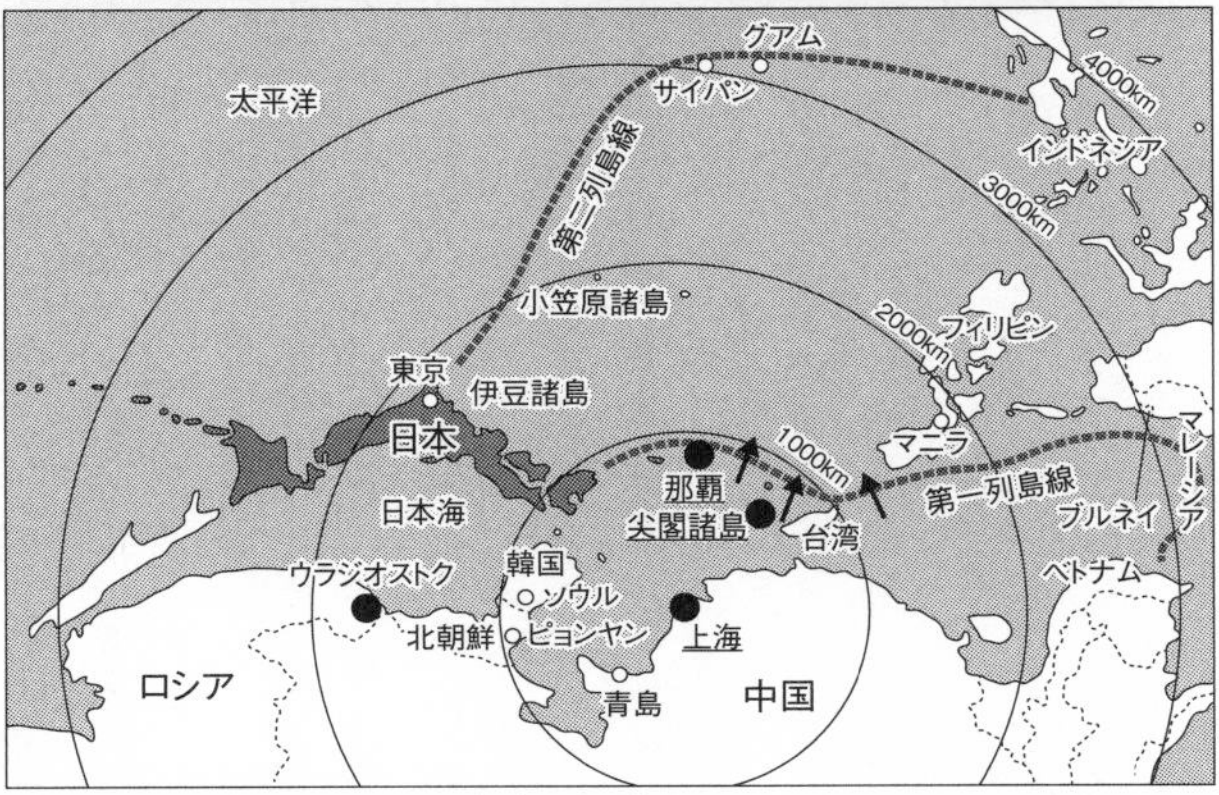

守屋武昌著「日本防衛秘録」（新潮社）より

図一二　中国の第一列島線と第二列島線

極東ソ連軍に近接している日本から得られる情報とガイドラインに基づく防衛協力は、在日米軍への基地提供と費用負担とともに、アメリカにとって必要不可欠であり、そのことは今も変わっていないのです。

現代の国際情勢のなかでは、一国だけで自国の安全を保っていくことはどこの国にもできない（と守屋氏は言っています）。アメリカも例外ではない。『日本が一方的にアメリカに守ってもらっている』かのように思い込んでいる人がいるが、まったくの誤解である」と述べています。

そして、守屋氏は続けて、現在の中国からの見方を次のように記しています。

「図一二の②は、中国上海から見た東シナ海、南シナ海、太平洋です。中国は一九九〇年代以降、海軍力整備に力を注ぎ、二〇一〇年までに第一列島線内の制海権を確保し、二〇二〇年までに第二列島線内の制海権を確保しようとしています。周辺諸国の海洋権益に配慮しない一方的な戦略です。

しかし、中国が海洋進出するためには、東シナ海で日本の南西諸島の間を抜けなければなりません。また、南シナ海では、太平洋戦争で日本の幾多の輸送船が潜水艦の攻撃で沈められた台湾とフィリピンの間にあるバシー海峡（約一〇〇キロ）を通らざるをえません。

ここ数年来、顕著になっている中国の力による領域の変更を防ぐには、海軍力が十分でない国々とアメリカ、オーストラリア、日本による多国間防衛協力が必要になってきています」と守屋氏は述べています。

アメリカは、第二次世界大戦後七五年（冷戦終了後、三〇年）経った現在でもアチソンラインで中国を封じ込めるという発想を取っていますが、中国はそれに反発して（経済力がついてくると必然的に）、ソ連がやったのと同じように大海軍力と核原潜群を太平洋に進出させるために、図一二の②のように、まず、第一列島線内を中国の内海にしようとしているのでしょう。

第一列島線はもともと一九八二年に鄧小平の意向を受けて、中国人民解放軍海軍司令官・劉華清（一九八九年から一九九七年まで中国共産党中央軍事委員会副主席）が打ち出した構想で、二〇一〇年までに第一列島線内部（近海）の制海権確保をし、二〇二〇年までに第二列島線内部の制海権確保をし、二〇四〇年までに航空母艦建造によって、アメリカ海軍による太平洋、インド洋の独占的支配を阻止し、アメリカ海軍と対等な海軍を持つというものです。そのような意味では、第一列島線を鄧小平が設定した一九八二年から、米中冷戦の前哨戦は始まっていたのです。鄧小平も最初から台湾解放を将来睨んで列島線を引いたのでしょう。

東シナ海での尖閣諸島問題が起きてから、中国艦船の領海侵犯事件が起きるようになりましたが、とくに二〇二〇年になってからは連日のように起きているのは中国の前記の第一列島線、第二列島線と同じ理由からでしょう。

多分、このままいけば（経済力がついていけば）、中国はとりあえずは（ここ一〇～二〇年で）、米ロと同じレベルの核戦略体制を作り上げるでしょう。アメリカが中ロと（国連の場などで）核軍縮に入らなければ、つまり、このままのアメリカ的封じ込め政策を取っている限りは、中国の核原潜部隊の太平洋への展開は必然的なこととなるでしょう（つまり、封じ込めれば、それを破ろうとし、封じ込めをやめれば、破ろうとする力は働かなくなります。物理の作用・反作用の法則、軍事の作用・反作用の法則。一方的な力は疲れて長続きしないのです。それを政治家はわからず、抑止できると思っているのです）。

二〇二一年四月、トランプに替わったバイデン政権は、アジア版NATOの形成を狙ってか、クワッド（米日豪印戦略対話）やオーカス（米英豪のアングロサクソン系の新安保枠組み）、を形成する動きを見せています。これに賛同してか、何とEUを離脱したイギリスが空母クイーン・エリザベスを東洋へ派遣することにし、仏独も艦艇を派遣することにしたと報道されています。一〇〇年前の大艦巨砲時代、あるいはもっと前のロシアのバルチック艦隊の東洋遠征を思い出させます。戦後七五年、核戦略時代の只中にありますが、欧米政治家の国際感覚は欧米列強の帝国主義時代とあまり変わっていないようです（結局、二〇二一年一〇月、海上自衛隊は沖縄の南西海賊でアメリカ海軍、イギリス海軍など六ヶ国と米英空母四隻を含む計一七隻で合同演習を行いました）。

武力で脅し封じ込められた国家で、今までに最初から両手を上げた国があったでしょうか。封じ込めれば封じ込めるほど、それが政権の大義名分となり、国民の危機意識に訴えて、ますます軍事独裁化に突き進んでいくのが、歴史の常だったのではないでしょうか（戦前の日本もそうだったし、戦後のソ連もそうだったし、毛沢東時代の中国自身がそうでした。北朝鮮もまさにそうです。イギリスなどナポレオンにもヒトラーにも封じ込められても持ちこたえたではありませんか。包囲されればされるほどイギリスの闘争心は高まったではないですか。覇権国家アメリカのやり方を改めない限り問題は解決しません。それは国連という組織ができた現代では、国際法の原則に基づき協議するしかありません。アメリカは国連の原則に返るべきです）。

この中国が核心的利益とみなす台湾問題、南シナ海問題（南海諸島）、尖閣諸島問題はすべてこの第一列島線の内側の問題であり、台湾問題につながっています。

このような観点から見ますと、南シナ海の問題は、少々の脅しで解決する問題ではありません。核ミサイルが何千発も配備されている中で軍事行動を起こせば、たちまち第三次世界大戦に発展してしまいます（中国はそんなことは百も承知でやっています）。

アメリカ・日本などがじっくり時間をかけて、国連などの機関を使って仲介の労を取るしか方法がないでしょう。軍事的手段で押せば押すほど、問題がこじれるだけで台湾をも危機に陥れます。長い（四〇〇〇年の）中国の歴史を考えれば、中国・台湾（これも四〇〇年の）関係は武力で事を論ずるようなものではありません。いずれ、経済的にも（文化は何千年前から同じです）同じになる両岸です。たった三〇年や五〇年の歴史で事を決しなければならない理由はどこにもありません（中国の歴史も台湾の歴史も四〇年ごとに大きく変わっています）。じっくり話し合う時期です（台湾問題、南シナ海問題、尖閣諸島問題については、『自然の叡智　人類の叡智』に詳述しています）。

当初、親中的だったオバマ政権

二〇〇九年一月にアメリカでは親中派とみられる民主党のバラク・オバマ候補が大統領に就任したのに伴い、両国の協力と友好関係の緊密化が期待されました。オバマ大統領は、二〇〇九年一一月にはアジア歴訪日程の半分を費やして初めて訪中して胡錦濤主席と会談し、共同声明で米中の戦略的相互信頼の構築と強化を謳い、アメリカではG二（チャイメリカ）という二大大国を意味する言葉が使用され、米中接近が演出されました。またオバマ大統領は会談などで、中国国内の人権問題やチベット、ウイグル（東トルキスタン）、内モンゴルにおける少数民族への弾圧への批判をまったく控えていました。

二〇〇〇年代に入って二桁続きの高度経済成長を遂げていた中国は、ついに二〇一〇年にGDPで日本を追い越して、アメリカに次いで世界第二位になり、覇権国家アメリカの背中が遠くに見えてきました。

「対中国抑止」に転じたオバマ政権

二〇一一年一一月、アメリカのオバマ大統領は、訪問先のオーストラリア議会での演説でアジア太平洋地域で、安全保障、経済的繁栄、人権の尊重を重視する考えを表明すると共に「国際法と秩序の尊重」や「航行の自由」などの原則に言及し、中国を牽制し、アジア太平洋地域の安全保障を最優先課題に位置付ける考えを明らかにしました。

その上で、アメリカ議会で国防予算削減の動きが強まっていることに触れ、「アメリカの国防費削減はアジア太平洋地域には影響しない」とアメリカの世界戦略を「対中国抑止」へと転換することを宣言しました。

これは膨張する中国に対し、アメリカが従来の「関与」政策から「抑止」に転換したことを内外に鮮明にしたものであり、これにより、ニクソン大統領の訪中（一九七二年）以来、約四〇年ぶりに米中関係は再び対立の時代に入ったことを意味する歴史的演説となりました。

二〇一二年一月五日、アメリカのオバマ大統領は、アジア太平洋地域での軍事的なプレゼンスを強化する内容の新国防戦略「アメリカの世界的リーダーシップの維持と二一世紀の国防の優先事項」を発表しました。これは、第二次世界大戦以来の「二正面作戦」を放棄してアジア太平洋地域での戦略的関与を最優先するものであり、「中国の膨張を抑止する」というアメリカの強い国家意志の現れでした。

二〇一二年一一月、習近平、「中華民族の偉大な復興」を掲げる

二〇一二年一一月、中国共産党第一八回全国代表大会（以下　一八全大会）が開催され、胡錦濤が引退し、習近平が中央委員会総書記と軍の統帥権を握る党中央軍事委員会主席に選出されました。習近平は、最大の「中国の夢」は「中華民族の偉大な復興」であり、この夢は中華民族の全体的利益を体現するものであり、それを実現する最良の方法が「中国の特色ある社会主義」であり、中国共産党はそのために空理空論を振りかざすのではなく、実行力に重きを置かねばならない、ということを強調しました。

この「中国の夢」は、中国国防大学の劉明福教授（上級大佐）が二〇一〇年に出版した『中国の夢』から来ているようですが、その後の習近平政権の政策を見ていますと、この『中国の夢』戦略と符合するところが多く見受けられます。

二〇一四年一一月、北京市で開催されたアジア太平洋経済協力首脳会議で習近平が提案した一帯一路構想とアジアインフラ投資銀行は、中国がはじめて国際的な新社会システムを提案し、それが（西側には批判、反対の意見もありますが）多くの発展途上国に歓迎されていることは確かです。中国が高度経済成長で急増した外貨を少しでも有効に生かし、二一世紀の世界のためになることに有効に投資する仕組みを作ったことは評価すべきで

しょう（覇権国家の条件の一つに新国際システムの創造能力が挙げられています）。

中国は二〇一〇年に日本を抜いてGDPでアメリカに次ぐ世界第二位になりましたが、習近平政権は、さらに「中国の夢」で述べたように経済や科学技術などの総合国力でアメリカを超えることを目指して、二〇一五年五月に「中国製造二〇二五」を発表しました。

この「中国製造二〇二五」は、中国の製造強国戦略実施の最初の一〇年の行動綱領であり、二〇二五年までの目標は「世界の製造強国の仲間入り」として、次世代情報技術や新エネルギー車など一〇の重点分野と二三の品目を設定し、製造業の高度化を目指し、二〇四九年（中国建国一〇〇周年）までに製造強国のトップとなることを目指しています。

公然と南シナ海の軍事基地化に踏み切った習近平政権

南シナ海の石油などの資源をめぐって、周辺の各国間で一九七〇年代から領有権の問題が起きていて、二〇一〇年七月のハノイで開かれたアセアン地域フォーラムでは、二〇〇二年の「南シナ海行動宣言」を効果的に実施し、法的拘束力のある「南シナ海行動規範」へと発展させることで中国もアセアンも一致していました。

ところが、中国は、二〇一四年頃から一転、強硬策に転じたようで、フィリピン外務省が、中国がジョンソン南礁（赤瓜礁）を埋め立てているということを示す時系列の写真を公開し、フィリピンの領域内で行われているということから国際法に違反していると批判し、中国に対して抗議しました。これに対して中国は、自国領で行っていることであり、何を作ろうと勝手だと軍事基地化を強行しました。

二〇一五年一〇月以降、アメリカは、たびたび「航行の自由」作戦を展開しましたが、中国はそれを全く無視して公然と第一列島線の内側にある南シナ海の軍事基地化を強行してしまいました（もはや中国に対して軍事的に何もできないというアメリカの足元を見抜いてのことでしょう）。

中国は国際法（国連海洋法条約）に違反

二〇一四年、フィリピンのアキノ政権は、オランダ・ハーグの常設仲裁裁判所に対して仲裁を要望していましたが、二〇一六年七月一二日、常設仲裁裁判所は、中国が主張する一点鎖線で囲まれた九段線の海域に対する歴史的権利等の主張は、「国際法上の法的根拠がなく、国際法（国連海洋法条約）に違反する」とする判断を下しました。アキノ大統領の次の大統領となったロドリゴ・ドゥテルテ大統領は「戦争は選択肢にない」として、中国に妥協してしまいましたが、中国の国際法違反という事実に変わりはありませんから、国際社会は中国にこの是正を図るよう要求し続ける必要があります。

二〇一六年一二月、戦略国際問題研究所（CSIS）は、中国が南沙諸島で埋め立てた七つの人工島すべてにおいて航空機攻撃用の高射砲や巡航ミサイル迎撃用の「近接防空システム（CIWS）」を配備したと公表しました。そして、同じく一二月、中国初の空母「遼寧」が空母打撃群を編成して初めて太平洋経由で南シナ海に入り、年明けの南シナ海での訓練のために海南島の三亜市の基地に停泊しました。

憲法改正、習近平の終身体制を固める

二〇一七年一〇月一八日、中国共産党第一九回党大会が開催され、習総書記は、五年前の党総書記就任のときに「中華民族の偉大な復興」を達成しようと呼びかけましたが、党創建一〇〇周年の二〇二一年と建国一〇〇周年の二〇四九年の二つの節目に向け、その具体像を今回の政治報告で示しました。

それによりますと、鄧小平時代に掲げられた「小康社会（経済的にややゆとりのある社会）」を二〇二〇年までに全面的に実現した後、二〇三五年までの一五年間で「社会主義

現代化」を達成する。この段階では「経済力や科学技術力が大幅に向上し、中所得者層の割合がはっきりと高まる」などとしています。

建国一〇〇周年を迎える二〇四九年頃に、党の強い指導の下で世界最高水準の総合的な国力を持ち、文明的で国民が共に豊かな「社会主義現代化強国」を目指すと宣言しました。社会主義体制を維持しながらも、資本主義国をしのぐ国力を持ち得るとの自信を示し、習総書記は「(その時) 中華民族はつらつとして世界の諸民族の中にそびえ立っているだろう」と述べました。

さらに、この長期ビジョンを達成する上での支柱となる政治理念を「新時代の中国の特色ある社会主義思想」との表現で打ち出し「全党、全人民の行動指針であり、必ず長期にわたって堅持し発展させなければならない」と呼びかけました。

また、政治改革について「外国の政治制度を機械的に模倣すべきでない」と指摘し、欧米型の自由主義、民主主義とは一線を画した「中国モデル」で新時代に適応した強国を築くというビジョンを示しました。この二〇一七年はロシア革命 (一〇月革命) から一〇〇年を迎えましたが、習近平総書記が第一九回党大会で強調したのは「マルクス主義の中国化」でした。

二〇一七年一〇月二五日、中国共産党の習近平指導部二期目の陣容が明らかにされましたが、習総書記は鄧小平以来の慣例を打ち破って次世代の後継候補を登用しないで、五年後の三期目以降も習氏が政権を握る可能性が極めて高くなりました。

貿易戦争に入った米中

『自然の叡智　人類の叡智』で述べましたように、一〇〇年前の一九世紀末から二〇世紀初めの帝国主義時代には、欧米列強が先を争ってアジア・アフリカの諸国を植民地や属国にする世界分割を進めていました。その過程で世界の覇権を握っていたイギリスに第二位のドイツが猛烈に追い上げをかけて、激しい貿易摩擦が生じましたが（実際にはすでにアメリカが経済的にはナンバーワンになっていましたが、当時の世界はヨーロッパ中心でした）、これは結局、第一次世界大戦になってしまいました。

第一次世界大戦が終わり、その大戦の悲惨さから、一九二〇年代は平和主義の時代でしたが、一九二九年一〇月に、アメリカの大恐慌が起きると、アメリカが自国農業保護のための高関税や輸入制限などを導入する「スムート・ホーレイ関税法」を成立させたことを契機とし、各国は、自国産業を守るための関税引き上げ、輸入数量制限や輸入割当の導入、輸出補助金の交付による輸出促進、為替制限による輸入の抑制、金本位制からの離脱による平価の切り下げなど、あらゆる保護主義的措置を打ち出し、自国経済を守ろうとしました。

こうした保護主義的措置の応酬により、世界貿易は阻害され、たとえば、一九三二年の主要七五ヶ国の総輸入は一九二九年の四割以下にまで減少しました。結局、植民地などを多く持っていた「持てる国」（英仏など）はブロック経済に逃げ、持っていなかった後発資本主義国（日独伊など）はこれに挑戦することになり、第二次世界大戦に発展してしまいました。

このように大きな貿易摩擦（紛争）が第二次世界大戦の前哨戦になったという反省から、アメリカが主導して、一九四四年のブレトン・ウッズ会議で国際通貨基金（ＩＭＦ）、国際復興開発銀行（ＩＢＲＤ、世界銀行）、国際貿易機関（ＩＴＯ）などが戦後の国際経済組織の支柱として、設立されました。戦後、世界貿易については「関税及び貿易に関する一般協定（ＧＡＴＴ）」が運用されて、一九九五年一月一日に世界貿易機関（ＷＴＯ）が設立され、ＧＡＴＴが継承されました。

この世界貿易機関（ＷＴＯ）の原則は、①自由（関税の低減、数量制限の原則禁止）、

②無差別（最恵国待遇、内国民待遇）、③多角的通商体制を基本原則としています。WTOは、物品貿易だけでなく金融、情報通信、知的財産権やサービス貿易をも含めた包括的な国際通商ルールを協議する場であり、第二次世界大戦後の世界経済が（問題がありながらも）動いていて発展してきたのは、このような人類共通のルールを決め、WTOシステムという社会システムを動かしてきたから、（七八億人になった世界においても）何とかうまくいっているのです。そして、このような自由な貿易体制という世界経済システムを作り上げるのに最も貢献してきたのはアメリカでありました。戦後のヨーロッパ、日本の経済発展も、その後のアセアン、中国の発展もWTOあってのことでした。中国もWTOシステムに則って現在まで貿易量を増やしてきていました。問題があれば、WTOルールに則って議論し正していけばいいわけです。WTOルールはまさにアメリカが主導してきましたが、今や七八億人、地球社会の共通の公共財（社会システム）となっています。国連憲章と同じようにどの国が覇権国家となろうと二一世紀も二二世紀も（もちろん、改善しながら）使っていくべきものです。

トランプは国際的ルールを破壊

ところが、二〇一七年一月に「アメリカ・ファースト」を掲げて登場したアメリカのトランプ大統領は、戦後積み重ねてきた国際ルールを次々と離脱したり、マヒさせたりしました。環太平洋パートナーシップ協定から離脱、地球温暖化防止のパリ協定から脱退、国連ユネスコから脱退、国連人権理事会から離脱、中距離核戦力全廃条約（ＩＮＦ）の破棄、武器貿易条約（ＡＴＴ）署名の撤回など自国（というか自説）に染まないというのでちゃぶ台返しのように、次々と離脱・脱退・破棄を繰り返し、国際社会を混乱に陥れました。覇権国家の驕りに他なりません。

トランプ大統領は、世界貿易の国際ルールを取り仕切る世界貿易機関（ＷＴＯ）についても危機的な状況に陥れました。貿易紛争を解決する役割を担う上級委員会（最高裁に相当）の委員は七人いますが、次々と任期切れを迎えた委員の補充委員をアメリカがすべて承認しないため、ほとんど欠員となり審議ができなくなってしまいました。

一方、トランプ大統領は中国との未曽有の貿易戦争をしかけていきました。当然、中国はＷＴＯに提訴しましたが、ＷＴＯの紛争解決が機能しないので、いくら訴えられてもトランプ政権は痛くもかゆくもないというわけです。

未曾有の米中貿易戦争を仕掛けたトランプ

二〇一八年七月六日、アメリカは中国から輸入される八一八品目に対して三四〇億ドル規模の追加関税措置を発動しました。同日、中国も同規模の追加関税措置を発表して報復合戦となりました。以後、第四次まで追加関税措置はエスカレートしていますが、その結果だけを表二に示します。関税は中国企業だけでなく、中国で生産してアメリカに輸出している各国企業にも適用されるため、サプライチェーンを通して世界経済に大きな悪影響が生じることが指摘されています。

米中交渉の内容は秘密ですからわかりませんが、アメリカの要求に対し、交渉は決裂し、アメリカが追加関税を課すと中国もそれに匹敵する額の関税をアメリカからの輸入品に課すということが繰り返されて（あくまで中国は受け身であります）、二〇一九年には米中双方が互いのほぼ全輸入品に追加関税を課すことを表明するに至っています。

表二　米中の追加関税措置

名称	発動予定日	アメリカの対象金額	アメリカの品目数	アメリカの関税率	中国の対象金額	中国の関税率	中国の品目数	発動状況
対中関税第一弾	2018年7月6日	340億ドル	818品目	25%	340億ドル	最大25%	545品目	発動中
対中関税第二弾	2018年8月23日	160億ドル	284品目	25%	160億ドル	最大25%	333品目	発動中
対中関税第三弾	2018年9月24日	2000億ドル	5745品目	10%（2019年5月9日まで）25%（2019年5月10日より）	600億ドル	最大25%	5207品目	発動中
対中関税第四弾	2019年9月1日	1200億ドル	3243品目	15%	750億ドルの一部（30%）	最大10%	1717品目	発動中

アメリカが中国のどのような商慣行を問題にしているか、それを中国がどのように改善するか、あるいは中国がどう自国の正当性を主張するかはＷＴＯの委員会で議論されるべきです。アメリカのこのようなやり方はＷＴＯルール違反です。

二〇一八年一〇月四日、アメリカのマイク・ペンス副大統領がハドソン研究所で四〇分にわたる講演を行い中国を強く批判しました。この講演はトランプ政権が中国に対して持っている批判をはじめて包括的に示したものとして注目されましたが、その中国に対する主張は、中国の経済に関するものと、中国共産党の政治体制に対する批判とがありました。この講演の内容でこれらの主張をまとめると以下のようになります。

①中国の経済に関するもの
・関税、貿易赤字
・中国製造二〇二五や強制的な技術移転、補助金などの産業政策
・中国の知的財産権問題
・非関税障壁
・為替操作国
②中国の政治に対する批判

・サイバー攻撃、スパイ活動、アメリカの世論操作や選挙介入を目的とした宣伝工作
・グレートファイアウォール（防火長城。大規模情報検閲システムとその関連行政機関や社会信用システム）など人権を抑圧する管理社会、監視社会
・キリスト教・チベット仏教・イスラム教など宗教への弾圧
・債務のワナによる借金漬け、南沙諸島海域における中国の人工島建設など帝国主義的、覇権主義的な外交政策

ユーラシア同盟の中核となる上海協力機構（SCO）

アメリカが今後、中国包囲網を構築しようとすればするほど、中国は反発して対抗する同盟形成に動くというのは、本書で一貫して述べてきた同盟主義の歴史的必然です。そのとき、ユーラシア同盟の中核となるのは上海協力機構（SCO）になる可能性が高いでしょう。

上海協力機構（SCO）は、二〇〇一年六月一五日、上海で設立された多国間協力組織、もしくは国家連合であり、中国・ロシア・カザフスタン・キルギス・タジキスタン・ウズベキスタン・インド・パキスタンの八ヶ国による多国間協力組織、もしくは国家連合です。

中国の上海で設立されたために「上海」の名を冠していますが、本部（事務局）は北京にあります。

インド・パキスタンの正規加盟に伴ってユーラシア大陸の五分の三に達し、加盟国の総人口は三〇億人を超える規模で世界人口の半分近くを占め、面積と人口では世界最大の地域協力組織となりました（図一三参照）。中国・ロシア・インドといったユーラシア大陸における潜在的超大国（ＢＲＩＣｓ）を抱え、モンゴル、アフガニスタン、イラン、トルクメニスタン、トルコ、東南アジア諸国連合も様々な形で参加するなど、北アジア、西アジア、中央アジア、南アジア、東ア

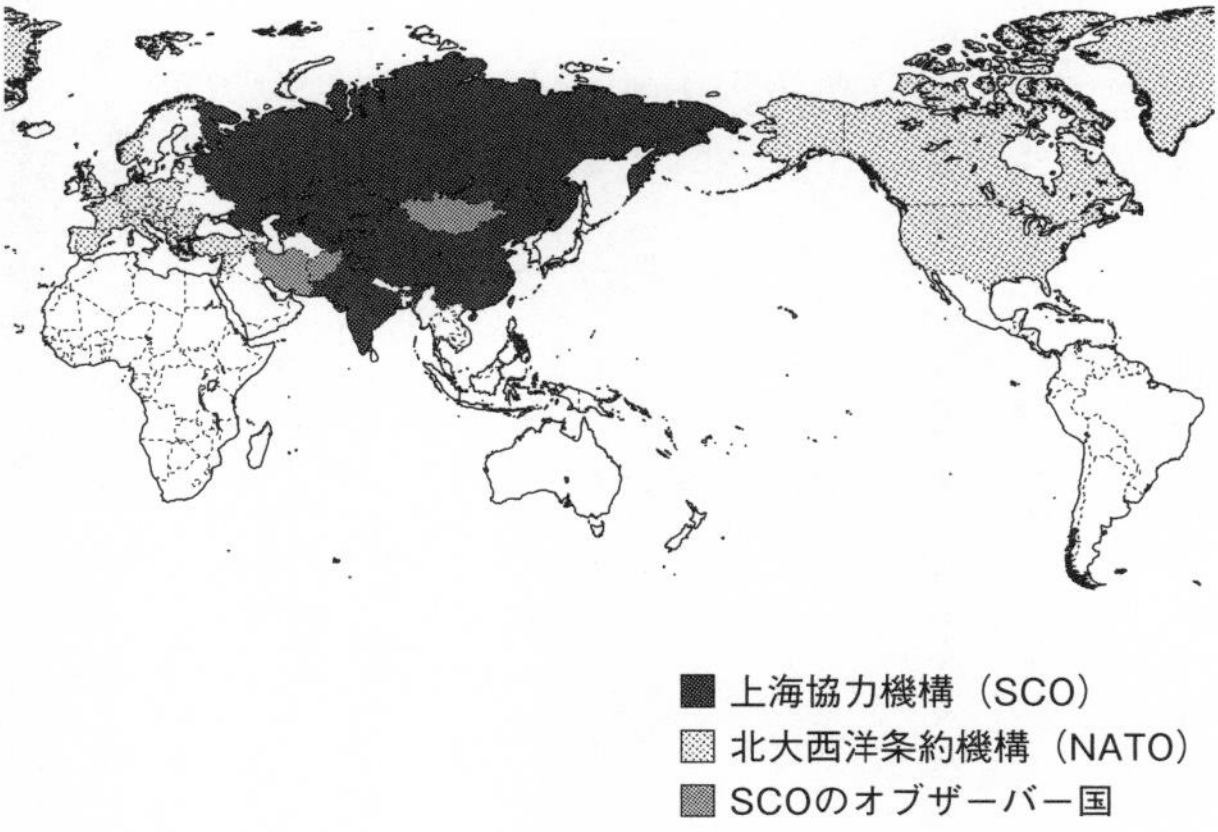

図一三　米中新冷戦

ジアに勢力を広げてユーラシア連合体に発展する可能性を持っています。設立当初から、いずれ欧米主導のNATOに対抗しうる勢力として成長することを、アフリカやラテンアメリカの発展途上国（G七七プラス中国）から期待されていると言われていました。

当初から合同軍事演習をやっていましたが、その後も一～二年に一回のペースで「平和への使命」合同軍事演習が行われ、恒例化しています。二〇一八年八月には当初から上海協力機構に加盟している中国・ロシア・中央アジア諸国にインド・パキスタンが加わった初の合同軍事演習（平和への使命二〇一八）が行われました。

また、中ロはアデン湾、東シナ海、日本海、地中海、オホーツク海、南シナ海、バルト海、南半球などで海軍の合同演習も行うようになり、二〇一九年一二月にはアメリカと緊張が続いていたオブザーバーのイランと共に中国とロシアはオマーン湾で合同軍事演習を行いました。

中国は南シナ海問題で、ロシアはクリミア・ウクライナ問題で欧米の制裁を受けており、その反動もあってか、習近平とプーチンとの間は、一帯一路、経済協力、資源エネルギー協力などでも急接近しています。

今後、NATO&クワッド（及びオーカス）が中国封じ込め政策を強行すれば、ユーラシア機構が形成され、まさに世界を二分する米中冷戦に発展し、前述しました劇症型地球温暖化対策やパンデミック対策など、全人類が今後三〇年間、全精力で取り組むべきことが消し飛んでしまいます。繰り返しになりますが、そのような人類の宿弊、つまり、我が陣営（同盟）だけを優遇し、他陣営と敵対するという同盟主義に終止符を打とうとしたのが国際連合だったのではないでしょうか。

国連のもっとも重要なことは、世界で唯一の集団安全保障の組織であるという点です。『自然の叡智　人類の叡智』で述べてきましたように、人類発展の歴史的な経緯から政治的、経済的、宗教的、社会的な体制に少々の異なる点があったとしても（人類の段階から見て、これらについて人類が一本化できるようになるには、もう一段の文明的飛躍が必要です）、こと武力行使（戦争・紛争）については、国連で一体になって、防止するのが国連の最大の目的であり機能であります（国連憲章、世界人権宣言の線がとにかく、人類の現段階の最低限守るべきことで、それ以上は今後の人類の努力次第です）。

今から考え直してみても、（国連の改革はあっても）この国連に代わる良い方策はないと考えられます。新冷戦が起きる前に、アメリカは同盟政策、封じ込め政策を解消して（つまり、人類の旧弊である武力あるいはそれによる威圧でもって事を決するのではなく）、国連中心、つまり、真の国際法に則った外交政策に返るべきです（第二次世界大戦前のアメリカの政策はそうでした）。

終章　人類はこうして戦争をやめることができる

【二】国連憲章第四二条の国連軍以外の軍事行動をすべて禁ずる

第五章の《二》サンフランシスコ会議と国際連合の設立で述べましたように、国連憲章の原案である「ダンバートン・オークス提案（DO案）」の段階では、「一般の加盟国に、独自に戦争をする権利」を認めていませんでした。国連軍だけが国連憲章第四二条に基づき、制裁の武力行使が認められていて、どこかの国が戦争をしかけると、国連軍（その他の国連加盟国）が戦争をしかけた国を撃つということになり（国連憲章第四二条）、戦争はなくなると考えられていました。

どこか一国が戦争を始めれば、それ以外の国で構成される国連軍が相手となりますから、短期間で国連軍の勝利になることは間違いありません。ということはそのような無謀な戦争にあえて挑戦する国はないだろう、ということで国連の仕組みそのものが、つまり、国連に加盟することが、「国連の集団安全保障の仕組み」になっていました。人類は第二次世界大戦後、国連の集団安全保障制度の確立でもって、戦争は廃止していたはずでした。

ところが、それがサンフランシスコ会議の途中で、アメリカの保守主義者によって、国連憲章第五一条の集団的自衛権が挿入され、「集団的自衛権は同盟国を守る他衛権である」というように広く解釈され、アメリカなどは、もっぱら、このように解釈して集団的自衛権を運用してきました。それを本書ではアメリカ的集団的自衛権と称しました。

現在では、この国連憲章第五一条の集団的自衛権は、「他者防衛の権利」「同盟主義」の根拠になってしまっています。つまり、被害国が宣言を行い、援助の要請を行う限り、どこの国であっても、集団的自衛権が行使できるというように広く解されて、他者を防衛する権利、つまり他衛権であるとみなされるようになって、濫用されてきました。このように国連憲章第五一条の「集団的自衛権」は超大国の武力行使の手段として使われてきました。つまり、戦争を防止するための国連憲章が新たな戦争を起こす根拠に利用されてしまったのです。このため、第二次世界大戦後、国連ができたのにもかかわらず、いっこうにこの地球上から戦争が絶えないのです。

これをルーズベルトの「すべての戦争の禁止」の精神に返すには、二つの方法が考えられます。一つ目は第五一条から「集団的自衛権」を削除するよう、国連憲章を改正することです。しかし、この方法は、いますぐ簡単に実行に移せると思えません。アメリカが世界中で安保条約を結んでいますので、難しいと思います。

もう一つの方法は、第五一条の集団的自衛権を国際司法裁判所の判例に基づき厳密に解釈して実行することです。というのは、サンフランシスコ会議で、第五一条の集団的自衛権を挿入した保守主義者（同盟主義者）たちは、第五一条を挿入しただけで、関連する条項を修文しませんでしたので（そんな時間はありませんでした）、国際司法裁判所の厳しい解釈で国連憲章本来の目的が達成できるのです。

その点、二番目の方法は、第五一条の集団的自衛権を国際司法裁判所が出している厳しい判例にしたがって運用することによって、紛争（戦争）は廃絶できます。国連憲章の前文、第二条の目的など関連する条項をすべてを勘案して第五一条を文字通り厳しく運用すれば、紛争（戦争）は廃絶できます。つまり、常任理事国五ヶ国がよく話し合い、そのように、厳しく運営すると決めれば、すぐにでもできます。

そこで、この人類の運命を決めることになる二〇二一年から二〇五〇年の三〇年間の劇症型地球温暖化防止期間は、この国連憲章を厳密に運用することを確認し、その徹底を図るため、「新不戦条約」を国連で採択して、この「新不戦条約」と国連憲章の厳しい運用で、この三〇年間、一切の戦争をしないことを再確認することにします。

不戦条約とは、一九二八年八月にフランス外相ブリアンとアメリカ国務長官ケロッグの提唱により、当時のほぼすべての独立国が署名した「国際紛争解決の手段として戦争に訴えないとする不戦条約」のことで、ケロッグ・ブリアン条約ともいいます。人類はここに初めて「国際的紛争解決の手段としての戦争を罪悪と認め、国策手段としての戦争は相互の関係において放棄する」と宣言し、「あらゆる争いや紛争の調整や解決を、……決して平和的手段以外の方法で追及しないことに同意」したことは画期的なことでした。

そこですべての国連加盟国は、今後、三〇年間は第五一条の集団的自衛権を含めて厳しく運用することを確認し、「国際的紛争解決の手段としての戦争を罪悪と認め、国策手段としての戦争は相互の関係において放棄する」という新不戦条約に署名し、紛争（戦争）を放棄したことを宣言します。

劇症型地球温暖化を克服した三〇年後の二〇五〇年にあらためて国連憲章を見直して、必要としなくなった第五一条を削除することとすればいいでしょう。

正式な国連軍をスタンバイさせておく

最初、AとBで武力攻撃（武力衝突）がありました。安保理は、双方に停戦を命じて、直ちに国連の監視軍を派遣します。この停戦・監視軍の派遣の決議については、常任理事国の拒否権は行使できないこととします。

国連の停戦・監視軍のもとで、安保理は国連憲章の手順に従って第四一条まで必要な措置を取り、その措置では不充分であろうと認め、又は不充分なことが判明したと認めるときは、国際の平和及び安全の維持又は回復に必要な空軍、海軍又は陸軍の行動をとることができる。この行動は、国際連合加盟国の空軍、海軍又は陸軍による示威、封鎖その他の行動を含むことができる（第四二条）。これが国連軍です。

今まで国連軍は朝鮮戦争のとき、変則的でしたが編成された例が一度あるだけです。湾岸戦争のときは、国連決議がありましたので実質国連軍であったわけですが、アメリカ軍を中心とした有志連合軍の形態を取りました。今後は国連憲章の手順にしたがって、常任理事国の軍隊を中心に正式な国連軍をスタンバイさせて、安保理の指示通りに迅速に出動できる体制にしておきます。

国連軍の編成に関することは国連憲章第四三〜四七条に規定されています。安保理は「安全保障理事会の常任理事国の参謀総長またはその代表者」で構成される軍事参謀委員会（第四七条）の援助により、兵力使用の計画を作成し（第四六条）、第四七条三項により軍事参謀委員会が兵力の指揮に関して助言します。いずれにしても、今後は国連軍は常任理事国の私兵軍団とみなされないように、「公私」の区別を明確にして、たとえば、常任理事国の輪番制などでいつでも出動できる「強い国連軍」を組織しておきます。

【二】国連の安保理のもとに中立の調停委員会「国連長老委員会」をつくる

すべての紛争は安保理で審議され、結論が出されるわけですが、拒否権の発動などで結論が出なかった案件はそのままになっています。そこで図一四のように、国連の安保理のもとに中立の調停委員会「国連長老委員会」を設置し、結論の出なかった案件を調停してもらうことにします。

たとえば、最初、AとBで武力攻撃（武力衝突）がありました。安保理は、双方に停戦を命じて、直ちに国連の監視軍を派遣します（常任理事国の拒否権は行使できないことは同じです）。

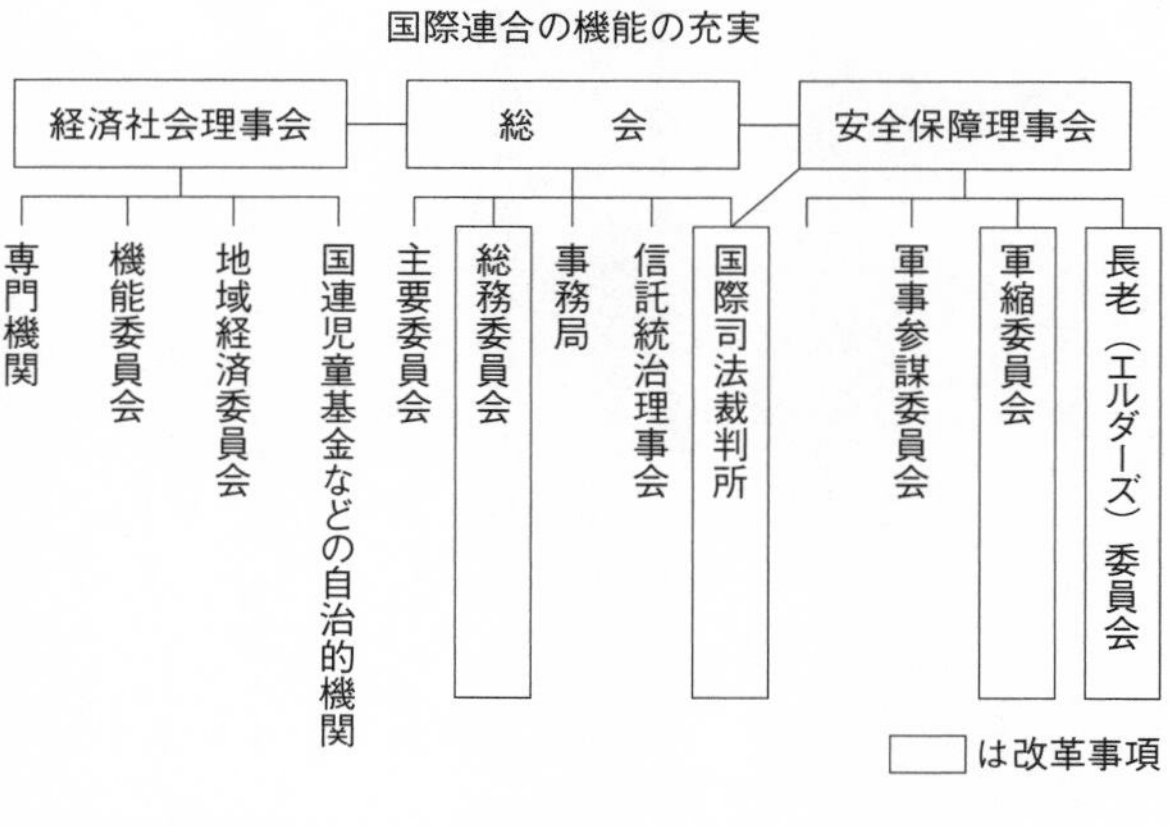

図一四　国際連合の機能の充実

国連の停戦・監視軍のもとで、安保理は解決策を討議し結論を出すこととしますが、どちらかの拒否権で結論が出なかったら（そのままにするのではなく）、前述の調停委員会に送り、調停案を出してもらいます。それを安保理にかけて了承すれば、それを実施します。安保理で了承されなければ、再び調停委員会に返して、別の調停案を検討してもらいます。まとまるまで、これを繰り返します。

簡単にはまとまるはずがないので、粘り強く、何度も何度も、調停がまとまるまで、繰り返します。その間は国連の監視軍が境界に展開し武力衝突を阻止します。

世界の叡智を集めた国連の調停委員会「長老（エルダーズ）委員会」

ＮＨＫの二〇一三年一二月二八日「千年の叡智が語る戦争と平和」では、二〇〇七年、ネルソン・マンデラの呼びかけで、かつて国や国際機関を率いた一二人のＮＧＯエルダーズが集まり、世界平和のために尽力していることを伝えていました（マンデラは二〇一三年一二月、九五歳でなくなりました）。

マンデラは「平和を求めるなら、たとえ敵でも協力すべきだ。そうすれば仲間になる」と絶えず、戦いではなく対話を求めてきました。「彼らを世界の長老（エルダーズ）と呼ぼう。その叡智を結集させるのだ」とマンデラは言っていました。彼らは全部合わせると一〇〇〇年になる長老たちでした。国境を超えて発言できる人、紛争当事国の者ではない人たちです。あらゆる者と対話を続け、平和をもたらす人たちです。このエルダーズのメンバーは、

ジミー・カーター　アメリカ元大統領（在職：一九七七〜一九八一年）
マーティ・アハティサーリ　フィンランド元大統領（在職：一九九四〜二〇〇〇年）
ラフダール・ブレヒミ　アルジェリア元外相
フェルナンド・エンリケ・カルドーゾ　ブラジル元大統領（在職：一九九五〜二〇〇三年）
グロ・ハーレム・ブルントラント　ノルウェー元首相（在職：一九八一、一九八六〜九六年）
リチャード・ブランソン　ヴァージングループ総帥

などがいると言っていました。みな困難な国際紛争の調停の経験がある人たちでした。この人たちは、例示で挙げただけで、もう、亡くなった人も多く、それぞれの時代にこのような国籍を離れて世界的な人々がいます。

国連に置かれる調停委員会・エルダーズ委員会のメンバーの選び方についても、いろいろ意見が出るでしょうが、マンデラやカーターのように世界的に誰もが認める人物、北欧

系で平和活動や調停を多く経験してきた人を選べばよいのではないでしょうか。ただ、そのようなエルダーズの下で多くの国連事務局員も必要になるでしょう。

今後、紛争が起きる可能性のある前述しました三二件のうち、アフリカなどで起こっている部族、軍閥などの勢力争いなど、超大国アメリカ、ロシア、中国が絡まないものは、安保理で結論が出て解決できるものが多いでしょう。しかし、アメリカ、ロシア、中国が絡む庇護される国については拒否権が発動されて、問題が解決しないでそのまま残ると(その方が多いのですが)、一〇年、二〇年後に未解決の懸案事項がさらに増加しますと、世界は問題だらけになってしまい、きわめて危険な世界となってしまいます。

それにアメリカ、ロシア、中国、……も被護国のわがままを聞いてやれる時代ではなくなりました。もともと常任理事国は強力な世界の警察官の役割を与えられていました。その警察官がバラバラで世界が治まるはずがありません。意見が合わないときには第三者に任せるべきでしょう。それで問題を起こしたもの(国)が納得すれば、それでいいとしなければ、本当に地球世界は破綻してしまいます。このように国連に組織を作って問題を処理して、少しでも問題を減らしていかないと地球は本当に混乱に陥ってしまいます(今後の紛争が予想される三二件でもわかるように、テロ戦争の時代になって、毎年、新たな紛争が発生しています）。

いずれにしても、従来のアメリカなどがやっていたように安保理で拒否権が発動されたら（あるいは、拒否権が発動される恐れがあれば）、私的なグループを誘って、武力行使をして破綻国家を作ることは、これからは絶対にあってはならないし、アメリカなどもそれができない時代になったことを認識するべきです。また、今後の人類の歴史を考えれば、新たな覇権国家が現れてくるでしょうが、その覇権国家も国連憲章違反は絶対に許されない、厳密に国連憲章に沿った法の行使をしなければならないと認識すべきです。そのために安保理長老委員会はきわめて有益な働きをするでしょう。

国際司法裁判所の間口を広げる

国連憲章〔第六章　紛争の平和的解決〕では、紛争にかかわる当事者〔常に国民国家を想定〕は、「交渉、審査、仲介、調停、仲裁裁判、司法的解決、地域的機関または地域的取り決めの利用その他の当事者が選ぶ平和的手段による」〔第三三条〕解決を求めなければならないとしています。

安保理は適切な手続き、あるいは調整の方法を勧告する全面的権限を与えられています

が、法的紛争は通常、当事者によりハーグの国際司法裁判所に付託されなければならないと規定されています（第三六条）

問題は国際司法裁判所における裁判の開始は、「原則として両当事国の同意による付託」、あるいは「原告の訴えに対して被告が同意した場合」に開始されるとなっています。これは、国際社会に統一された権力機構が存在せず、各国が平等の主権を有するからです。このため、たとえば、日本は過去に「竹島問題」を提訴しましたが、韓国が同意しないため国際司法裁判にかからなかったことがあります。

このように国際司法裁判所が「原則として両当事国の同意による付託」を取る限り、国際司法裁判所の活用が限られてしまいます。国際連合ができてから、七五年にもなり、その重要性はますます高まっており（未解決の事項が多くなっていますので）、また、実績も上がってきたことに鑑み、国際司法裁判所の間口を広げて、より多くの国際問題に対処するために「原告の訴えに対して被告はこれに応じなければならない」と改定することを提案します。

【三】核兵器は国連管理とする

本書では戦争を論じてきましたが、今までのところ、核兵器については一言も言及しませんでした。少なくとも七五年前の一九四五年八月のヒロシマ、ナガサキ以降は戦争に核兵器、核ミサイルの比重がきわめて大きくなってきていましたが、本書で戦争と核問題は紙数の関係で無理と考え、拙著『人類はこうして核兵器を廃絶できる　核兵器廃絶へのシナリオ』（幻冬舎、二〇二二年一一月刊）に書きました。ここにはその結論を要約して述べます。

二〇一七年に国連総会で成立した核兵器禁止条約は、正式には「核兵器の開発、実験、製造、備蓄、移譲、使用及び威嚇としての使用の禁止並びにその廃絶に関する条約」であり、核兵器の全廃と根絶を目的とした画期的な国際条約です。これが人類のすべての核廃絶運動の根拠条約となります。

核兵器禁止条約は、二〇一七年七月七日に一二二ヶ国・地域の賛成多数により採択されました。全核保有国九ヶ国は不参加でした（反対ではありません）。アメリカの核の傘の下にあるカナダやドイツなどＮＡＴＯ加盟国や日本、オーストラリア、韓国なども不参加となりました（反対ではありません）。反対票を投じた国はオランダの一ヶ国、棄権した国はシンガポールの一ヶ国でした。

この条約は、五〇ヶ国が批准して九〇日後に発効することになっていましたが、二〇二一年一月二二日に発効となりました。

核兵器のない世界へのシナリオ

図一五に筆者の『核兵器のない世界へのシナリオ』を示します。

まず、第一に、現在の非核地帯を地球全体に広げることです。

問題となるのは、日本などのようにアメリカとの条約によって有事にはアメリカの核兵器に守られると思っている国々や、核兵器は開発していませんが、アメリカの提供した核を共有するという核兵器共有国（ニュークリア・シェアリング。ドイツ、イタリア、オランダ、ベルギーの四ヶ国）が、核の傘や核の共有を放棄して非核地帯に参加する決心をするかどうかということです。

そのためには、それぞれの国民に、一九四五年以来の核システムの実態と世界の現状とそして人類が現在当面している危機の実態、その今後の見通しをよく知ってもらうことが不可欠です。『自然の叡智　人類の叡智』で縷々記してきたことです。これは各国政府が最終的には行わなければなりません。この地球という惑星に一緒に生活することになった人類の子孫たちがどう生きたらよいか、一人一人に判断してもらいましょう。ケネディも「一発の核熱爆弾がどこかの町に投下されるとき、偶然であれ狂人の仕業であれ、大国であれ小国であれ、その破壊力の恐ろしさは計り知れません。私は皆さんが討論に加わることを望みます。ともに平和の道を探し出そうではありませんか。それがいかに遠い道であろうとも、我々の時代が、その第一歩を踏み出そうとしたことを歴史の中に記録しようではありませんか。」と国民ひとりひとりの参加を呼び掛けていま

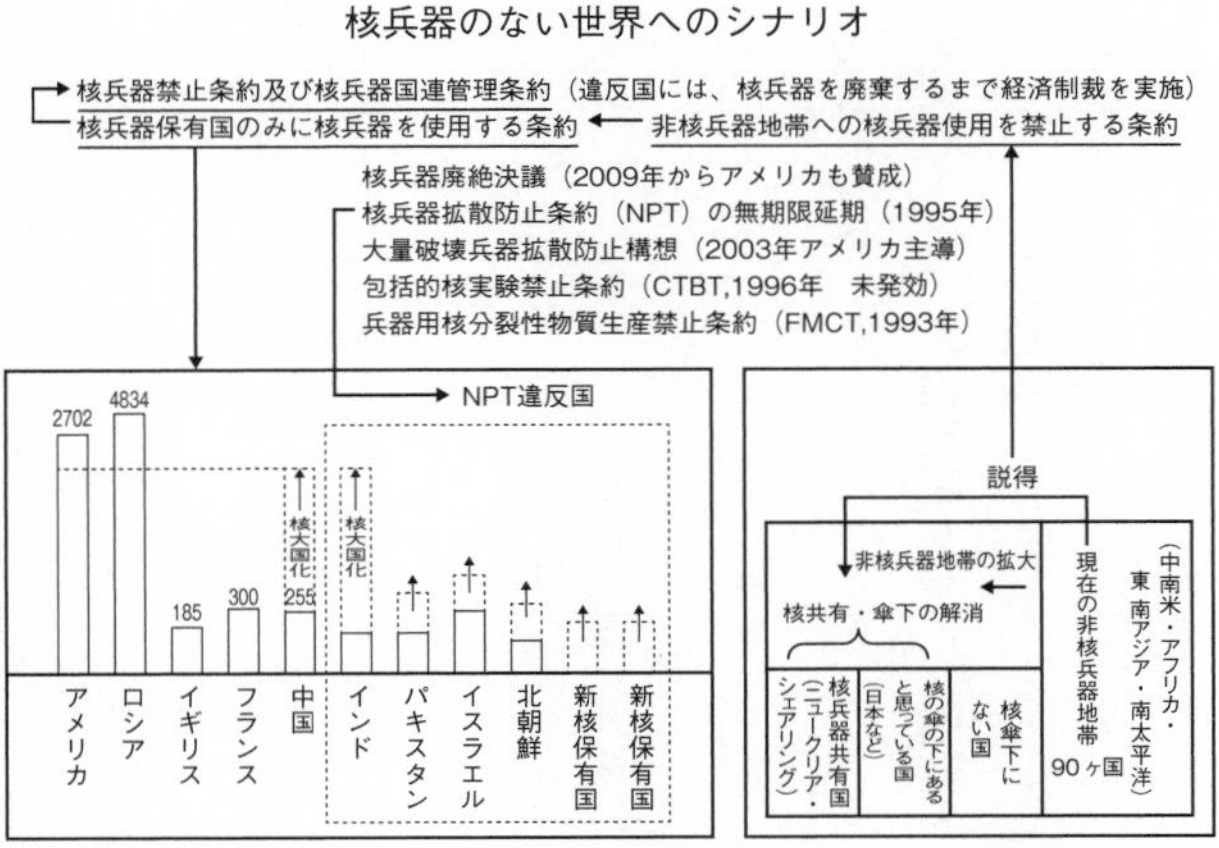

図一五　核兵器のない世界へのシナリオ

した。

世界の一八四ヶ国（国連加盟国数から核兵器保有国数九を引いた数）は、冷戦期の初期のソ連だけが対象国だった頃には、今までのやり方でソ連からの核の脅威に対応できると思っていましたが、現在では、核兵器保有国が九ヶ国に増大し、しかも、中国、インドなどは今後、経済発展して経済大国になるばかりでなく、核兵器大国化（現在の米ロに匹敵するようになるでしょう）するようになれば、核兵器の存在そのものが、大きな脅威となり、核の傘、核の共有はむしろ、より危険にさえなってくると考えられるようになるでしょう。人類全体の情報システムであるインターネットをもって、七八億人の人類に呼びかけることです。

第二に、一九九六年七月八日に出ました「核兵器に対する国際司法裁判所の勧告的意見」は、それはそれとして、二〇一七年に核兵器禁止条約が成立したのですから、核兵器による一九三ヶ国の国民に絶えず「核兵器の恐怖を与える」人権侵害として、国連人権委員会に訴えて、国際司法裁判所の判断を仰ぎましょう。この地球に生まれた人間として、ケネディの言葉ではありませんが、いつも「全人類は地球上に存在した大量破壊の暗黒のとばりの中で」暮らさなければならなくなったことは、苦痛で最大の人権侵害であります。

とくに、本来、未来の夢に満ちた子供たちの精神にこれほど悪影響を与える苦痛はありません。

第三に、「非核兵器地帯（非核兵器保有国）への核兵器使用を禁止する条約」を国連総会で成立させましょう。ということは、核兵器保有国の核兵器使用の対象国は、現在でいえば九ヶ国ということになります。丸腰の人間をピストルで撃つのは人間として卑怯であるという論理ですが、これは人類の歴史でかなり共有されている人倫です。すでに一部の非核兵器地帯では核兵器保有国がそれを認めているところもあります。実際には安保理では無理でしょうが、総会で決議しましょう。賛成しない国が出ると思いますが、それはそうであっても、実態は既成事実となるので、時間が経つにつれて核兵器保有国はきわめて重い国際法的、倫理道徳的負担となるでしょう（核兵器保有国の国民にとっても、倫理道徳的負担となります）。

核兵器保有国にとって、核兵器は実際には使えそうもなく、また、国家のステイタスとなるどころか、世界中から（非核兵器地帯の一八三ヶ国から）、国際条約違反国、国際人権違反国として軽蔑され、経済的負担のみ重いという実態になれば、核を自ら放棄する国も現れてくるかもしれません。

最後に核兵器国連管理条約の締結

第四に、すべての国が核兵器を放棄して国連の管理下に移管する核兵器国連管理条約を締結します。そして国連という人類共通の集団安全保障の組織が核兵器を管理します。

核をすべて直ちに廃棄するのではなく、一時的に国連が管理するのは、

①最近、天文学が進んで、地球に向かってくる巨大な隕石はある大きさ以上は一〇年とか二〇年とか前にわかるようになりました。六五〇〇万年前に恐竜などを絶滅させた隕石は、直径一〇キロメートルぐらいだったと想定されていますが、それよりかなり小さいものでも事前にわかるようになっています（大きさによって事前にわかる時間が異なります）。したがって、シミュレーションによって、地球に衝突する恐れのある隕石が発見されたら、国連として全世界の叡智を結集して、その巨大隕石を事前に地球への軌道から外すために物理的な強制力として核兵器を利用するかもしれません。

②マンハッタン計画で原爆の完成が近づいたとき、この開発に携わった大部分の科学者たちは、ドイツに投下する必要がなくなったとき、（そして日本に投下する恐れが出たとき、その投下に反対し）、国連管理をアメリカ政府に提言していました。これをアメリカ一国が独占すると必ずソ連が数年後に開発して、大変なことになると予測していました。

また、第二次世界大戦後、国連管理が米英ソで検討されましたが、米英案がソ連に不利だったのでソ連が蹴った経緯があります。

つまり、原爆を開発した当事者（科学者たち）が一番悩んだのは、将来の人類の運命だったのですが、彼らが出した結論が廃絶ではなく、国連管理だったのです。なぜか、原爆の原理は分かっていて、それを作り出すのは簡単であることも知っていました。つまり廃絶することはより不安を生み出すこと（誰かがまた密かに作っているのではないか）がわかっていたのです。そこで国連管理を主張したのです。アメリカはこれを支持すべきでしたが、科学、核技術に疎い政治家が核の独占に目がくらんで、結局、そちらに流れていったことは前述の拙著で述べた通りです。それが再び起きてはならないので、国連管理で（何も起きなければ）封印してしまうことが最も賢明な選択です。

③核保有国が同意しやすいと考えられるからです。核保有国も国連で管理することになったと言えば、国民に説明しやすくなります。

いずれにしても、核兵器を国連管理とし、他の核兵器はすべて廃棄する。国連管理の仕方は、今後、専門家が検討することになりますが、米ロ中の常任理事国が必要最小限の核兵器を各国に一ヶ所保有し、核のボタンは国連事務総長、アメリカ大統領、ロシア大統領、中国主席の四人が同時に押さなければ、解除されないようにしておく。英仏については安保理で議論して決めることにします（管理の技術的な理由だけです。具体的なシステムは専門家で構築できるでしょう）。

国連の管理に移された核兵器以外の現在、九ヶ国が保有している核兵器はすべて廃棄されます。これによって北朝鮮など後発核保有国が、現在のNPTの核体制は不平等であるといっていたことは解消されるでしょう。また、核保有国の核放棄に当たっては、その体制保証と経済的自立ができるように経済援助を国連を挙げてすることにします。もし、これ以降も廃棄に同意しない国が出れば、その国に対しては、国連の経済制裁が、廃棄されるまで適用されます。

【四】国連軍縮委員会のもとに、軍事費（国防費）はGDP一％未満にする

国連が現在、安全保障に関して行っている任務のうちで、軍縮に関する規定は第二六条程度で、きわめて不十分であると考えられます。

第二六条　世界の人的及び経済的資源を軍備のために転用することを最も少なくして国際の平和及び安全の確立及び維持を促進する目的で、安全保障理事会は、軍備規制の方式

を確立するため国際連合加盟国に提出される計画を、第四七条に掲げる軍事参謀委員会の援助を得て、作成する責任を負う。

そこで、国連憲章の軍縮委員会の機能を拡充して、世界の軍事費を減らすことと、内戦・テロ戦争を減らすために武器輸出規制を強化することとします。

スウェーデンのストックホルム国際平和研究所（ＳＩＰＲＩ）の集計によりますと、二〇一八年の世界の軍事費は約一兆八〇〇〇億ドルでした。二〇一八年の世界のＧＤＰは八四・七兆ドル（九三一七兆円）でしたので

一兆八〇〇〇億ドル÷八四・七兆ドル×一〇〇＝約二・一％

つまり、世界平均で各国はＧＤＰの二・一％の軍事費を使っています。

国別では（カッコ内はその国のＧＤＰに対する％）、一位のアメリカが六四九〇億ドル（三・二％）、二位中国は推計二五〇〇億ドル（一・九％）、三位サウジアラビアが六七六億ドル（八・八％）、四位インドが六六五億ドル（二・四％）、五位フランスが六三八億ドル（二・三％）、六位ロシアが六一四億ドル（三・九％）、七位イギリスが五〇〇億ドル（一・八％）、八位ドイツが四九五億ドル（一・二％）、九位日本が四六六億ドル（〇・九％）、一〇位韓国が四三一億ドル（二・六％）でした。

軍事費がGDPに占める割合は、日本だけが例外的に一％前後であることがわかります（以下四〇位までで、一％以下は、インドネシア、メキシコ、スウェーデン、ベルギー、スイスだけです）。

これは、日本は第二次世界大戦後、日本国憲法で「個別自衛権以外の戦争を放棄」し（従って、ルーズベルトの国連憲章の精神（DO案）に則っています）、長い間、武器輸出三原則、防衛費GNP一％枠の設定、非核三原則など、人類社会の平和への道に沿った社会システムを先取りして実践してきたからであると言えます。そして第二次世界大戦後、七五年間、一度も戦争に参加しなかったことは誇るべきことです。もちろん、日米安保条約のおかげもあると思います。しかし、アメリカと同盟を結んでいる国は他にもたくさんありますが、日本のように一度も戦争に参加しなかったという国はほとんどありません。

このうち、一九七六年、三木武夫首相のとき、防衛費GNP一％枠（当時はDNP）の設定が行われました。これは日本の防衛費をGNPの一％以下に抑制する政策でした。三木首相以降の歴代内閣も予算編成にあたってこの枠を維持しましたが、アメリカから同盟国へ防衛力の増加を求める要求が強まり、一九八六年一二月に中曽根内閣が撤廃を決めました。しかし、政策の撤廃後も防衛費はGDP比一％前後で推移しています。これは平和主義に徹するとＧＤＰ一％でやれるという実例になります。

　そこで、国連で「新不戦条約」が締結され、国連の集団安全保障制度が厳格に実施されるようになりますと（これは常任理事国五ヶ国、とくにアメリカがその気になれば、できることです）、国家間の紛争（戦争）は、ほとんどなくなると考えられます（内戦はあるかもしれません）。そこで国連軍縮委員会は、各国の軍事費（防衛費）はＧＤＰの一％未満にするということを決定し、各国はそれを守ります。

節減された軍事費を途上国の地球温暖化対策資金にまわす

　一方、世界は今後、三〇年間でパリ協定に基づき全力を挙げて地球温暖化対策、つまり、化石エネルギーで賄われている社会システムをほぼ全面的に再生可能エネルギーで賄う社会システムに転換する必要があります。このためアジア・アフリカの発展途上国に対する技術援助・資金援助を大幅に増額する必要があります。二〇一五年に、締結されたパリ協定では、先進国が引き続き資金を提供することも決っていて、二〇二〇年以降の途上国への資金支援では、現行の一〇〇〇億ドルを下限として、二〇二五年までに新たな定量的な全体の目標を設定することを決定しています。

この一〇〇〇億ドル（約一一兆円。一ドル＝一一〇円で換算）は、二〇一八年の世界のGDPは八四・七兆ドル（九三一七兆円）ですので、世界のGDPの〇・一一％になります。これでは、地球温暖化防止を推進するのにはとても足りません。

そうなりますと、前の計算で、二〇一八年の世界の軍事費が二・一％でしたから、この軍事費をGDP一％未満に抑えると、この軍事費の二分の一相当分、約九〇〇〇億ドルが捻出されることになります。つまり、国連の軍縮委員会（常任理事国五ヶ国がその気になればできることとです）が軍事費のGDP一％枠を各国に義務付ければ、現在のパリ協定の一〇〇〇億ドルの九倍の地球温暖化対策資金を念出することができます。多分、それぐらいの資金で自国と発展途上国の温暖化対策をしなければ、三〇年以内に劇症型地球温暖化を防止して、現在の化石エネルギーで動かされている地球の全社会システムを再生エネルギーで動く社会システムに全面転換することはできないでしょう。

【五】内戦・テロ戦争を減らすために武器輸出規制を強化する

内戦・対テロ戦争を防止する方法の一つとして、武器（兵器）が安く大量に流れないように国連で武器輸出を厳しく制限することです（そして、内戦・テロ戦争をしようとするその動機をなくすること、つまり、内戦・テロ組織は政治的、宗教的、民族的、経済的、何らかの差別から生まれていますので、その差別をなくすことが内戦・テロ戦争をなくすことになります。それには前述した国連の調停委員会の活動が重要となります）。

国連憲章では、第二六条で軍縮に取り組むことになっています。

ところが第二次世界大戦後の国連の軍縮や武器輸出の規制は全くおざなりになっています。なぜそうかといいますと、現在の武器輸出の現状を見れば一目瞭然です。

二〇一九年の武器輸出の総額は二七〇億ドルでしたが、その一〇位までを見ますと（カッコ内は輸出総額に対するその国の％）、①アメリカ一〇七億ドル（四〇％）、②ロシア四七億ドル（一七％）。③フランス三四億ドル（一二・五％）、④中国一四億ドル（五・二％）、⑤ドイツ一二億ドル（四・三％）、⑥スペイン一一億ドル（三・九％）、⑦イギリス九・七億ドル（三・五％）、⑧韓国六・九億ドル（二・五％）、⑨イタリア四・九億ドル（一・八％）、⑩イスラエル三・七億ドル（一・三％）でした。

つまり、武器輸出の大部分は、国連の常任理事国自身です。しかもアメリカの武器輸出額が飛び抜けて大きいのです。

さて、そこで国連に返りますが、前述しましたように軍事費をGDP一%未満にするとともに、安保理は兵器・武器輸出の総輸出額規制、地域規制、兵器・武器種目別規制などを決定し、国連加盟国に守らせることとします。実際には、安保理事国の自主規制のようなもので、国連総会で監視し、不十分だったら、注意を喚起することが必要です。

国連の武器輸出管理には日本の武器輸出三原則が参考になる

日本は第二次世界大戦前は欧米列強の一角に食い入り、武器の生産輸出もしていましたが、第二次世界大戦後は、先進国では唯一、武器の輸出をほとんどしていない国でした。このことは誇って良い伝統でした。しかし、その事実が、他の武器輸出国に道徳的圧力となっているかといえば、まったくなっていないというのが正直なところでした（これは日本政府が積極的に宣伝してこなかったことにも原因がありました。武器輸出禁止のような日本の誇るべき制度を世界に広めることこそが「積極的平和主義」でしょうが、安倍首相は二〇一四年に日本の武器輸出を許可してしまいました。いかに安倍首相の「積極的平和主義」がまやかしであるかがわかります。

佐藤栄作首相は、一九六七年から武器輸出（禁止）三原則を日本の武器輸出の原則としました。武器輸出を他から強いられることなく自主規制したことはめずらしいことで、平和憲法とともに日本の誇るべき政策でした。さらに、一九七六年の三木武夫首相のときに、佐藤首相の三原則に武器製造関連設備の輸出についても「武器」に準じて取り扱うことになりました。この三木武夫首相のとき、防衛費一％枠の設定も行われました。

このように、一国の平和を維持するためには、絶えずそれ相応の努力をしないと維持できません。また、このような平時の努力を周辺国、あるいは世界に知らせることが平和国家・日本を世界に印象づけることになるし、同調して同じような政策を取る国も増えてきます。これからは一国で平和政策を取るだけでなく、できるだけ多くの国に呼び掛けてグループ、国連全体で実施するよう努力することが重要です。

日本は第二次世界大戦後、平和憲法に徹し、前述しました武器輸出（禁止）三原則、防衛費ＧＤＰ一％枠の設定、非核三原則など、「地球社会の平和への道」に沿って戦争放棄の社会システムを先取りして実践してきていたといえます。これらは今後の国連改革に大きく役立つでしょう。

いずれにしても日本は欧米先進国のように露骨に武器を紛争地域へ売り込むとか、それを援助手段に使うようなことは行ってきませんでした。武器輸出を慎むということは人類普遍のモラルであって、日本がそれを先行的に五〇年近く実施してきたことは、日本の誇るべき実績です。

あとがき

二〇〇〇年の夏だったと思いますが、アメリカのクリントン大統領がヒトゲノム配列の解読終了宣言をしたことがありました。私は歴史書や大河小説を読むのが好きで、その日も数人で飲みながら語る会合に出て、クリントン大統領の宣言に触れて「生物のゲノムが一気通貫であるとすると人類の歴史は四〇億年の歴史になり、これほど大きな大河小説はない」と紹介したところ、一人が「本田さん、ひまでしたらそれを書いてみたらどうですか」と言われ、始めたのが『自然の叡智　人類の叡智』（本書巻末の三八二ページを参照）でした。

四〇億年前までさかのぼるなら、人類活動の舞台である四六億年前に誕生した地球の歴史も、そこまで行くなら地球を生み出した一三八億年前のビッグバン宇宙からと書き始めました。それが一応、二〇一四年七月にできたのでインターネットに載せました。

その人類の歴史の中で戦争はいつでも人類の最大の悩みごとでありました。二〇一〇年頃に国連のことを書いた時に、ルーズベルトが死去しないでDO案を実施していたならば、

「人類はすでに戦争をやめていた」ことを発見し、『自然の叡智　人類の叡智』にそのように書きました。

また、その頃、「アラブの春」が始まり、中東・アフリカの二〇ヶ国近くに伝播したので「創造と模倣・伝播の法則」は「民主化」においても真であると未来に対して楽観的な見通しをしました。その時点で世界の二〇〇ヶ国近くを調べ、人口比で世界の約六〇％が民主化されていて、あと中国（二〇％）が民主化されれば、人類社会民主化率八〇％になるから、二一世紀前半で人類社会の大勢が決まるとそのとき思いました。

ところが、その後、「アラブ」の春が保守層の巻き返しでほとんど失敗したり、内戦化し、中国が社会主義か共産主義かわかりませんが、いずれにしても「西欧的な民主化」はしないことを鮮明にしましたので、「ああ、これが歴史だな。二歩前進、一歩後退。一筋縄ではいかないいな」と例のダベリング会で感想を述べました。

まあ、世界は広く、それぞれの国がそれぞれの歴史を数千年間歩んできたので、共通の世界観を持つには、もうしばらくは時間（歴史）がかかると思っています。しかし、人類の歴史を動かす、もう一つの法則「統治の法則（統治欲）」は一時的な後退はあっても、一貫して人類は「民主化」へ向かっていると思っています。と言って、今は人類の未来に対し楽観的な見通しは持っていません。果たして人類は劇症型地球温暖化と新型ウイルス・パンデミックの連鎖を克服できるか確信が持てないからです。

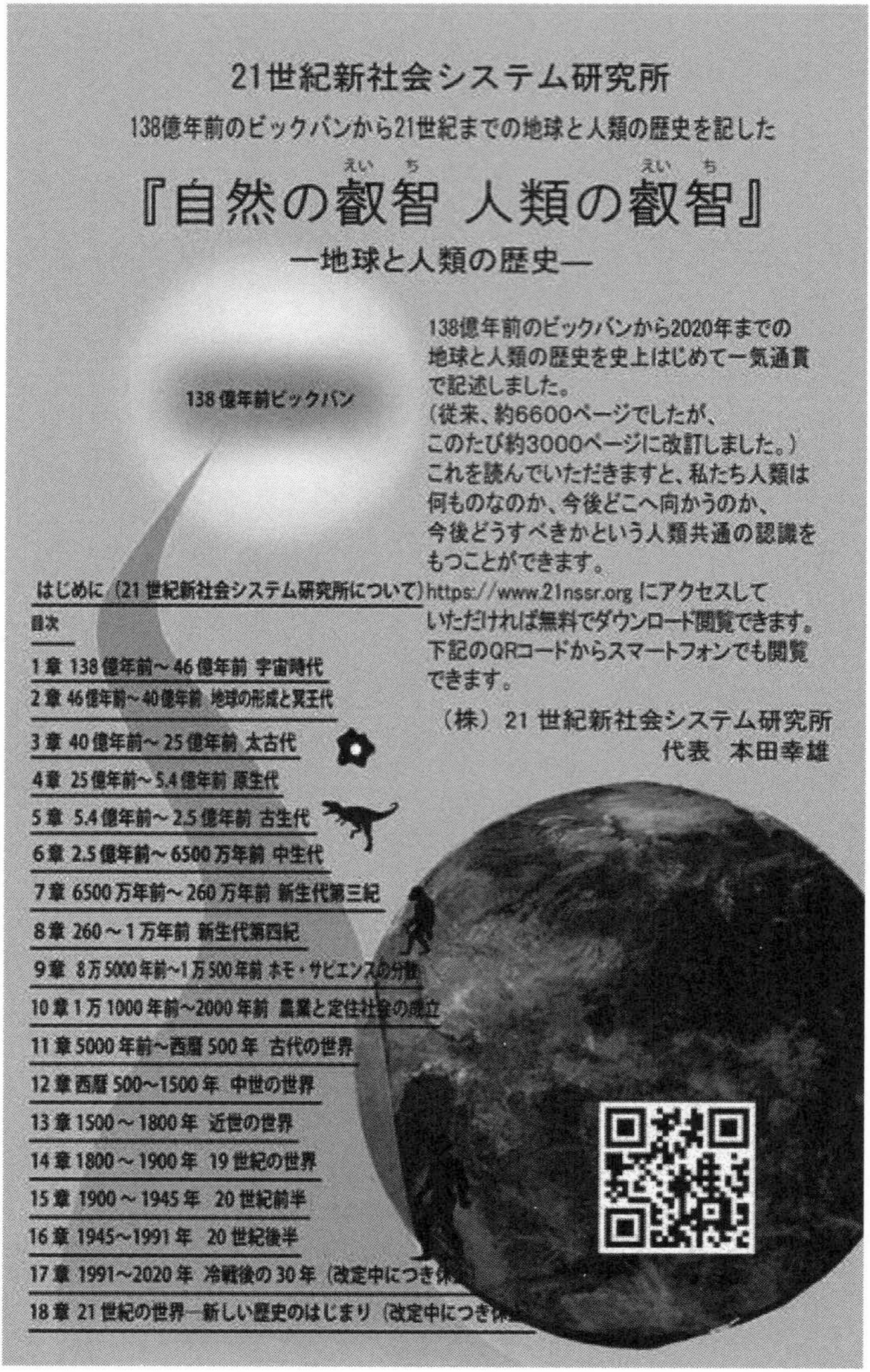

筆者が代表を務める（株）21世紀新社会システム研究所HP　https://www.21nssr.org/